普通高等教育工程造价类专业系列教材

工程造价与财务管理实务

主　编　霍海娥　项　勇
副主编　张　驰　李华东　袁　婷
参　编　卢　煜　纪艳红　谢葵花
　　　　刘知博　邓晓雪　魏滟欢

机械工业出版社

本书突出财务管理理论知识在建设项目各阶段造价管理中的实践应用，重点讲述投资决策、方案选择、成本控制、竣工结算、企业评价等方面的财务管理知识，将财务管理的理论体系植入工程预算各阶段，着重强调工程财务管理理论知识在造价管理中的实践应用，提升工程造价、工程管理专业学生的财务管理实践能力。

书中附有大量的实际案例和例题，章后附有简答题和计算题，帮助学生理解和掌握相应知识。

本书可作为高等院校工程造价、工程管理等专业的教材，也可供工程造价从业人员参考。

本书配有 PPT 电子课件和章后习题答案，免费提供给选用本书作为教材的授课教师。需要者请登录机械工业出版社教育服务网（www.cmpedu.com）注册，免费下载。

图书在版编目（CIP）数据

工程造价与财务管理实务 / 霍海娥，项勇主编. —北京：机械工业出版社，2022.5（2025.1重印）
普通高等教育工程造价类专业系列教材
ISBN 978-7-111-70479-9

Ⅰ.①工⋯ Ⅱ.①霍⋯ ②项⋯ Ⅲ.①工程造价 – 财务管理 – 高等学校 – 教材 Ⅳ.①F285

中国版本图书馆CIP数据核字（2022）第054180号

机械工业出版社（北京市百万庄大街22号 邮政编码100037）
策划编辑：刘 涛 　责任编辑：刘 涛 高凤春
责任校对：陈 越 张 薇 　封面设计：马精明
责任印制：郜 敏
中煤（北京）印务有限公司印刷
2025年1月第1版第2次印刷
184mm×260mm·12.5印张·309千字
标准书号：ISBN 978-7-111-70479-9
定价：41.90元

电话服务 　　　　　　网络服务
客服电话：010-88361066　机 工 官 网：www.cmpbook.com
　　　　　010-88379833　机 工 官 博：weibo.com/cmp1952
　　　　　010-68326294　金　书　网：www.golden-book.com
封底无防伪标均为盗版　机工教育服务网：www.cmpedu.com

前　言

在优化投资结构的背景下，我国加快了补齐基础设施短板的步伐，以进一步提高投资效率。工程预算在工程项目建设中具有举足轻重的地位，工程预算关系到工程项目整个生命周期的投资效益，对项目的成本规划、成本控制和资金使用具有积极的指导作用。众多工程项目建设对工程预算的重视程度不够，尚缺乏全方位、多层次、系统化和科学性的工程预算方法。工程项目预算常常需要财务管理的专业方法辅助分析，加强财务管理专业方法在工程预算中的应用是工程项目前期投资决策的重要措施。

本书是工程造价专业和工程管理专业主干基础课程教材，通过学习本书，学生可以掌握工程预算与财务管理实务的基本原理、专业基础知识和常用分析方法，具有工程预决算和财务管理的专业能力。

本书在编写过程中遵循了前瞻性、实践性和系统性原则。

其一，前瞻性。本书基于目前工程预算最新的发展动态，补充了同类教材较少涉及的财务报告分析与评价、工程成本会计报表的编制、财务分析、财务预算等财务管理实务的相关内容，体现了工程预算的发展方向。

其二，实践性。本书紧密结合我国工程项目前期预算管理实践，注重与我国现行财务管理规则相结合，并对工程预决算中实际需要解决的财务问题进行了详细说明，例如，书中专门论述了财务报表的编制方法、财务报告的分析方法和财务预算的编制方法等。此外，书中附有大量的实际案例和例题，便于学生结合基础理论展开实践分析，以缩短理论基础和实践操作之间的距离。

其三，系统性。书中较为系统地论述了工程预算与财务管理的基本理论和基本方法，并将财务管理的理论和专业分析方法渗透到工程预算中，没有人为地割裂两者的关系，从更为系统的角度分析了工程项目财务预算的实质和具体操作步骤。

本书由西华大学霍海娥副教授、项勇教授担任主编，西华大学张驰副教授、李华东副教授、袁婷博士担任副主编，西华大学卢煜、纪艳红、谢葵花、刘知博、邓晓雪、魏滟欢等参与编写。第1、3、4章由霍海娥、卢煜编写，第2、5章由项勇、谢葵花、纪艳红编写，第6、7章由张驰、刘知博编写，第8章由李华东、邓晓雪编写，第9章由袁婷、魏滟欢编写。全书由霍海娥副教授定稿。西华大学徐典明、李太富等老师为本书的编写提供了很多宝贵意见，在此表示感谢。

由于水平有限，书中难免存在不足，恳请广大读者提出宝贵意见，以便进一步修改完善。

编　者

目　　录

前言
第1章　建设项目投资构成与计算方法 …… 1
　1.1　工程造价概述 ………………………… 1
　　1.1.1　工程造价的含义 ………………… 1
　　1.1.2　各阶段工程造价的关系和控制 …… 1
　　1.1.3　工程全过程造价服务的主要任务和
　　　　　措施 …………………………… 3
　1.2　建设项目总投资及工程造价 …………… 3
　1.3　设备及工器具购置费用的构成和计算 … 4
　　1.3.1　设备购置费的构成和计算 ………… 4
　　1.3.2　工器具及生产家具购置费的
　　　　　构成和计算 …………………… 9
　1.4　建筑安装工程费用的构成和计算 ……… 9
　　1.4.1　按费用构成要素划分建筑安装
　　　　　工程费用项目的构成和计算 ……… 9
　　1.4.2　按造价形成划分建筑安装工程
　　　　　费用项目的构成和计算 ………… 13
　1.5　工程建设其他费用的构成和计算 …… 17
　　1.5.1　建设用地费 ………………………… 17
　　1.5.2　与项目建设有关的其他费用 …… 20
　　1.5.3　与未来生产经营有关的其他费用 … 22
　1.6　预备费和建设期利息的计算 ………… 23
　　1.6.1　预备费 ……………………………… 23
　　1.6.2　建设期利息 ………………………… 25
　本章小结 ……………………………………… 25
　习题 …………………………………………… 26
第2章　工程项目财务管理的价值观念 …… 27
　2.1　资金时间价值 ………………………… 27
　　2.1.1　资金时间价值的概念 ……………… 27
　　2.1.2　资金时间价值的计算 ……………… 28
　2.2　投资风险价值 ………………………… 34

　　2.2.1　风险的含义及分类 ………………… 34
　　2.2.2　单项资产投资风险价值的计算及
　　　　　应用 …………………………… 35
　　2.2.3　资产组合投资风险价值的计算及
　　　　　应用 …………………………… 39
　本章小结 ……………………………………… 41
　习题 …………………………………………… 41
第3章　工程经济分析的基本要素 ………… 43
　3.1　投资与资产 …………………………… 43
　　3.1.1　投资与资产的概念 ………………… 43
　　3.1.2　投资构成与资产价值 ……………… 44
　3.2　成本费用 ……………………………… 45
　　3.2.1　成本费用的构成 …………………… 45
　　3.2.2　成本费用的计算 …………………… 47
　3.3　收入与税费 …………………………… 52
　　3.3.1　营业收入 …………………………… 52
　　3.3.2　税金及附加 ………………………… 53
　　3.3.3　增值税 ……………………………… 54
　3.4　利润 …………………………………… 55
　　3.4.1　利润的计算 ………………………… 55
　　3.4.2　利润的分配 ………………………… 55
　　3.4.3　所得税计算 ………………………… 56
　本章小结 ……………………………………… 56
　习题 …………………………………………… 57
第4章　投资估算与财务报表的编制 ……… 60
　4.1　概述 …………………………………… 60
　　4.1.1　投资估算的阶段划分 ……………… 60
　　4.1.2　投资估算的内容 …………………… 61
　4.2　投资估算的编制方法 ………………… 61
　4.3　财务报表的编制方法 ………………… 68
　4.4　财务报表编制案例 …………………… 74

本章小结 ································· 77
　　习题 ····································· 78
第5章　建筑工程成本分析 ············· 80
　5.1　建筑工程成本分析概述 ············· 80
　　5.1.1　建筑工程成本分析的原则 ······· 80
　　5.1.2　建筑工程成本分析的分类 ······· 80
　　5.1.3　建筑工程成本分析的内容 ······· 81
　　5.1.4　建筑工程成本分析的目的和作用 ··· 82
　5.2　建筑工程成本分析方法 ············· 83
　　5.2.1　建筑工程成本分析的基本方法 ··· 83
　　5.2.2　建筑工程综合成本的分析方法 ··· 89
　　5.2.3　建筑工程专项成本的分析方法 ··· 93
　　5.2.4　建筑工程成本目标差异的分析方法 ··· 96
　　本章小结 ································· 101
　　习题 ····································· 101
第6章　工程成本结算与决算 ·········· 105
　6.1　工程预算成本的计算 ··············· 105
　　6.1.1　已完（或已结算）工程和未完
　　　　　（或未结算）工程的划分 ········ 105
　　6.1.2　工程预算成本计算的依据 ······· 106
　　6.1.3　工程预算成本计算的方法 ······· 108
　6.2　工程实际成本的计算 ··············· 111
　　6.2.1　人工费的核算 ················· 111
　　6.2.2　材料费的核算 ················· 113
　　6.2.3　机械使用费的核算 ············· 114
　　6.2.4　其他直接费的核算 ············· 116
　　6.2.5　施工间接费分配的核算 ········· 118
　6.3　工程成本的明细分类核算 ··········· 119
　　6.3.1　工程成本明细账 ··············· 119
　　6.3.2　工程成本卡及附页 ············· 120
　6.4　工程成本结算与决算方法 ··········· 121
　　6.4.1　工程成本结算 ················· 122
　　6.4.2　工程成本决算 ················· 125
　6.5　合同费用与期间费用的核算 ········· 127
　　6.5.1　合同费用的核算 ··············· 127
　　6.5.2　管理费用的核算 ··············· 131
　　6.5.3　财务费用的核算 ··············· 133
　6.6　降低工程成本的途径及成本控制的
　　　方法 ··································· 136

　　6.6.1　降低工程成本的途径 ··········· 136
　　6.6.2　工程成本控制的方法 ··········· 137
　　本章小结 ································· 138
　　习题 ····································· 139
**第7章　工程成本会计报表的编制与
　　　　成本分析** ······················· 143
　7.1　工程成本会计报表的作用和种类 ····· 143
　　7.1.1　工程成本会计报表的作用 ······· 143
　　7.1.2　工程成本会计报表的种类 ······· 144
　　7.1.3　工程成本会计报表的编制要求 ··· 144
　7.2　工程成本会计报表的编制 ··········· 145
　　7.2.1　工程成本表 ··················· 145
　　7.2.2　竣工工程成本表 ··············· 146
　　7.2.3　施工间接费明细表 ············· 147
　7.3　工程成本分析 ······················· 148
　　7.3.1　工程成本分析的作用 ··········· 148
　　7.3.2　影响工程成本的因素 ··········· 148
　　7.3.3　工程成本分析的方法 ··········· 148
　　本章小结 ································· 152
　　习题 ····································· 153
第8章　财务报告分析与评价 ·········· 155
　8.1　财务报告分析 ······················· 155
　　8.1.1　财务报告分析概述 ············· 155
　　8.1.2　财务报告分析的方法 ··········· 155
　8.2　基本财务比率的计算和分析 ········· 157
　　8.2.1　偿债能力比率 ················· 157
　　8.2.2　运营能力比率 ················· 158
　　8.2.3　盈利能力比率 ················· 160
　　8.2.4　发展能力比率 ················· 161
　8.3　财务综合分析与评价 ··············· 161
　　8.3.1　财务综合分析与评价概述 ······· 161
　　8.3.2　财务指标综合分析——杜邦财务
　　　　　分析体系 ······················· 162
　　本章小结 ································· 164
　　习题 ····································· 165
第9章　财务预算 ························ 167
　9.1　业务预算的编制 ··················· 167
　　9.1.1　销售预算的编制 ··············· 167
　　9.1.2　生产预算的编制 ··············· 168

9.1.3 直接材料预算的编制 …………… 169
9.1.4 直接人工预算的编制 …………… 170
9.1.5 制造费用预算的编制 …………… 170
9.1.6 单位生产成本预算的编制 ……… 171
9.1.7 销售与管理费用预算的编制 …… 172
9.2 财务预算的编制 ……………………… 173

9.2.1 现金预算的编制 ………………… 173
9.2.2 预计利润表的编制 ……………… 174
本章小结 ………………………………… 175
习题 …………………………………… 175
附录 相关系数表 ……………………… 177
参考文献 ……………………………… 194

第 1 章 建设项目投资构成与计算方法

1.1 工程造价概述

工程造价构成是工程造价管理的基础性知识，造价工程师应掌握工程造价构成，也应了解工程建设各阶段工程造价的关系和控制。

1.1.1 工程造价的含义

工程造价是工程项目在建设期预计或实际支出的建设费用。

工程造价是指工程项目从投资决策开始到竣工投产所需的建设费用。

工程造价按照工程项目所指范围的不同，可以是一个建设项目的工程造价，即建设项目所有建设费用的总和，如建设投资和建设期利息之和，也可以指建设费用中的某个组成部分，即一个或多个单项工程或单位工程的造价，以及一个或多个分部分项工程的造价，如建筑安装工程费用、安装工程费用、幕墙工程造价。

工程造价在工程建设的不同阶段有具体的称谓，如投资决策阶段为投资估算，设计阶段为设计概算、施工图预算，招投标阶段为最高投标限价、投标报价、合同价，施工阶段为竣工结算等。

1.1.2 各阶段工程造价的关系和控制

在建设工程的各个阶段，工程造价分别通过投资估算、设计概算、施工图预算、最高投标限价、合同价、工程结算进行确定与控制。建设项目是一个从抽象到实际的建设过程，工程造价也从投资估算阶段的投资预计，到竣工决算的实际投资，形成最终的建设工程的实际造价。从估算到决算，工程造价的确定与控制存在着既相互独立又相互关联的关系。

1. 工程建设各阶段工程造价的关系

建设工程项目从立项论证到竣工验收、交付使用的整个周期，是工程建设各阶段工程造价由表及里、由粗到精、逐步细化、最终形成的过程，它们之间相互联系、相互印证，具有密不可分的关系。

工程建设各阶段工程造价的关系如图 1-1 所示。

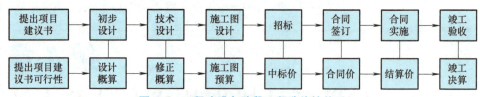

图 1-1 工程建设各阶段工程造价的关系

2. 工程建设各阶段工程造价的控制

所谓工程造价控制，就是在优化建设方案、设计方案的基础上，在建设程序的各个阶段采用一定的方法和措施把工程造价控制在合理的范围和核定的限额以内。具体地说，要用投资估算价控制设计方案的选择和初步设计概算造价；用概算造价控制技术设计和修正概算造价；用概算造价或修正概算造价控制施工图设计和预算造价，用最高投标限价控制投标报价等。以求合理使用人力、物力和财力，取得较好的投资效益。控制造价在这里强调的是限定项目投资。

有效控制工程造价应体现以下原则：

（1）以设计阶段为重点的建设全过程造价控制　工程造价控制贯穿于项目建设全过程，但是必须重点突出。很显然，工程造价控制的关键在于施工前的投资决策和设计阶段，而在项目做出投资决策后，控制工程造价的关键就在于设计。建设工程全寿命费用包括工程造价和工程交付使用后的经常开支费用（含经营费用、日常维护修理费用、使用期内大修理和局部更新费用）以及该项目使用期满后的报废拆除费用等。据分析，设计费一般只相当于建设工程全寿命费用的1%以下，但这小于1%的费用对工程造价的影响很大。由此可见，设计的好坏对整个工程建设的效益是至关重要的。

要有效地控制工程造价，就要坚决地把控制重点转到建设前期阶段上来，尤其应抓住设计这个关键阶段，以取得事半功倍的效果。

（2）主动控制，以取得令人满意的结果　一般说来，建设项目的工程造价与建设工期和工程质量密切相关，为此，应根据业主的要求及建设的客观条件进行综合研究，实事求是地确定一套切合实际的衡量准则。如果造价控制方案符合这套衡量准则，取得令人满意的结果，则可以说造价控制达到了预期的目标。

自20世纪70年代初开始，人们将系统论和控制论研究成果应用于项目管理后，将控制立足于事先主动地采取决策措施，以尽可能地减少以至避免目标值与实际值的偏离，这是主动的、积极的控制方法，因此被称为主动控制。也就是说，工程造价控制工作不应仅反映投资决策，反映设计、发包和施工等，被动控制工程造价，更应积极作为，主动地影响投资决策，影响设计、发包和施工，主动地控制工程造价。

（3）技术与经济相结合是控制工程造价最有效的手段　要有效地控制工程造价，应从组织、技术、经济等多方面采取措施。从组织上采取的措施包括：明确项目组织结构，明确造价控制者及其任务，明确管理职能分工；从技术上采取的措施包括：重视设计多方案选择，严格审查监督初步设计、技术设计、施工图设计、施工组织设计，深入技术领域研究节约投资的可能；从经济上采取的措施包括：动态地比较造价的计划值和实际值，严格审核各项费用支出，采取对节约投资的有力奖励措施等。

技术与经济相结合是控制工程造价最有效的手段。由于工作分工与责任主体的不同，在工程建设领域，技术与经济的结合往往不能有效统一。工程技术人员以提高专业技术水平和专业工作技能为核心目标，对工程的质量和性能尤其关心，往往忽视工程造价。片面追求技术的绝对先进而脱离实际应用情况，不仅导致工程造价高昂，也是一种功能浪费。这就迫切需要解决以提高工程投资效益为目的，在工程建设过程中把技术与经济有机结合，通过技术比较、经济分析和效果评价，正确处理技术先进与经济合理两者之间的对立统一关系，力求在技术先进条件下的经济合理，在经济合理基础上的技术先进，把控制工程造价观念渗透到各项设计和施工技术措施之中。

工程造价的确定和控制之间，存在相互依存、相互制约的辩证关系。首先，工程造价的确定是工程造价控制的基础和载体。没有造价的确定，就没有造价的控制；没有造价的合理确定，也就没有造价的有效控制。其次，造价的控制寓于工程造价确定的全过程，造价的确定过程也就是造价的控制过程，只有通过逐项控制、层层控制才能最终合理确定造价。最后，确定造价和控制造价的最终目的是一致的。即合理使用建设资金，提高投资效益，遵循价值规律和市场运行机制，维护有关各方合理的经济利益。可见两者相辅相成。

1.1.3　工程全过程造价服务的主要任务和措施

1）建立健全工程造价全过程管理制度，实现工程项目投资估算、概算与最高投标限价、合同价、结算价政策衔接。注重工程造价与招投标、合同的管理制度协调，使制度合理，保障工程造价的合理确定和有效控制。

2）完善建设工程价款结算办法，转变结算方式，推行过程结算，简化竣工结算。建设工程在交付竣工验收时，必须具备完整的技术经济资料，鼓励将竣工结算书作为竣工验收备案的文件，引导工程竣工结算按约定及时办理，遏制工程款拖欠。创新工程造价纠纷调解机制，鼓励联合行业协会成立专家委员会进行造价纠纷专业调解。

3）推行工程全过程造价咨询服务，更加注重工程项目前期和设计的造价确定。充分发挥造价工程师的作用，从工程立项、设计、发包、施工到竣工全过程，实现对造价的动态控制。发挥造价管理机构专业作用，加强对工程计价活动及参与计价活动的工程建设各方主体、从业人员的监督检查，规范计价行为。

1.2　建设项目总投资及工程造价

1. 建设项目总投资的含义

建设项目总投资是指为完成工程项目建设并达到使用要求或生产条件，在建设期内预计或实际投入的全部费用总和。生产性建设项目总投资包括工程造价（或固定资产投资）和流动资金（或流动资产投资）。非生产性建设项目总投资一般仅指工程造价。

2. 建设项目总投资的构成

建设项目总投资的构成如图1-2所示。

工程造价（固定资产投资）包括建设投资和建设期利息。

建设投资是工程造价中的主要构成部分，是为完成工程项目建设，在建设期内投入且形成现金流出的全部费用。建设投资包括工程费用、工程建设其他费用和预备费三部分。工程费用是指建设期内直接用于工程建造、设备购置及其安装的建设投资，可以分为建筑工程费、安装工程费和设备及工器具购置费；其中建筑工程费和安装工程费有时又统称为建筑安装工程费。工程建设其他费用是指建设期发生的与土地使用权取得、整个工程项目建设以及未来生产经营有关的构成建设投资，但不包括工程费用中的费用。预备费是在建设期内因各种不可预见因素的变化而预留的可能增加的费用，包括基本预备费和价差预备费。

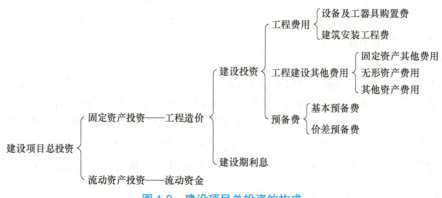

图 1-2　建设项目总投资的构成

流动资金是指为进行正常生产运营，用于购买原材料、燃料，支付工资及其他经营费用等所需的周转资金。在可行性研究阶段可根据需要计为全部流动资金，在初步设计及以后阶段可根据需要计为铺底流动资金。铺底流动资金是指生产经营性建设项目为保证投产后正常的生产营运所需，并在项目资本金中筹措的自有流动资金。

1.3　设备及工器具购置费用的构成和计算

设备及工器具购置费用是由设备购置费和工具、器具及生产家具购置费组成的，它是固定资产投资中的积极部分。在生产性工程建设中，设备及工器具购置费用占工程造价比重（比例）的增大，意味着生产技术的进步和资本有机构成的提高。

1.3.1　设备购置费的构成和计算

设备购置费是指购置或自制的达到固定资产标准的设备、工器具及生产家具等所需的费用。它由设备原价和设备运杂费构成。

$$设备购置费 = 设备原价 + 设备运杂费 \tag{1-1}$$

式中，设备原价是指国产设备或进口设备的原价；设备运杂费是指除设备原价之外的关于设备采购、运输、途中包装及仓库保管等方面支出费用的总和。

1. 国产设备原价的构成及计算

国产设备原价一般指的是设备制造厂的交货价或订货合同价。它一般根据生产厂或供应商的询价、报价、合同价确定，或采用一定的方法计算确定。国产设备原价分为国产标准设备原价和国产非标准设备原价。

（1）国产标准设备原价　国产标准设备是指按照主管部门颁布的标准图纸和技术要求，由我国设备生产厂批量生产的，符合国家质量检测标准的设备。国产标准设备原价有两种，即带有备件的原价和不带有备件的原价。在计算时，一般采用带有备件的原价。国产标准设备一般有完善的设备交易市场，因此可通过查询相关交易市场价格或向设备生产厂家询价得到国产标准设备原价。

（2）国产非标准设备原价　国产非标准设备是指国家尚无定型标准，各设备生产厂不可能在工艺过程中采用批量生产，只能按订货要求并根据具体的设计图制造的设备。国产非标准设备由于单件生产、无定型标准，所以无法获取市场交易价格，只能按其成本构成或相关技术参数估算其价格。国产非标准设备原价有多种不同的计算方法，如成本计算估价法、系列设备插入估价法、分部组合估价法、定额估价法等。但无论采用哪种方法都应该使国产非标准设备原价接近实际出厂价，并且计算方法要简便。成本计算估价法是一种比较常用的估算国产非标准设备原价的方法。按成本计算估价法，国产非标准设备原价由以下各项组成：

1）材料费。其计算公式如下：

$$材料费 = 材料净重 \times (1 + 加工损耗系数) \times 每吨材料综合价 \tag{1-2}$$

2）加工费。包括生产工人工资和工资附加费、燃料动力费、设备折旧费、车间经费等。其计算公式如下：

$$加工费 = 设备总质量 \times 设备每吨加工费 \tag{1-3}$$

3）辅助材料费（简称辅材费）。包括焊条、焊丝、氧气、氩气、氮气、油漆、电石等费用。其计算公式如下：

$$辅助材料费 = 设备总质量 \times 辅助材料费指标 \tag{1-4}$$

4）专用工具费。按1）~3）项之和乘以一定百分比计算。

5）废品损失费。按1）~4）项之和乘以一定百分比计算。

6）外购配套件费。按设备设计图所列的外购配套件的名称、型号、规格、数量、质量，根据相应的价格加运杂费计算。

7）包装费。按1）~6）项之和乘以一定百分比计算。

8）利润。可按1）~5）项加第7）项之和乘以一定利润率计算。

9）税金，主要是指增值税。计算公式如下：

$$增值税 = 当期销项税额 - 进项税额 \tag{1-5}$$

$$当期销项税额 = 销售额 \times 适用增值税税率 \tag{1-6}$$

$$销售额 = 1）~8）项之和$$

10）非标准设备设计费。按国家规定的设计费收费标准计算。综上所述，单台非标准设备原价可用下面的公式表达：

$$单台非标准设备原价 = \{[(材料费 + 加工费 + 辅助材料费) \times (1 + 专用工具费率) \times (1 + 废品损失费率) + 外购配套件费] \times (1 + 包装费率) - 外购配套件费\} \times (1 + 利润率) + 销项税额 + 非标准设备设计费 + 外购配套件费 \tag{1-7}$$

【例1-1】　某工厂采购一台国产非标准设备，制造厂生产该台设备所用材料费为20万元，加工费为2万元，辅助材料费为4000元，制造厂为制造该设备，在材料采购过程中发生进项增值税税额为3.5万元。专用工具费率为1.5%，废品损失费率为10%，外购配套件费为5万元，包装费率为1%，利润率为7%，增值税税率为13%，非标准设备设计费为2万元，求该国产非标准设备的原价。

【解】专用工具费 =（20+2+0.4）×1.5%=0.336（万元）
废品损失费 =（20+2+0.4+0.336）×10%=2.274（万元）
包装费 =（20+2+0.4+0.336+2.274+5）×1%=0.300（万元）
利润 =（20+2+0.4+0.336+2.274+0.300）×7%=1.772（万元）
当期销项税额 =（20+2+0.4+0.336+2.274+5+0.300+1.772）×13%=4.171（万元）
该国产非标准设备的原价 =20+2+0.4+0.336+2.274+0.300+1.772+4.171+2+5=38.253（万元）

2. 进口设备原价的构成及计算

进口设备原价是指进口设备的抵岸价，即设备抵达买方边境、港口或车站，缴纳完各种手续费、税费后形成的价格。抵岸价通常由进口设备到岸价（CIF）和进口从属费构成。进口设备到岸价，即抵达买方边境港口或边境车站的价格。在国际贸易中，交易双方所使用的交货类别不同，交易价格的构成内容也有所差异。进口从属费包括银行财务费、外贸手续费、进口关税、消费税、进口环节增值税等，进口车辆的还需缴纳进口车辆购置税。

（1）进口设备的交易价格　在国际贸易中，较为广泛使用的交易价格术语有 FOB、CFR 和 CIF。

1）FOB（free on board），意为装运港船上交货，也称为离岸价格。FOB 是指当货物在指定的装运港越过船舷，卖方即完成交货义务。风险转移，以在指定的装运港货物越过船舷时为分界点。费用划分与风险转移的分界点相一致。

在 FOB 交货方式下，卖方的基本义务有：办理出口清关手续，自负风险和费用，领取出口许可证及其他官方文件；在约定的日期或期限内，在合同规定的装运港，按港口惯常的方式把货物装上买方指定的船只，并及时通知买方；承担货物在装运港越过船舷之前的一切费用和风险；向买方提供商业发票和证明货物已交至船上的装运单据或具有同等效力的电子单证。买方的基本义务有：负责租船订舱，按时派船到合同约定的装运港接运货物，支付运费，并将船期、船名及装船地点及时通知卖方；负担货物在装运港越过船舷后的各种费用以及货物灭失或损坏的一切风险；负责获取进口许可证或其他官方文件，以及办理货物入境手续；受领卖方提供的各种单证，按合同规定支付货款。

2）CFR（cost and freight），意为成本加运费，或称为运费在内价。CFR 是指在装运港货物越过船舷卖方即完成交货，卖方必须支付将货物运至指定的目的港所需的运费和费用，但交货后货物灭失或损坏的风险，以及由于各种事件造成的任何额外费用，即由卖方转移到买方。与 FOB 价格相比，CFR 的费用划分与风险转移的分界点是不一致的。

在 CFR 交货方式下，卖方的基本义务有：提供合同规定的货物，负责订立运输合同，并租船订舱，在合同规定的装运港和规定的期限内，将货物装上船并及时通知买方，支付运至目的港的运费；负责办理出口清关手续，提供出口许可证或其他官方批准的文件；承担货物在装运港越过船舷之前的一切费用和风险；按合同规定提供正式有效的运输单据、发票或具有同等效力的电子单证。买方的基本义务有：承担货物在装运港越过船舷以后的一切风险及运输途中因遭遇风险所引起的额外费用；在合同规定的目的港受领货物，办理进口清关手续，缴纳进口税；受领卖方提供的各种约定的单证，并按合同规定支付货款。

3）CIF（cost insurance and freight），意为成本加保险费、运费，习惯称到岸价格。在 CIF 中，卖方除负有与 CFR 相同的义务外，还应办理货物在运输途中最低险别的海运保险，并应支付保险费。如买方需要更高的保险险别，则需要与卖方明确地达成协议，或者自行做出额外的保险安排。除保险这项义务之外，买方的义务与 CFR 相同。

（2）进口设备到岸价的构成及计算　进口设备到岸价的计算公式如下：

$$进口设备到岸价（CIF）= 离岸价格（FOB）+ 国际运费 + 运输保险费$$
$$= 运费在内价（CFR）+ 运输保险费 \tag{1-8}$$

1）货价。一般是指装运港船上交货价。设备货价分为原币货价和人民币货价，原币货价一律折算为美元表示，人民币货价按原币货价乘以外汇市场美元兑换人民币汇率中间价确定。进口设备货价按有关生产厂商询价、报价、订货合同价计算。

2）国际运费。即从装运港（站）到达我国目的港（站）的运费。我国进口设备大部分采用海洋运输，小部分采用铁路运输，个别采用航空运输。进口设备国际运费计算公式为

$$国际运费（海、陆、空）= 原币货价 \times 运费率 \tag{1-9}$$
$$国际运费（海、陆、空）= 单位运价 \times 运量 \tag{1-10}$$

其中，运费率或单位运价参照有关部门或进出口公司的规定执行。

3）运输保险费。对外贸易货物运输保险是由保险人（保险公司）与被保险人（出口人或进口人）订立保险契约，在被保险人交付议定的保险费后，保险人根据保险契约的规定对货物在运输过程中发生的承保责任范围内的损失给予经济上的补偿。这是一种财产保险。计算公式为

$$运输保险费 = \frac{原币货价 + 国外运费}{1 - 保险费率} \times 保险费率 \tag{1-11}$$

其中，保险费率按保险公司规定的进口货物保险费率计算。

（3）进口从属费的构成及计算　进口从属费的计算公式如下：

$$进口从属费 = 银行财务费 + 外贸手续费 + 进口关税 + 消费税 +$$
$$进口环节增值税 + 进口车辆购置税 \tag{1-12}$$

1）银行财务费。一般是指在国际贸易结算中，中国银行为进出口商提供金融结算服务所收取的费用，可按下式简化计算：

$$银行财务费 = 离岸价格（FOB）\times 人民币外汇汇率 \times 银行财务费率 \tag{1-13}$$

2）外贸手续费。一般是指按规定的外贸手续费率计取的费用，外贸手续费率一般取 1.5%。计算公式为

$$外贸手续费 = 到岸价格（CIF）\times 人民币外汇汇率 \times 外贸手续费率 \tag{1-14}$$

3）进口关税。由海关对进出国境或关境的货物和物品征收的一种税。计算公式为

$$进口关税 = 到岸价格（CIF）\times 人民币外汇汇率 \times 进口关税税率 \tag{1-15}$$

到岸价格作为进口关税的计征基数时，通常又可称为关税完税价格。进口关税税率分为优惠和普通两种。优惠税率适用于与我国签订关税互惠条款的贸易条约或协定的国家的进口设备；普通税率适用于与我国未签订关税互惠条款的贸易条约或协定的国家的进口设备。进口关税税率按我国海关总署发布的进口关税税率计算。

4）消费税。仅对部分进口设备（如轿车、摩托车等）征收，一般计算公式为

$$消费税 = \frac{到岸价格（CIF）+ 进口关税}{1 - 消费税税率} \times 消费税税率 \tag{1-16}$$

其中，消费税税率根据规定的税率计算。

5）进口环节增值税。是指对从事进口贸易的单位和个人，在进口商品报关进口后征收

的税种。我国增值税条例规定,进口应税产品均按组成计税价格和增值税税率直接计算应纳税额。即

$$进口环节增值税 = 组成计税价格 \times 增值税税率 \qquad (1-17)$$
$$组成计税价格 = 关税完税价格 + 进口关税 + 消费税 \qquad (1-18)$$

增值税税率根据规定的税率计算。

6)进口车辆购置税。进口车辆需缴进口车辆购置税,其公式如下:

$$进口车辆购置税 = (关税完税价格 + 进口关税 + 消费税) \times 车辆购置税率 \qquad (1-19)$$

【例1-2】 从某国进口设备,质量为1000t,装运港船上交货价为400万美元,工程建设项目位于国内某省会城市。如果国际运费标准为300美元/t,海上运输保险费率为0.3%,银行财务费率为5%,外贸手续费率为1.5%,进口关税税率为22%,增值税税率为13%,消费税税率为10%,银行外汇牌价为1美元=6.3元人民币,对该设备的原价进行估算。

【解】 进口设备FOB=400×6.3=2520(万元)

国际运费=300×1000×6.3=189(万元)

海上运输保险费 = $\dfrac{2520+189}{1-0.3\%} \times 0.3\%$ = 8.15(万元)

CIF=2520+189+8.15=2717.15(万元)

银行财务费=2520×5%=126(万元)

外贸手续费=2717.15×1.5%=40.76(万元)

进口关税=2717.15×22%=597.77(万元)

消费税 = $\dfrac{2717.15+597.77}{1-10\%} \times 10\%$ = 368.32(万元)

增值税=(2717.15+597.77+368.32)×13%=478.82(万元)

进口从属费=126+40.76+597.77+368.32+478.82=1611.67(万元)

进口设备原价=2717.15+1611.67=4328.82(万元)

3. 设备运杂费的构成及计算

(1)设备运杂费的构成 设备运杂费是指国内采购设备自来源地、国外采购设备自到岸港运至工地仓库或指定堆放地点发生的采购、运输、运输保险、保管、装卸等费用。通常由下列各项构成:

1)运费和装卸费。国产设备由设备制造厂交货地点起至工地仓库(或施工组织设计指定的需要安装设备的堆放地点)止所发生的运费和装卸费;进口设备则由我国到岸港口或边境车站起至工地仓库(或施工组织设计指定的需要安装设备的堆放地点)止所发生的运费和装卸费。

2)包装费。在设备原价中没有包含的,为运输而进行的包装支出的各种费用。

3)设备供销部门的手续费。按有关部门规定的统一费率计算。

4)采购与仓库保管费。指采购、验收、保管和收发设备所发生的各种费用,包括设备采购人员、保管人员和管理人员的工资、工资附加费、办公费、差旅交通费,设备供应部门办公和仓库所占固定资产使用费、工具用具使用费、劳动保护费、检验试验费等。这些费用可按主管部门规定的采购与保管费费率计算。

(2) 设备运杂费的计算　设备运杂费按下式计算：

$$设备运杂费 = 设备原价 \times 设备运杂费费率 \qquad (1-20)$$

式中，设备运杂费费率按各部门及省、市有关规定计取。

1.3.2　工器具及生产家具购置费的构成和计算

工器具及生产家具购置费是指新建或扩建项目初步设计规定的，保证初期正常生产必须购置的没有达到固定资产标准的设备、仪器、工卡模具、器具、生产家具和备品备件等的购置费用。一般以设备购置费为计算基数，按照部门或行业规定的工具、器具及生产家具费费率计算。计算公式为

$$工器具及生产家具购置费 = 设备购置费 \times 定额费率 \qquad (1-21)$$

1.4　建筑安装工程费用的构成和计算

1.4.1　按费用构成要素划分建筑安装工程费用项目的构成和计算

建筑安装工程费用项目组成按费用构成要素划分，如图 1-3 所示。

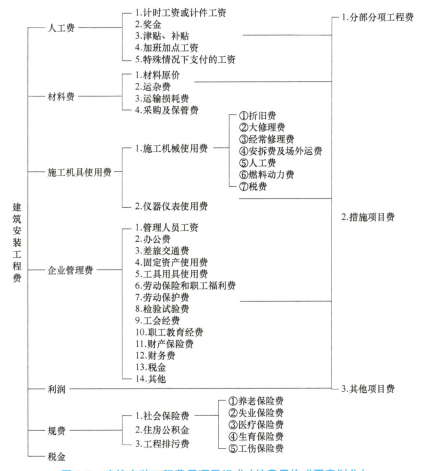

图 1-3　建筑安装工程费用项目组成（按费用构成要素划分）

1. 人工费

建筑安装工程费中的人工费是指按照工资总额构成规定,支付给直接从事建筑安装工程施工作业的生产工人和附属生产单位工人的各项费用。计算人工费的基本要素有两个,即人工工日消耗量和人工日工资单价。

(1) 人工工日消耗量 人工工日消耗量是指在正常施工生产条件下,生产建筑安装产品(分部分项工程或结构构件)必须消耗的某种技术等级的人工工日数量。它由分项工程所综合的各个工序劳动定额包括的基本用工、其他用工两部分组成。

(2) 人工日工资单价 人工日工资单价是指施工企业平均技术熟练程度的生产工人在每工作日(国家法定工作时间内)按规定从事施工作业应得的日工资总额。

人工费的基本计算公式为

$$人工费 = \sum 人工工日消耗量 \times 人工日工资单价 \qquad (1-22)$$

2. 材料费

建筑安装工程费中的材料费是指工程施工过程中耗费的各种原材料、辅助材料、构配件、零件、半成品或成品、工程设备的费用。计算材料费的基本要素是材料消耗量和材料单价。

(1) 材料消耗量 材料消耗量是指在合理使用材料的条件下,生产建筑安装产品(分部分项工程或结构构件)必须消耗的一定品种、规格的原材料、辅助材料、构配件、零件、半成品或成品等的数量。它包括材料净用量和材料不可避免的损耗量。

(2) 材料单价 材料单价是指建筑材料从其来源地运到施工工地仓库直至出库形成的综合平均单价,其内容包括材料原价(或供应价格)、材料运杂费、运输损耗费、采购及保管费等。

材料费的基本计算公式为

$$材料费 = \sum 材料消耗量 \times 材料单价 \qquad (1-23)$$

(3) 工程设备 工程设备是指构成或计划构成永久工程一部分的机电设备、金属结构设备、仪器装置及其他类似的设备和装置。

3. 施工机具使用费

建筑安装工程费中的施工机具使用费是指施工作业所发生的施工机械、仪器仪表使用费或其租赁费。

(1) 施工机械使用费 施工机械使用费是指施工机械作业发生的使用费或租赁费。构成施工机械使用费的基本要素是施工机械台班消耗量和机械台班单价。

施工机械使用费的基本计算公式为

$$施工机械使用费 = \sum 施工机械台班消耗量 \times 机械台班单价 \qquad (1-24)$$

施工机械台班单价通常由折旧费、大修理费、经常修理费、安拆费及场外运输费、人工费、燃料动力费和税费组成。

(2) 仪器仪表使用费 仪器仪表使用费是指工程施工所需使用的仪器仪表的摊销费及维修费用。仪器仪表使用费的基本计算公式为

$$仪器仪表使用费 = 工程使用的仪器仪表的摊销费 + 维修费 \qquad (1-25)$$

4. 企业管理费

(1) 企业管理费的内容 企业管理费是指建筑安装企业组织施工生产和经营管理所需

的费用。内容包括：

1）管理人员工资。管理人员工资是指按规定支付给管理人员的计时工资、奖金、津贴补贴、加班加点工资及特殊情况下支付的工资等。

2）办公费。办公费是指企业管理办公用的文具、纸张、账表、印刷、邮电、书报、办公软件、现场监控、会议、水电、烧水和集体取暖降温（包括现场临时宿舍取暖降温）等费用。

3）差旅交通费。差旅交通费是指职工因公出差、调动工作的差旅费、住勤补助费，市内交通费和误餐补助费，职工探亲路费，劳动力招募费，职工退休、退职一次性路费，工伤人员就医路费，工地转移费以及管理部门使用的交通工具的油料、燃料等费用。

4）固定资产使用费。固定资产使用费是指管理和试验部门及附属生产单位使用的属于固定资产的房屋、设备、仪器等的折旧、大修、维修或租赁费。

5）工具用具使用费。工具用具使用费是指企业施工生产和管理使用的不属于固定资产的工具、器具、家具、交通工具和检验、试验、测绘、消防用具等的购置、维修和摊销费。

6）劳动保险和职工福利费。劳动保险和职工福利费是指由企业支付的职工退职金、按规定支付给离休干部的经费、集体福利费、夏季防暑降温、冬季取暖补贴、上下班交通补贴等。

7）劳动保护费。劳动保护费是指企业按规定发放的劳动保护用品的支出，如工作服、手套、防暑降温饮料以及在有碍身体健康的环境中施工的保健费用等。

8）检验试验费。检验试验费是指施工企业按照有关标准规定，对建筑以及材料、构件和建筑安装物进行一般鉴定、检查所发生的费用，包括自设试验室进行试验所耗用的材料等费用；不包括新结构、新材料的试验费，对构件做破坏性试验及其他特殊要求检验试验的费用和建设单位委托检测机构进行检测的费用，对此类检测发生的费用，由建设单位在工程建设其他费用中列支。但对施工企业提供的具有合格证明的材料进行检测不合格的，该检测费用由施工企业支付。

9）工会经费。工会经费是指企业按《中华人民共和国工会法》规定的全部职工工资总额比例计提的工会经费。

10）职工教育经费。职工教育经费是指按职工工资总额的规定比例计提，企业为职工进行专业技术和职业技能培训，专业技术人员继续教育、职工职业技能鉴定、职业资格认定，以及根据需要对职工进行各类文化教育所发生的费用。

11）财产保险费。财产保险费是指施工管理用于财产、车辆等的保险费用。

12）财务费。财务费是指企业为施工生产筹集资金或提供预付款担保、履约担保、职工工资支付担保等所发生的各种费用。

13）税金。税金是指企业按规定缴纳的房产税、车船使用税、土地使用税、印花税等。

14）其他。其他包括技术转让费、技术开发费、投标费、业务招待费、绿化费、广告费、公证费、法律顾问费、审计费、咨询费、保险费等。

（2）企业管理费的计算方法　企业管理费一般采用取费基数乘以费率的方法计算，取费基数有三种，分别是：以分部分项工程费为计算基础、以人工费和机械费合计为计算基础及以人工费为计算基础。企业管理费费率计算方法如下：

1）以分部分项工程费为计算基础。

$$企业管理费率 = \frac{生产工人年平均管理费}{年有效施工天数 \times 人工单价} \times 人工费占分部分项工程费比例 \quad (1-26)$$

2）以人工费和机械费合计为计算基础。

$$企业管理费费率 = \frac{生产工人年平均管理费}{年有效施工天数 \times (人工单价 + 每一工日机械使用费)} \times 100\% \quad (1-27)$$

3）以人工费为计算基础。

$$企业管理费费率 = \frac{生产工人年平均管理费}{年有效施工天数 \times 人工单价} \times 100\% \quad (1-28)$$

工程造价管理机构在确定计价定额中的企业管理费时，应以定额人工费或定额人工费与机械费之和作为计算基数，其费率根据历年积累的工程造价资料，辅以调查数据确定，计入分部分项工程费和措施项目费中。

5. 利润

利润是指施工企业完成所承包工程获得的盈利，由施工企业根据企业自身需求并结合建筑市场实际自主确定。工程造价管理机构在确定计价定额中的利润时，应以定额人工费或定额人工费与机械费之和作为计算基数，其费率根据历年积累的工程造价资料，并结合建筑市场实际确定，以单位（单项）工程测算，利润在税前建筑安装工程费用的比重可按不低于5%且不高于7%的费率计算。利润应列入分部分项工程费和措施项目费中。

6. 规费

（1）规费的内容　规费是指按国家法律、法规规定，由省级政府和省级有关权力部门规定必须缴纳或计取的费用。主要包括社会保险费、住房公积金和工程排污费。

1）社会保险费。包括：

① 养老保险费：企业按照规定标准为职工缴纳的基本养老保险费。

② 失业保险费：企业按照国家规定标准为职工缴纳的失业保险费。

③ 医疗保险费：企业按照规定标准为职工缴纳的基本医疗保险费。

④ 生育保险费：企业按照国家规定为职工缴纳的生育保险费。

⑤ 工伤保险费：企业按照国务院制定的行业费率为职工缴纳的工伤保险费。

2）住房公积金：企业按照规定标准为职工缴纳的住房公积金。

3）工程排污费：企业按照规定缴纳的施工现场工程排污费。

（2）规费的计算

1）社会保险费和住房公积金。社会保险费和住房公积金应以定额人工费为计算基础，根据工程所在地省、自治区、直辖市或行业建设主管部门规定费率计算。

$$社会保险费和住房公积金 = \sum 工程定额人工费 \times 社会保险费和住房公积金费率 \quad (1-29)$$

社会保险费和住房公积金费率可以每万元发承包价的生产工人人工费和管理人员工资含量与工程所在地规定的缴纳标准综合分析取定。

2）工程排污费。工程排污费应按照工程所在地环境保护等部门规定的标准缴纳，按实际发生计取列入。其他应列而未列入的规费，按实际发生计取列入。

7. 增值税

建筑安装工程费用中的增值税是指按照国家税法规定的应计入建筑安装工程造价内的增值税税额，按税前造价乘以增值税适用税率确定。

1.4.2 按造价形成划分建筑安装工程费用项目的构成和计算

建筑安装工程费用项目组成按造价形成划分，如图 1-4 所示。

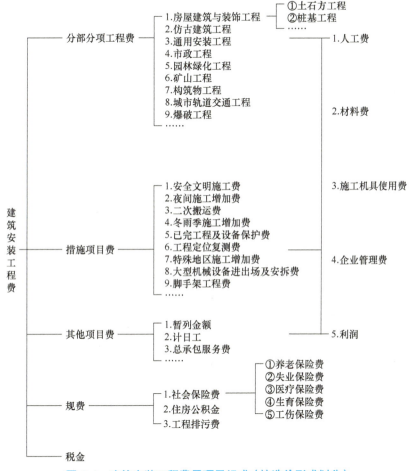

图 1-4 建筑安装工程费用项目组成（按造价形成划分）

建筑安装工程费按照工程造价形成由分部分项工程费、措施项目费、其他项目费、规费和税金组成。

1. 分部分项工程费

分部分项工程费是指各专业工程的分部分项工程应予列支的各项费用。各类专业工程的分部分项工程划分应遵循现行国家或行业计量规范的规定。分部分项工程费通常按下式计算：

$$\text{分部分项工程费} = \sum \text{分部分项工程量} \times \text{综合单价} \tag{1-30}$$

其中，综合单价包括人工费、材料费、施工机具使用费、企业管理费和利润，以及一定范围的风险费用。

2. 措施项目费

（1）措施项目费的构成　措施项目费是指为完成建设工程施工，发生于该工程施工前和施工过程中的技术、生活、安全、环境保护等方面的费用。措施项目及其包含的内容应遵循各类专业工程的现行国家或行业计量规范。

1）安全文明施工费。安全文明施工费是指工程施工期间按照国家现行的环境保护、建筑施工安全、施工现场环境与卫生标准和有关规定，购置和更新施工安全防护用具及设施、改善安全生产条件和作业环境所需要的费用。通常由环境保护费、文明施工费、安全施工费、临时设施费组成。

① 环境保护费：是指施工现场为达到环保部门要求所需要的各项费用。

② 文明施工费：是指施工现场文明施工所需要的各项费用。

③ 安全施工费：是指施工现场安全施工所需要的各项费用。

④ 临时设施费：是指施工企业为进行建设工程施工所必须搭设的生活和生产用的临时建筑物、构筑物和其他临时设施费用，包括临时设施的搭设、维修、拆除、清理费或摊销费等。

2）夜间施工增加费。夜间施工增加费是指因夜间施工所发生的夜班补助费、夜间施工降效、夜间施工照明设备摊销及照明用电等费用。内容由以下各项组成：

① 夜间固定照明灯具和临时可移动照明灯具的设置、拆除费用。

② 夜间施工时，施工现场交通标志、安全标牌、警示灯的设置、移动、拆除费用。

③ 夜间照明设备摊销及照明用电、施工人员夜班补助、夜间施工劳动效率降低等费用。

3）非夜间施工照明费。非夜间施工照明费是指为保证工程施工正常进行，在地下室等特殊施工部位施工时所采用的照明设备的安拆、维护及照明用电等费用。

4）二次搬运费。二次搬运费是指由于施工场地条件限制而发生的材料、成品、半成品等一次运输不能到达堆放地点，必须进行二次或多次搬运的费用。

5）冬雨季施工增加费。冬雨季施工增加费是指在冬季或雨季施工需增加的临时设施、防滑、排除雨雪，人工及施工机械效率降低等费用。内容由以下各项组成：

① 冬雨（风）季施工时，增加的临时设施（防寒保温、防雨、防风设施）的搭设、拆除费用。

② 冬雨（风）季施工时，对砌体、混凝土等采用的特殊加温、保温和养护措施费用。

③ 冬雨（风）季施工时，施工现场的防滑处理、对影响施工的雨雪的清除费用。

④ 冬雨（风）季施工时，增加的临时设施、施工人员的劳动保护用品、冬雨（风）季施工劳动效率降低等费用。

6）地上、地下设施、建筑物的临时保护设施费。地上、地下设施、建筑物的临时保护设施费是指在工程施工过程中，对已建成的地上、地下设施和建筑物进行的遮盖、封闭、隔离等必要保护措施所发生的费用。

7）已完工程及设备保护费。已完工程及设备保护费是指竣工验收前，对已完工程及设备采取的覆盖、包裹、封闭、隔离等必要保护措施所发生的费用。

8）脚手架工程费。脚手架工程费是指施工需要的各种脚手架搭、拆、运输费用以及脚手架购置费的摊销（或租赁）费用。通常包括以下内容：

① 施工时可能发生的场内、场外材料搬运费用。
② 搭、拆脚手架、斜道、上料平台费用。
③ 安全网的铺设费用。
④ 拆除脚手架后材料的堆放费用。

9）混凝土模板及支架（撑）费。混凝土模板及支架（撑）费是指混凝土施工过程中需要的各种钢模板、木模板、支架等的支拆、运输费用及模板、支架的摊销（或租赁）费用。内容由以下各项组成：

① 混凝土施工过程中需要的各种模板制作费用。
② 模板安装、拆除、整理堆放及场内外运输费用。
③ 清理模板黏结物及模内杂物、刷隔离剂等费用。

10）垂直运输费。垂直运输费是指现场所用材料、机具从地面运至相应高度以及职工人员上下工作面等所发生的运输费用。内容由以下各项组成：

① 垂直运输机械的固定装置、基础制作、安装费。
② 行走式垂直运输机械轨道的铺设、拆除、摊销费。

11）超高施工增加费。当单层建筑物檐口高度超过 20m，多层建筑物超过 6 层时，可计算超高施工增加费，内容由以下各项组成：

① 建筑物超高引起的人工工效降低以及由于人工工效降低引起的机械降效费。
② 高层施工用水加压水泵的安装、拆除及工作台班费。
③ 通信联络设备的使用及摊销费。

12）大型机械设备进出场及安拆费。大型机械设备进出场及安拆费是指机械整体或分体自停放场地运至施工现场或由一个施工地点运至另一个施工地点，所发生的机械进出场运输及转移费用，以及机械在施工现场进行安装、拆卸所需的人工费、材料费、机械费、试运转费和安装所需的辅助设施的费用。内容由安拆费和进出场费组成。

① 安拆费包括施工机械、设备在现场进行安装拆卸所需人工、材料、机械和试运转费用以及机械辅助设施的折旧、搭设、拆除等费用。
② 进出场费包括施工机械、设备整体或分体自停放地点运至施工现场或由一施工地点运至另一施工地点所发生的运输、装卸、辅助材料等费用。

13）施工排水、降水费。施工排水、降水费是指将施工期间有碍施工作业和影响工程质量的水排到施工场地以外，以及防止在地下水位较高的地区开挖深基坑出现基坑浸水，地基承载力下降，在动水压力作用下还可能引起流砂、管涌和边坡失稳等现象而必须采取有效的降水和排水措施费用。该项费用由成井和排水、降水两个独立的费用项目组成。

① 成井。成井的费用主要包括：准备钻孔机械、埋设护筒、钻机就位，泥浆制作、固壁，成孔、出渣、清孔等费用；对接上、下井管（滤管），焊接，安防，下滤料，洗井，连接试抽等费用。
② 排水、降水。排水、降水的费用主要包括：管道安装、拆除，场内搬运等费用；抽水、值班、降水设备维修等费用。

14）其他。根据项目的专业特点或所在地区不同，可能会出现其他的措施项目，如工程定位复测费和特殊地区施工增加费等。

（2）措施项目费的计算　按照有关专业计量规范规定，措施项目分为应予计量的措施项目和不宜计量的措施项目两类。

1）应予计量的措施项目。基本与分部分项工程费的计算方法相同，计算公式为

$$措施项目费 = \sum 措施项目工程量 \times 综合单价 \qquad (1-31)$$

不同的措施项目其工程量的计算单位是不同的，分列如下：

① 脚手架工程费通常按建筑面积或垂直投影面积按 m² 为单位计算。

② 混凝土模板及支架（撑）费通常是按照模板与现浇混凝土构件的接触面积以 m² 为单位计算。

③ 垂直运输费可根据需要用两种方法进行计算：一是按照建筑面积以 m² 为单位计算；二是按照施工工期日历天数以天为单位计算。

④ 超高施工增加费通常按照建筑物超高部分的建筑面积以 m² 为单位计算。

⑤ 大型机械设备进出场及安拆费通常按照机械设备的使用数量以台次为单位计算。

⑥ 施工排水、降水费分两个不同的独立部分计算：一是成井费用通常按照设计图示尺寸以钻孔深度按 m 为单位计算；二是排水、降水费用通常按照排水、降水日历天数按昼夜为单位计算。

2）不宜计量的措施项目。对于不宜计量的措施项目，通常用计算基数乘以费率的方法予以计算。

① 安全文明施工费。计算公式为

$$安全文明施工费 = 计算基数 \times 安全文明施工费费率 \qquad (1-32)$$

计算基数应为定额基价（定额分部分项工程费 + 定额中可以计量的措施项目费）、定额人工费或定额人工费与机械费之和，其费率由工程造价管理机构根据各专业工程的特点综合确定。

② 其余不宜计量的措施项目。包括夜间施工增加费，非夜间施工照明费，二次搬运费，冬雨季施工增加费，地上、地下设施、建筑物的临时保护设施费，已完工程及设备保护费等。计算公式为

$$措施项目费 = 计算基数 \times 措施项目费费率 \qquad (1-33)$$

式（1-33）中的计算基数应为定额人工费或定额人工费与定额机械费之和，其费率由工程造价管理机构根据各专业工程特点和调查资料综合分析后确定。

3. 其他项目费

（1）暂列金额　暂列金额是指建设单位在工程量清单中暂定并包括在工程合同价款中的一笔款项，用于施工合同签订时尚未确定或者不可预见的所需材料、工程设备、服务的采购，施工中可能发生的工程变更、合同约定调整因素出现时的工程价款调整以及发生的索赔、现场签证确认等的费用。暂列金额由建设单位根据工程特点，按有关计价规定估算，施工过程中由建设单位掌握使用、扣除合同价款调整后如有余额，归建设单位。

（2）计日工　计日工是指在施工过程中，施工企业完成建设单位提出的施工图以外的零星项目或工作所需的费用。计日工由建设单位和施工企业按施工过程中的签证计价。

（3）总承包服务费　总承包服务费是指总承包人为配合、协调建设单位进行的专业工程发包，对建设单位自行采购的材料、工程设备等进行保管以及施工现场管理、竣工资料汇总整理等服务所需的费用。

总承包服务费由建设单位在招标控制价中根据总包服务范围和有关计价规定编制，施工

企业投标时自主报价，施工过程中按签约合同价执行。

4. 规费和税金

规费和税金的构成和计算与按费用构成要素划分建筑安装工程费用项目组成部分是相同的。

1.5 工程建设其他费用的构成和计算

工程建设其他费用是指从工程筹建起到工程竣工验收交付使用止的整个建设期间，除建筑安装工程费用和设备及工器具购置费用以外的，为保证工程建设顺利完成和交付使用后能够正常发挥效用而发生的各项费用。

1.5.1 建设用地费

任何一个建设项目都固定于一定地点与地面相连接，必须占用一定量的土地，这样也就必然要发生为获得建设用地而支付的费用，这就是建设用地费。它是指为获得工程项目建设土地的使用权而在建设期内发生的各项费用，包括通过划拨方式取得土地使用权而支付的土地征用及迁移补偿费，或者通过土地使用权出让方式取得土地使用权而支付的土地使用权出让金。

1. 建设用地取得的基本方式

建设用地的取得，实质是依法获取国有土地的使用权。根据《中华人民共和国房地产管理法》规定，获取国有土地使用权的基本方式有两种：一是出让方式；二是划拨方式。建设土地取得的其他方式还包括租赁和转让方式。

（1）通过出让方式获取国有土地使用权　国有土地使用权出让是指国家将国有土地使用权在一定年限内出让给土地使用者，由土地使用者向国家支付土地使用权出让金的行为。土地使用权出让最高年限按下列用途确定：

1）居住用地 70 年。

2）工业用地 50 年。

3）教育、科技、文化、卫生、体育用地 50 年。

4）商业、旅游、娱乐用地 40 年。

5）综合或者其他用地 50 年。

通过出让方式获取国有土地使用权又可以分成两种具体方式：一是通过招标、拍卖、挂牌等竞争出让方式获取国有土地使用权；二是通过协议出让方式获取国有土地使用权。

1）通过竞争出让方式获取国有土地使用权。具体的竞争方式又包括三种：招标、拍卖和挂牌。按照国家相关规定，工业（包括仓储用地，但不包括采矿用地）、商业、旅游、娱乐和商品住宅等各类经营性用地，必须以招标、拍卖或者挂牌方式出让；上述规定以外用途的土地的供地计划公布后，同一宗地有两个以上意向用地者的，也应当采用招标、拍卖或者挂牌方式出让。

2）通过协议出让方式获取国有土地使用权。按照国家相关规定，出让国有土地使用权，除依照法律、法规和规章的规定应当采用招标、拍卖或者挂牌方式外，还可采取协议方式。以协议方式出让国有土地使用权的出让金不得低于按国家规定所确定的最低价。协议出让底价不得低于拟出让地块所在区域的协议出让最低价。

（2）通过划拨方式获取国有土地使用权　国有土地使用权划拨是指县级以上人民政府依法批准，在土地使用者缴纳补偿、安置等费用后将该幅土地交付其使用，或者将土地使用权无偿交付给土地使用者使用的行为。国家对划拨用地有着严格的规定，下列建设用地，经县级以上人民政府依法批准，可以以划拨方式取得：

1）国家机关用地和军事用地。

2）城市基础设施用地和公益事业用地。

3）国家重点扶持的能源、交通、水利等项目用地。

4）法律、行政法规规定的其他用地。

依法以划拨方式取得土地使用权的，除法律、行政法规另有规定外，没有使用期限的限制。因企业改制、土地使用权转让或者改变土地用途等不再符合规定的，应当实行有偿使用。

2. 建设用地取得的费用

建设用地如通过行政划拨方式取得，则须承担征地补偿费用或对原用地单位或个人的拆迁补偿费用；若通过市场机制取得，则不但承担以上费用，还须向土地所有者支付有偿使用费，即土地出让金。

（1）征地补偿费用　征地补偿费用由以下几个部分构成：

1）土地补偿费。土地补偿费是对农村集体经济组织因土地被征用而造成的经济损失的一种补偿。征用耕地的补偿费，为该耕地被征前三年平均年产值的6~10倍。征用其他土地的补偿费标准，由省、自治区、直辖市参照征用耕地的补偿费标准规定。土地补偿费归农村集体经济组织所有。

2）青苗补偿费和地上附着物补偿费。青苗补偿费是因征地时对其正在生长的农作物受到损害而做出的一种赔偿。在农村实行承包责任制后，农民自行承包土地的青苗补偿费应付给本人，属于集体种植的青苗补偿费可纳入当年集体收益。凡在协商征地方案后抢种的农作物、树木等，一律不予补偿。地上附着物是指房屋、水井、树木、涵洞、桥梁、公路、水利设施、林木等地面建筑物、构筑物、附着物等。视协商征地方案前地上附着物价值与折旧情况确定，应根据"拆什么，补什么；拆多少，补多少，不低于原来水平"的原则确定。如附着物产权属个人，则该项补偿费付给个人。地上附着物的补偿标准，由省、自治区、直辖市规定。

3）安置补助费。安置补助费应支付给被征地单位和安置劳动力的单位，作为劳动力安置与培训的支出，以及作为不能就业人员的生活补助。征收耕地的安置补助费，按照需要安置的农业人口数计算。需要安置的农业人口数，按照被征收的耕地数量除以征地前被征收单位平均每人占有耕地的数量计算。每一个需要安置的农业人口的安置补助费标准，为该耕地被征收前三年平均年产值的4~6倍。但是，每公顷被征收耕地的安置补助费，最高不得超过被征收前三年平均年产值的15倍。土地补偿费和安置补助费尚不能使需要安置的农民保持原有生活水平的，经省、自治区、直辖市人民政府批准，可以增加安置补助费。但是，土地补偿费和安置补助费的总和不得超过土地被征收前三年平均年产值的30倍。

4）新菜地开发建设基金。新菜地开发建设基金是指征用城市郊区商品菜地时支付的费用。这项费用交给地方财政，作为开发建设新菜地的投资。菜地是指城市郊区为供应城市居民蔬菜，连续3年以上常年种菜或者养殖鱼、虾等的商品菜地和精养鱼塘。一年只种一茬或因调整茬口安排种植蔬菜的，均不作为需要收取开发基金的菜地。征用尚未开发的规划菜地，不缴纳新菜地开发建设基金。在蔬菜产销放开后，能够满足供应，不再需要开发新菜地的城市，不收取新菜地开发建设基金。

5）耕地占用税。耕地占用税是对占用耕地建房或者从事其他非农业建设的单位和个人征收的一种税收，目的是合理利用土地资源，节约用地，保护农用耕地。耕地占用税征收范围不仅包括占用耕地，还包括占用鱼塘、园地、菜地及其农业用地建房或者从事其他非农业建设，均按实际占用的面积和规定的税额一次性征收。其中，耕地是指用于种植农作物的土地。占用前3年曾用于种植农作物的土地也视为耕地。

6）土地管理费。土地管理费主要作为征地工作中所发生的办公、会议、培训、宣传、差旅、借用人员工资等必要的费用。土地管理费的收取标准一般是在土地补偿费、青苗补偿费、地面附着物补偿费、安置补助费四项费用之和的基础上提取2%~4%。如果是征地包干，还应在四项费用之和后再加上粮食价差、副食补贴、不可预见费等费用，在此基础上提取2%~4%作为土地管理费。

（2）拆迁补偿费用　在城市规划区内国有土地上实施房屋拆迁，拆迁人应当对被拆迁人给予补偿、安置。

1）拆迁补偿。拆迁补偿的方式可以实行货币补偿，也可以实行房屋产权调换。货币补偿的金额，根据被拆迁房屋的区位、用途、建筑面积等因素，以房地产市场评估价格确定，具体办法由省、自治区、直辖市人民政府制定。实行房屋产权调换的，拆迁人与被拆迁人按照计算得到的被拆迁房屋的补偿金额和所调换房屋的价格，结清产权调换的差价。

2）搬迁、临时安置补助费。拆迁人应当对被拆迁人或者房屋承租人支付搬迁补助费，对于在规定的搬迁期限届满前搬迁的，拆迁人可以付给提前搬家奖励费；在过渡期限内，被拆迁人或者房屋承租人自行安排住处的，拆迁人应当支付临时安置补助费；被拆迁人或者房屋承租人使用拆迁人提供的周转房的，拆迁人不支付临时安置补助费。

搬迁补助费和临时安置补助费的标准，由省、自治区、直辖市人民政府规定。有些地区规定，拆除非住宅房屋，造成停产、停业引起经济损失的，拆迁人可以根据被拆除房屋的区位和使用性质，按照一定标准给予一次性停产、停业综合补助费。

（3）土地出让金、土地转让金　土地使用权出让金为用地单位向国家支付的土地所有权收益，出让金标准一般参考城市基准地价并结合其他因素制定。基准地价由市土地管理局会同市物价局、市国有资产管理局、市房地产管理局等部门综合平衡后报市级人民政府审定通过，它以城市土地综合定级为基础，用某一地价或地价幅度表示某一类别用地在某一土地级别范围的地价，以此作为土地使用权出让价格的基础。

在有偿出让和转让土地时，政府对地价不作统一规定，但坚持以下原则：地价对目前的投资环境不产生大的影响；地价与当地的社会经济承受能力相适应；地价要考虑已投入的土地开发费用、土地市场供求关系、土地用途、所在区类、容积率和使用年限等。有偿出让和转让使用权，要向土地受让者征收契税；转让土地如有增值，要向转让者征收土地增值税；土地使用者每年应按规定的标准缴纳土地使用费。土地使用权出让或转让，应先由地价评估机构进行价格评估后，再签订土地使用权出让和转让合同。

1.5.2 与项目建设有关的其他费用

1. 建设管理费

建设管理费是指建设单位为组织完成工程项目建设，在建设期内发生的各类管理性费用。

（1）建设管理费的内容

1）建设单位管理费：是指建设单位发生的管理性质的开支，包括工作人员工资、工资性补贴、施工现场津贴、职工福利费、住房基金、基本养老保险费、基本医疗保险费、失业保险费、工伤保险费，办公费、差旅交通费、劳动保护费、工具用具使用费、固定资产使用费、必要的办公及生活用品购置费、必要的通信设备及交通工具购置费、零星固定资产购置费、招募生产工人费、技术图书资料费、业务招待费、设计审查费、工程招标费、合同契约公证费、法律顾问费、咨询费、完工清理费、竣工验收费、印花税和其他管理性质的开支。

2）工程监理费：是指建设单位委托工程监理单位实施工程监理的费用。此项费用应按国家发改委与建设部联合发布的《建设工程监理与相关服务收费管理规定》（发改价格〔2007〕670号）计算。依法必须实行监理的建设工程施工阶段的监理收费实行政府指导价；其他建设工程施工阶段的监理收费和其他阶段的监理与相关服务收费实行市场调节价。

（2）建设管理费的计算 建设管理费按照工程费用之和（包括设备及工器具购置费和建筑安装工程费用）乘以建设管理费费率计算。

$$建设管理费 = 工程费用 \times 建设管理费费率 \qquad (1-34)$$

建设管理费费率按照建设项目的不同性质、不同规模确定。有的建设项目按照建设工期和规定的金额计算建设管理费。如采用监理，建设单位部分管理工作量转移至监理单位。监理费应根据委托的监理工作范围和监理深度在监理合同中商定或按当地或所属行业部门有关规定计算；如建设单位采用工程总承包方式，其总包管理费由建设单位与总包单位根据总包工作范围在合同中商定，从建设管理费中支出。

2. 可行性研究费

可行性研究费是指在工程项目投资决策阶段，依据调研报告对有关建设方案、技术方案或生产经营方案进行技术经济论证，以及编制、评审可行性研究报告所需的费用。此项费用应依据前期研究委托合同计算，或参照《国家计委关于印发〈建设项目前期工作咨询收费暂行规定〉的通知》（计投资〔1999〕1283号）规定计算。

3. 研究试验费

研究试验费是指为建设项目提供或验证设计数据、资料等进行必要的研究试验及按照相关规定在建设过程中必须进行试验、验证所需的费用，包括自行或委托其他部门研究试验所需的人工费、材料费、试验设备及仪器使用费等。这项费用按照设计单位根据工程项目的需要提出的研究试验内容和要求计算。在计算时要注意不应包括以下项目：

1）应由科技三项费用（即新产品试制费、中间试验费和重要科学研究补助费）开支的项目。

2）应在建筑安装费用中列支的施工企业对建筑材料、构件和建筑物进行一般鉴定、检查所发生的费用及技术革新的研究试验费。

3）应由勘察设计费或工程费用中开支的项目。

4. 勘察设计费

勘察设计费是指对工程项目进行工程水文地质勘查、工程设计所发生的费用,包括工程勘察费、初步设计费(基础设计费)、施工图设计费(详细设计费)、设计模型制作费。此项费用应按《国家计委、建设部关于发布〈工程勘察设计收费管理规定〉的通知》(计价格〔2002〕10号)的规定计算。

5. 环境影响评价费

环境影响评价费是指按照《中华人民共和国环境保护法》《中华人民共和国环境影响评价法》等规定,在工程项目投资决策过程中,对其进行环境污染或影响评价所需的费用,包括编制环境影响报告书(含大纲)、环境影响报告表以及对环境影响报告书(含大纲)、环境影响报告表进行评估等所需的费用。此项费用可参照《关于规范环境影响咨询收费有关问题的通知》(计价格〔2002〕125号)的规定计算。

6. 劳动安全卫生评价费

劳动安全卫生评价费是指按照劳动部《建设项目(工程)劳动安全卫生监察规定》和《建设项目(工程)劳动安全卫生预评价管理办法》的规定,在工程项目投资决策过程中,为编制劳动安全卫生评价报告所需的费用,包括编制建设项目劳动安全卫生预评价大纲和劳动安全卫生预评价报告书以及为编制上述文件所进行的工程分析和环境现状调查等所需费用。必须进行劳动安全卫生预评价的项目包括:

1)属于《国家计划委员会、国家基本建设委员会、财政部关于基本建设项目和大中型划分标准的规定》中规定的大中型建设项目。

2)属于现行国家标准《建筑设计防火规范》(GB 50016)中规定的火灾危险性生产类别为甲类的建设项目。

3)属于劳动部颁布的《爆炸危险场所安全规定》中规定的爆炸危险场所等级为特别危险场所和高度危险场所的建设项目。

4)大量生产或使用现行国家标准《职业性接触毒物危害程度分级》(GBZ 230)规定的Ⅰ级、Ⅱ级危害程度的职业性接触毒物的建设项目。

5)大量生产或使用石棉粉料或含有10%以上的游离二氧化硅粉料的建设项目。

6)其他由劳动行政部门确认的危险、危害因素大的建设项目。

7. 场地准备及临时设施费

(1)场地准备及临时设施费的内容

1)场地准备费是指为使工程项目的建设场地达到开工条件,由建设单位组织进行的场地平整等准备工作而发生的费用。

2)临时设施费是指建设单位为满足工程项目建设、生活、办公的需要,用于临时设施建设、维修、租赁、使用所发生或摊销的费用。

(2)场地准备及临时设施费的计算

1)场地准备及临时设施应尽量与永久性工程统一考虑。建设场地的大型土石方工程应计入工程费用中的总图运输费用中。

2)新建项目的场地准备和临时设施费应根据实际工程量估算,或按工程费用的比例计算。改扩建项目一般只计拆除清理费。

$$场地准备及临时设施费 = 工程费用 \times 费率 + 拆除清理费 \quad (1-35)$$

3）发生拆除清理费时可按新建同类工程造价或主材费、设备费的比例计算。凡可回收材料的拆除工程采用以料抵工方式冲抵拆除清理费。

4）此项费用不包括已列入建筑安装工程费用中的施工单位临时设施费用。

8. 引进技术和引进设备其他费

引进技术和引进设备其他费是指引进技术和设备发生的但未计入设备购置费中的费用。

1）引进项目图纸资料翻译复制费、备品备件测绘费。可根据引进项目的具体情况计列或按引进货价（FOB）的比例估列；引进项目发生备品备件测绘费时按具体情况估列。

2）出国人员费用。包括买方人员出国设计联络、出国考察、联合设计、监造、培训等所发生的差旅费、生活费等。依据合同或协议规定的出国人次、期限以及相应的费用标准计算。生活费按照财政部、外交部规定的现行标准计算，差旅费按中国民航公布的票价计算。

3）来华人员费用。包括卖方来华工程技术人员的现场办公费用、往返现场交通费用、接待费用等。依据引进合同或协议的有关条款及来华技术人员派遣计划进行计算。来华人员接待费用可按每人次费用指标计算。引进合同价款中已包括的费用内容不得重复计算。

4）银行担保及承诺费。是指引进项目由国内外金融机构出面承担风险和责任担保所发生的费用，以及支付贷款机构的承诺费用。应按担保或承诺协议计取，投资估算和概算编制时可以担保金额或承诺金额为基数乘以费率计算。

9. 工程保险费

工程保险费是指为转移工程项目建设的意外风险，在建设期内对建筑工程、安装工程、机械设备和人身安全进行投保而发生的费用，包括建筑安装工程一切险、引进设备财产保险和人身意外伤害险等。

根据不同的工程类别，分别以其建筑、安装工程费乘以建筑、安装工程保险费费率计算。民用建筑（住宅楼、综合性大楼、商场、旅馆、医院、学校）占建筑工程费的2%~4%；其他建筑（工业厂房、仓库、道路、码头、水坝、隧道、桥梁、管道等）占建筑工程费的3%~6%；安装工程（农业、工业、机械、电子、电器、纺织、矿山、石油、化学及钢铁工业、钢结构桥梁）占建筑工程费的3%~6%。

10. 特殊设备安全监督检验费

特殊设备安全监督检验费是指安全监察部门对在施工现场组装的锅炉及压力容器、压力管道、消防设备、燃气设备、电梯等特殊设备和设施实施安全检验收取的费用。此项费用按照建设项目所在省（市、自治区）安全监察部门的规定标准计算。无具体规定的，在编制投资估算和概算时可按受检设备现场安装费的比例估算。

11. 市政公用设施费

市政公用设施费是指使用市政公用设施的施工项目，按照项目所在地省级人民政府有关规定建设或缴纳的市政公用设施建设配套费用，以及绿化工程补偿费用。此项费用按工程所在地人民政府规定标准计列。

1.5.3 与未来生产经营有关的其他费用

1. 联合试运转费

联合试运转费是指新建或新增加生产能力的工程项目，在交付生产前按照设计文件规定的工程质量标准和技术要求，对整个生产线或装置进行负荷联合试运转所发生的费用净支出

（试运转支出大于收入的差额部分费用）。试运转支出包括试运转所需原材料、燃料及动力消耗、低值易耗品、其他物料消耗、工具用具使用费、机械使用费、保险金、施工单位参加试运转人员工资以及专家指导费等；试运转收入包括试运转期间的产品销售收入（也称为营业收入）和其他收入。联合试运转费不包括应由设备安装工程费用开支的调试及试车费用，以及在试运转中暴露出来的因施工原因或设备缺陷等发生的处理费用。

2. 专利及专有技术使用费

（1）专利及专有技术使用费的主要内容

1）国外设计及技术资料费、引进有效专利、专有技术使用费和技术保密费。
2）国内有效专利、专有技术使用费。
3）商标权、商誉和特许经营权费等。

（2）专利及专有技术使用费的计算　在计算专利及专有技术使用费时应注意以下事项：

1）按专利使用许可协议和专有技术使用合同的规定计列。
2）专有技术的界定应以省、部级鉴定批准为依据。
3）项目投资中只计算需在建设期支付的专利及专有技术使用费。协议或合同规定在生产期支付的使用费应在生产成本中核算。
4）一次性支付的商标权、商誉及特许经营权费按协议或合同规定计列。协议或合同规定在生产期支付的商标权或特许经营权费应在生产成本中核算。
5）为项目配套的专用设施投资，包括专用铁路线、专用公路、专用通信设施、送变电站、地下管道、专用码头等，如由项目建设单位负责投资但产权不归属本单位的，应作无形资产处理。

3. 生产准备及开办费

（1）生产准备及开办费的内容　生产准备及开办费是指在建设期内，建设单位为保证项目正常生产而发生的人员培训费、提前进厂费以及投产使用必备的办公、生活家具用具及工器具等的购置费用。包括：

1）人员培训费及提前进厂费。包括自行组织培训或委托其他单位培训的人员工资、工资性补贴、职工福利费、差旅交通费、劳动保护费、学习资料费等。
2）为保证初期正常生产（或营业、使用）所必需的生产办公、生活家具用具购置费。
3）为保证初期正常生产（或营业、使用）必需的第一套不够固定资产标准的生产工具、器具、用具购置费。不包括备品备件费。

（2）生产准备及开办费的计算

1）新建项目按设计定员为基数计算，改扩建项目按新增设计定员为基数计算：
$$\text{生产准备费} = \text{设计定员} \times \text{生产准备费指标} \tag{1-36}$$
2）可采用综合的生产准备费指标进行计算，也可以按费用内容的分类指标计算。

1.6　预备费和建设期利息的计算

1.6.1　预备费

按我国现行规定，预备费包括基本预备费和价差预备费。

1. 基本预备费

（1）基本预备费的内容　基本预备费是指针对项目实施过程中可能发生难以预料的支出而事先预留的费用，又称工程建设不可预见费，主要指设计变更及施工过程中可能增加工程量的费用。基本预备费一般由以下四部分构成：

1）在批准的初步设计范围内，技术设计、施工图设计及施工过程中所增加的工程费用；设计变更、工程变更、材料代用、局部地基处理等增加的费用。

2）一般自然灾害造成的损失和预防自然灾害所采取的措施费用。实行工程保险的工程项目，该费用应适当降低。

3）竣工验收时为鉴定工程质量对隐蔽工程进行必要的挖掘和修复费用。

4）超规超限设备运输增加的费用。

（2）基本预备费的计算　基本预备费是按工程费用和工程建设其他费用两者之和为计取基础，乘以基本预备费费率进行计算。

$$基本预备费 = （工程费用 + 工程建设其他费用） \times 基本预备费费率 \quad (1-37)$$

基本预备费费率的取值应执行国家及部门的有关规定。

2. 价差预备费

（1）价差预备费的内容　价差预备费是指为在建设期内利率、汇率或价格等因素的变化而预留的可能增加的费用，又称为价格变动不可预见费。价差预备费的内容包括：人工、设备、材料、施工机械的价差费，建筑安装工程费及工程建设其他费用调整，利率、汇率调整等增加的费用。

（2）价差预备费的计算　价差预备费一般根据国家规定的投资综合价格指数，以估算年份价格水平的投资额为基数，采用复利方法计算。计算公式为

$$PF = \sum_{t=1}^{n} I_t \left[(1+f)^m (1+f)^{0.5} (1+f)^{t-1} - 1 \right] \quad (1-38)$$

式中　PF——价差预备费；

　　　n——建设期年份数；

　　　I_t——建设期中第 t 年的投资计划额，包括工程费用、工程建设其他费用及基本预备费，即第 t 年的静态投资计划额；

　　　f——年涨价率；

　　　t——建设期；

　　　m——建设前期年限（从编制估算到开工建设，单位：年）。

年涨价率，按政府部门有规定执行，没有规定的由可行性研究人员预测。

【例 1-3】　某建设项目建筑安装工程费为 5000 万元，设备购置费为 3000 万元，工程建设其他费用为 2000 万元，已知基本预备费费率为 5%，项目建设前期年限为 1 年，建设期为 3 年，各年投资计划额为：第一年完成投资 20%，第二年 60%，第三年 20%。年均投资价格上涨率为 6%，求建设项目建设期间价差预备费。

【解】　基本预备费 =（5000+3000+2000）×5%=500（万元）

静态投资 =5000+3000+2000+500=10500（万元）

投资期第一年完成投资 =10500×20%=2100（万元）

第一年价差预备费为 $PF_1 = I_1[(1+f)(1+f)^{0.5}-1] = 191.8$（万元）
第二年完成投资 $= 10500 \times 60\% = 6300$（万元）
第二年价差预备费为 $PF_2 = I_2[(1+f)(1+f)^{0.5}(1+f)-1] = 987.9$（万元）
第三年完成投资 $= 10500 \times 20\% = 2100$（万元）
第三年价差预备费 $PF_3 = I_3[(1+f)(1+f)^{0.5}(1+f)^2-1] = 475.1$（万元）
所以，建设期的价差预备费为
$PF = 191.8 + 987.9 + 475.1 = 1654.8$（万元）

1.6.2 建设期利息

建设期利息主要是指在建设期内发生的为工程项目筹措资金的融资费用及债务资金利息。当总贷款是分年均衡发放时，建设期利息的计算可按当年借款在年中支用考虑，即当年贷款按半年计息，上年贷款按全年计息。计算公式为

$$P_j = \left(P_{j-1} + \frac{1}{2}A_j\right)i \qquad (1-39)$$

式中　P_j——建设期第 j 年应计利息；
　　　P_{j-1}——建设期第 $(j-1)$ 年末累计贷款本金与利息之和；
　　　A_j——建设期第 j 年贷款金额；
　　　i——年利率。

国外贷款利息的计算中，还应包括国外贷款银行根据贷款协议向贷款方以年利率的方式收取的手续费、管理费、承诺费，以及国内代理机构经国家主管部门批准的以年利率的方式向贷款单位收取的转贷费、担保费、管理费等。

【例1-4】某新建项目，建设期为3年，分年均衡进行贷款，第一年贷款300万元，第二年贷款600万元，第三年贷款400万元，年利率为12%，建设期内利息只计息不支付，计算建设期利息。

【解】在建设期，各年利息计算如下：

$P_1 = \frac{1}{2}A_1 i = \frac{1}{2} \times 300 \times 12\% = 18$（万元）

$P_2 = \left(P_1 + \frac{1}{2}A_2\right)i = \left(300 + 18 + \frac{1}{2} \times 600\right) \times 12\% = 74.16$（万元）

$P_3 = \left(P_2 + \frac{1}{2}A_3\right)i = \left(318 + 600 + 74.16 + \frac{1}{2} \times 400\right) \times 12\% = 143.06$（万元）

所以，建设期利息 $= P_1 + P_2 + P_3 = 18 + 74.16 + 143.06 = 235.22$（万元）。

本章小结

工程造价有两方面含义：一是工程项目在建设期预计或实际支出的建设费用；二是工程项目从投资决策开始到竣工投产所需的建设费用。工程造价随着工程项目所指的范

围不同可以是一个建设项目的工程造价,也可以是建设费用中的某个组成部分的工程造价。工程造价在工程建设的不同阶段有具体的称谓。

工程造价(固定资产投资)包括建设投资和建设期利息。建设投资是工程造价中的主要构成部分,是为完成工程项目建设,在建设期内投入且形成现金流出的全部费用,包括工程费用、工程建设其他费用和预备费三部分。

建筑安装工程费用按照费用构成要素可划分为人工费、材料费、施工机具使用费、企业管理费、利润、规费、税金;按造价形成可划分为分部分项工程费、措施项目费、其他项目费、规费、税金。

预备费包括基本预备费和价差预备费。基本预备费是在工程实施过程中可能发生难以预料的支出而事先预留的不可预见的费用。价差预备费是指建设项目在建设期间内由于价格等变化引起工程造价变化的预留费用。

习 题

一、简答题

1. 简述工程造价的含义。
2. 什么是建设项目投资?一般生产性建设项目投资是由哪些部分构成的?
3. 什么是工程造价控制?控制工程造价应该遵循哪些原则?
4. 工程造价由哪些部分组成?
5. 设备及工器具购置费包含哪些内容?
6. 规费由哪些内容组成?
7. 建筑安装工程费用按照工程造价形成由哪些内容组成?
8. 简述其他项目费的构成。

二、计算题

1. 某进口设备的人民币货价(FOB价)为50万元,国际运费费率为10%,运输保险费费率为3%,进口关税税率为20%,求该设备应支付的进口关税税额。

2. 某项目进口一批工艺设备,其银行财务费为4.25万元,外贸手续费为18.9万元,关税税率为20%,增值税税率为17%,抵岸价为1792.29万元。该批设备无消费税、海关监管手续费,求该批进口设备的到岸价格(CIF)。

3. 某工程在建设期的建筑安装工程费用和设备及工器具购置费为45000万元。按项目实施进度计划,建设期为3年,投资分年使用比例为:第1年25%,第2年55%,第3年20%,建设期内预计年平均价格总水平上涨率为5%。工程建设其他费用为3860万元,基本预备费费率为10%。试估算该项目的建设投资(假定估算年到建设开始年之间的时间可忽略)。

4. 某新建项目,建设期为3年,共向银行借款1300万元,各年贷款额分别为:第1年300万元,第2年600万元,第3年400万元,年利率为6%,估算建设期利息。

5. 某建设项目,设备购置费为5000万元,工器具及生产家具定额费率为5%,建筑安装工程费用为580万元,工程建设其他费为150万元,基本预备费费率为3%,建设期为2年,各年投资比例分别为40%、60%,建设期内价格变动率为6%,如果3000万元为银行贷款,其余为自有资金,各年贷款比例分别为70%、30%,求建设期价差预备费、建设期贷款利息,假定贷款年利率为10%;如果该工程为鼓励发展的项目,试求该项目的建设投资、建设期利息、工程造价。

第 2 章
工程项目财务管理的价值观念

2.1 资金时间价值

任何企业的财务活动都是在一定的时间和空间中进行的，不同时间的货币具有不同的价值。离开了时间价值因素，就无法正确计算不同时期的财务收支，也无法正确评价企业盈亏。因此，在企业的财务决策中，必须考虑分析和计算资金的时间价值。

2.1.1 资金时间价值的概念

关于资金时间价值的概念，用一个简单的问题来解释：今天的 1 元钱和明天的 1 元钱等值吗？西方经济学的传统说法是：即使在没有风险和没有通货膨胀的条件下，今天 1 元钱的价值也大于一年以后 1 元钱的价值。股东投资 1 元钱，就牺牲了当时使用或消费这 1 元钱的机会或权利，按牺牲时间计算的这种牺牲的代价或报酬，就叫作时间价值。

西方关于时间价值的概念虽众说纷纭，但大致可分为节欲论和时间价值论，此处讲的是节欲论，即投资者进行投资就必须推迟消费，对投资者推迟消费的耐心应给以报酬，这种报酬的量应与推迟的时间成正比。西方经济学者对资金时间价值的上述解释，只是说明了资金时间价值的表面现象，并没有揭示资金时间价值的本质，即资金的时间价值到底是从哪里来的。为了正确探讨资金时间价值的本质，需要对资金时间价值的产生过程进行科学的分析。

首先，持节欲论观点的西方经济学者把资金的时间价值解释为"是对投资者推迟消费的耐心的一种报酬"，这既不科学，也不全面。如果说"耐心"也能产生价值，那么，将资金闲置不用或埋到地下保存起来也应该能产生价值，而事实上这是不可能的。只有把资金投入生产和流通过程，使劳动者借助于生产资料生产出新的产品，创造出新的价值，才能实现其价值的增值。由此可见，资金的时间价值只能是在社会生产经营和流通中产生。

其次，资金只有投入生产和流通过程才能实现其价值的增值。这部分价值增值是劳动者在生产过程中创造的，是作为生产资料货币表现的资金同劳动力相结合的结果。任何资金如果不投入生产过程、不与劳动力相结合，都不能自行增值，更不会具有时间价值。因此，资金时间价值的真正来源是劳动者在生产中创造的剩余价值。

最后，资金的时间价值一般以单位时间（通常为一年）的报酬与投资额的百分率表示，即用利息率来表示。但表示资金时间价值的利息率应以社会平均资金利润率或平均投资报酬率为基础。

综上所述，资金的时间价值是在不考虑风险和通货膨胀条件下的社会平均资金利润率或平均投资报酬率。它是在生产经营和流通过程中产生的，其真正的来源是劳动者创造的剩余价值。

2.1.2 资金时间价值的计算

计算资金的时间价值，其目的是确定不同时间收到或付出货币之间的数量关系。资金具有时间价值，使现在的1元钱不等于一年后的1元钱。那么，现在的1元钱等于一年后的多少钱，而一年后的1元钱又等于现在的多少钱，这都属于货币时间价值的计算问题。货币时间价值计算的关键是计算终值和现值，终值和现值之间的差额就是货币的时间价值。为此，应明确现值和终值的概念。

终值是指某一特定数额的资金在若干期后按规定利率计算的未来价值，即"本利和"。现值是指若干期后某一特定数额的资金按规定利率折算的现在价值，即"本金"。

现值和终值是一组相对的概念。现在的100元钱按10%的年利率计算，一年后增加到110元。而一年后的110元按10%的年利率折算，就相当于现在的100元。那么，现在的100元就是本金，即现值；而一年后的110元则是现在100元按10%的利率计算的终值。终值和现值之间的差额（即增值额）就是货币的时间价值；增值额占本金的比率，称为利息率；利息率是用相对数表示的资金时间价值。

计算资金时间价值的指标很多，这里主要说明单利终值和现值、复利终值和现值、年金终值和现值的计算方法。

为了便于说清问题，通常在讲述资金时间价值的计算时假设没有风险和通货膨胀，以利率代表资金的时间价值。

1. 单利终值和现值的计算

所谓单利是指在计算利息时，仅用最初本金来计算，而不计入先前计息周期中所累积增加的利息，即通常所说的"利不生利"的计息方法。

（1）单利终值的计算　单利终值就是按单利计算的某一特定金额在若干年后的本利和。其计算公式如下：

$$F=P+Pin=P(1+in) \tag{2-1}$$

式中　F——第 n 年末的终值；

P——现值；

i——年利率；

n——期数。

【例2-1】 有一笔50000元的借款，借期3年，按每年8%的单利率计息，试求到期时应归还的本利和。

【解】　　　　　$F=P+Pin=50000+50000×8\%×3=62000$（元）

即到期应归还的本利和为62000元。

（2）单利现值的计算　单利现值是指若干年后某一特定金额按单利折算的现在价值。计算单利现值，就是根据终值倒求现值。单利现值的计算公式可根据单利终值的计算公式推导确定。

式（2-1）两边同除以（1+in），则单利现值的计算公式如下：

$$P=\frac{F}{1+in} \tag{2-2}$$

【例2-2】 设 $F=2000$ 元，$i=10\%$，$n=3$，试计算单利现值。

【解】
$$P=\frac{2000}{1+10\%\times 3}=1538.46（元）$$

2. 复利终值和现值的计算

所谓复利是指在计算某一计息周期的利息时，其先前周期上所累积的利息要计算利息，即"利生利""利滚利"的计息方式。复利终值现金流量如图2-1所示。

（1）复利终值的计算 复利终值就是按复利计算的某一特定金额在若干年后的本利和。

若现有一项资金 P，年利率 i 按复利计算，求 n 年以后的本利和，可根据复利的定义求得 n 年末本利和（即终值）F。

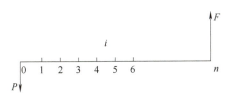

图 2-1 复利终值现金流量

注：i 为计息期复利率；n 为计息的期数；P 为现值（即现在的资金价值或本金）；F 为终值（即 n 期末的资金值或本利和）。

$$F=P(1+i)^n \tag{2-3}$$

式中，$(1+i)^n$ 称为复利终值系数，可记作 $(F/P,i,n)$。在实际工作中，复利终值系数可通过查附录求得。故也可写作

$$F=P(F/P,i,n) \tag{2-4}$$

在 $(F/P,i,n)$ 这类符号中，括号内斜线左边的符号表示所求的未知数，斜线右边的符号表示已知数。$(F/P,i,n)$ 表示在已知 P、i 和 n 的情况下求解 F 的值。

【例2-3】 某人借款10000元，年复利率 $i=10\%$，试问第5年年末连本带利一次需偿还多少？

【解】 按式（2-4）得
$$F=P(1+i)^n=10000\times(1+10\%)^5$$

上式中，$(1+10\%)^5$ 的值可查阅，得到其复利终值系数为1.6105，则
$$F=P(1+i)^n=10000\times(1+10\%)^5=10000\times 1.6105=16105（元）$$

（2）复利现值的计算 复利现值是若干年后某一特定金额按复利折算的现在价值。由终值求现值，叫作贴现。在贴现时所用的利息率叫作贴现率。根据复利终值的计算公式，可推导复利现值的计算公式。

式（2-4）两边同除以 $(1+i)^n$ 即可得到复利现值的计算公式为

$$P=F\times 1/(1+i)^n \tag{2-5}$$

复利现值的计算公式中，$1/(1+i)^n$ 称为复利现值系数，可记作 $(P/F,i,n)$，该系数可

通过查阅附录求得。

【例 2-4】 某企业拟在 8 年后以 10000 元更新一项设备,如果现在银行年复利率为 15%,问企业现在应存入银行多少钱?

【解】 $P=10000\times 1/(1+15\%)^8$

式中,$1/(1+15\%)^8$ 可查附录,得到其复利现值系数为 0.3269,则

$$P=10000\times 1/(1+15\%)^8=10000\times 0.3269=3269（元）$$

计算结果表明,企业现在存入银行 3269 元,按 15% 的年复利率计算,8 年后可从银行取出的本利和为 10000 元。

在 P 一定,n 相同时,i 越高,F 越大;在 i 相同时,n 越长,F 越大。在 F 一定,n 相同时,i 越高,P 越小;在 i 相同时,n 越长,P 越小。

3. 年金终值和现值的计算

年金是指一定时期内每期相等金额的收付款项。在企业的财务活动中,许多款项的收支都表现为年金的形式,如折旧费、租金、保险费等。年金按付款方式可分为普通年金（后付年金）、预付年金（先付年金）、递延年金和永续年金。

(1) 普通年金终值和现值的计算　普通年金是指每期期末收入或支出相等金额的款项,也称后付年金。它是企业财务活动中最常见的一种年金形式。

1) 普通年金终值的计算。普通年金终值是每期期末收入或支出等额款项的复利终值之和。实际上,普通年金终值就像零存整取的本利和。

为了便于计算,现仍以 F 代表普通年金终值,P 代表普通年金现值,i 代表利率,n 代表期数,而以 A 代表每期期末收入或付出的相等金额的款项,即年金。

由于普通年金终值是每期期末收入或付出款项的复利终值之和,而每期收付款项的复利终值的计算与一次收付款复利终值的计算方法是相同的,因此,计算普通年金终值,应先计算出每期期末收付款的复利终值,然后再把各期收付款的复利终值加起来,即为普通年金终值。为了便于说明问题,普通年金终值现金流量图如图 2-2 所示。

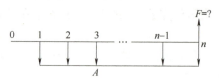

图 2-2　普通年金终值现金流量图

普通年金终值的计算公式为

$$F=A(1+i)^0+A(1+i)^1+A(1+i)^2+\cdots+A(1+i)^{n-2}+A(1+i)^{n-1} \quad (2\text{-}6)$$

将式 (2-6) 两边同乘以 $(1+i)$ 得

$$F(1+i)=A(1+i)^1+A(1+i)^2+A(1+i)^3+\cdots+A(1+i)^{n-2}+A(1+i)^{n-1}+A(1+i)^n \quad (2\text{-}7)$$

式 (2-7) 减去式 (2-6) 得

$$F=A\left[\frac{(1+i)^n-1}{i}\right] \quad (2\text{-}8)$$

在式 (2-8) 中,$\frac{(1+i)^n-1}{i}$ 称为普通年金终值系数,可记作 $(F/A, i, n)$。普通年金终值系数可通过查附录求得。

【例2-5】 某企业拟在以后5年内于每年年末存入银行3000元，银行的年复利率为10%，要求计算5年后的本利和。

【解】
$$F = 3000 \times \left[\frac{(1+10\%)^5 - 1}{10\%}\right]$$
$$= 3000 \times (F/A, 10\%, 5)$$
$$= 3000 \times 6.1051 = 18315.3(元)$$

上式中的6.1051即为（F/A,10%,5）的普通年金终值系数，这个系数可以在附录中查到。

2）普通年金现值的计算。普通年金现值是指一定时期内每期期末收入或付出等额款项的复利现值之和。普通年金现值现金流量图如图2-3所示。

普通年金现值的计算公式为
$$P = A(1+i)^{-1} + A(1+i)^{-2} + A(1+i)^{-3} + \cdots + A(1+i)^{-(n-2)} + A(1+i)^{-(n-1)} + A(1+i)^{-n} \quad (2-9)$$

将式（2-9）两边同乘以（1+i）得
$$P(1+i) = A + A(1+i)^{-1} + A(1+i)^{-2} + A(1+i)^{-3} + \cdots + A(1+i)^{-(n-2)} + A(1+i)^{-(n-1)} \quad (2-10)$$

式（2-10）减去式（2-9）得
$$P = A \times \left[\frac{1-(1+i)^{-n}}{i}\right] \quad (2-11)$$

在式（2-11）中，$\frac{1-(1+i)^{-n}}{i}$ 称为普通年金现值系数，可记作（P/A,i,n）。普通年金现值系数可通过查附录求得。

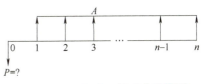

图2-3 普通年金现值现金流量图

【例2-6】 某企业现在存入银行一笔钱，准备在以后10年内于每年年末支付5000元的房屋租金，假如银行的年利率为8%，问企业现在需要存入银行多少钱？

【解】
$$P = 5000 \times \left[\frac{1-(1+8\%)^{-10}}{8\%}\right]$$
$$= 5000 \times (P/A, 8\%, 10)$$
$$= 5000 \times 6.7101 = 33550.5(元)$$

上式中的6.7101即为（P/A,8%,10）的普通年金现值系数，这个系数可以在附录中查到。

(2) 预付年金终值和现值的计算　预付年金是指在一定时期内，每期期初收入或支出相等金额的款项，也称先付年金。预付年金与普通年金的区别仅在于付款时间的不同，即一个是在每期期初支付，另一个是在每期期末支付。由于普通年金是最常见的年金形式，一般的年金系数表也常常是按普通年金的终值和现值编制的。因此，在计算预付年金时，可先将预付年金调整为普通年金的形式，然后利用普通年金系数计算有关预付年金。

1）预付年金终值的计算。预付年金终值是每期期初收入或支出等额款项的复利终值之和。由于预付年金和普通年金的区别在于支付时间的不同，因此，可以把预付年金调整为普通年金，再进行计算，预付年金终值的计算可由普通年金终值的公式推导。预付年金终值现

金流量图如图 2-4 所示。预付年金终值计算公式为

$$F = A\frac{(1+i)^n - 1}{i}(1+i) \tag{2-12}$$

或

$$F = A(F/A, i, n)(1+i) \tag{2-13}$$

可见，预付年金终值的计算，可以按其同样的 i、n 在附录中找出普通年金终值系数，在此基础上乘以 $(1+i)$，可计算出预付年金终值的系数，再乘以 A，即为预付年金终值。

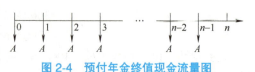

图 2-4 预付年金终值现金流量图

此外，预付年金终值还有另一个计算公式，即在最后一期期末补上一个 A，使期数增加为 $(n+1)$，计算 $(n+1)$ 期的普通年金终值，然后再减去 A，其结果就是 n 期预付年金终值，计算公式为

$$\begin{aligned}F &= A(F/A, i, n+1) - A \\ &= A[(F/A, i, n+1) - 1]\end{aligned} \tag{2-14}$$

【例 2-7】 某企业租用一设备，在 10 年中每年年初要支付租金 5000 元，年利率为 8%，计算 10 年后共支付租金本利和是多少？

【解】
$$\begin{aligned}F &= 5000 \times (F/A, 8\%, 10)(1+8\%) \\ &= 5000 \times 14.4866 \times 1.08 = 78228 （元）\end{aligned}$$

或

$$\begin{aligned}F &= 5000 \times [(F/A, 8\%, 10+1) - 1] \\ &= 5000 \times (16.6455 - 1) = 78228 （元）\end{aligned}$$

2) 预付年金现值的计算。预付年金现值是每期期初收入或支出等额款项的复利现值之和。预付年金现值现金流量图如图 2-5 所示。

预付年金现值的公式为

$$P = A\frac{1 - (1+i)^{-n}}{i}(1+i) = A(P/A, i, n)(1+i) \tag{2-15}$$

预付年金现值的计算，也可按其同样的 i、n 在附录中找出普通年金现值系数，在此基础上乘以 $(1+i)$，可计算出预付年金现值的系数，再乘以 A，即为预付年金现值。

此外，预付年金现值还有另一个计算公式，即先不考虑第一期期初的 A（去掉期初的

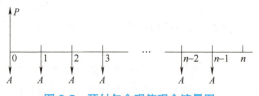

图 2-5 预付年金现值现金流量图

A），使期数变为 $(n-1)$ 期，计算 $(n-1)$ 期的普通年金现值，然后再加上期初的 A，其结果就是 n 期预付年金现值，计算公式为

$$\begin{aligned}P &= A(P/A, i, n-1) + A \\ &= A[(P/A, i, n-1) + 1]\end{aligned} \tag{2-16}$$

【例2-8】 李先生采用分期付款方式购商品房一套，每年年初付款15000元，分10年付清。若银行利率为6%，该项分期付款相当于一次现金支付的购价是多少？

【解】
$$P=15000\times(P/A,6\%,10)(1+6\%)$$
$$=15000\times7.3601\times1.06$$
$$=117026（元）$$

或
$$P=15000\times[(P/A,6\%,10-1)+1]$$
$$=15000\times(6.8017+1)$$
$$=117026（元）$$

（3）递延年金现值的计算　递延年金是在一定期间内，从期初开始，隔若干期后才发生等额系列收付款的年金。递延年金终值的计算，与普通年金终值和预付年金终值的计算方法基本一致。

递延年金现值的计算可通过图2-6说明如下：

图2-6中，在8期内，前3期没有收付的款项，从第4期期末至第8期期末才发生5期等额的收付款项A。对此，可将这5期等额的收付款项A按普通年金现值的计算方法将其计算到第4期期初，这是一个普通年金现值的计算过程。再将这一普通年金现值从第4期期初（即第3期期末）按复利现值折算到期初，即是要计算的递延年金现值。

图2-6　递延年金现值的现金流量图

现假设发生等额收付款项的期数为n，未发生等额收付款项的期数为m，则递延年金现值的计算公式为

$$P=A\left[\frac{1-(1+i)^{-n}}{i}\right](1+i)^{-m}$$
$$=A(P/A,i,n)(P/F,i,m) \tag{2-17}$$

【例2-9】 假设某企业目前开始一项建设项目，施工期为3年，从第4年开始投产，第4年至第8年每年年末的收益为200000元，假设年复利率为10%，要求计算该项目未来收益的现值。

【解】
$$P=200000\times\left[\frac{1-(1+10\%)^{-5}}{10\%}\right]\times(1+10\%)^{-3}$$

或
$$P=200000\times(P/A,10\%,5)(P/F,10\%,3)$$
$$=20000\times3.7908\times0.7513$$
$$=569616（元）$$

（4）永续年金现值的计算　永续年金是指无限期收入或付出相等金额的款项。在现实的经济生活中，优先股的固定股利，某些期限长、利率高的长期债券的利息，均可视为永续年金。由于永续年金没有终点，因此不存在永续年金终值的计算问题，但永续年金现值的计算用途则十分广泛，如进行股票、债券的估价等。

永续年金现值的计算公式，可根据普通年金现值的计算公式推导。

普通年金现值的计算公式为

$$P = A \frac{1-(1+i)^{-n}}{i} \tag{2-18}$$

当 $n \to \infty$ 时，$(1+i)^{-n} \to 0$，所以，

$$P = \frac{A}{i} \tag{2-19}$$

式（2-19）即为永续年金现值的计算公式。

【例 2-10】 某企业的优先股股票每年定期支付股息 6 元。假设目前的市场利率为 10%，要求对该优先股股票进行定价。

【解】 优先股股票的股息作为一项永续年金，通过计算永续年金现值即可对该优先股股票进行定价。该优先股股票目前的每股价值可计算如下：

$$P = \frac{6}{10\%} = 60 \text{（元）}$$

以上为资金时间价值的几种主要的计算方法，这些方法是计算资金时间价值的基础。掌握这些基本的计算方法，可在以后的财务决策中具体运用。

2.2 投资风险价值

工程经济活动大都是在有风险和不确定性的情况下进行的，这种客观存在的不确定性会使建设项目的实施效果偏离评价目标，当实施效果低于预期目标时，项目即处于风险状态。现代化工程经济活动规模越来越大、技术越来越复杂，风险同样也在增大，因此，需要进行项目风险分析，以揭示风险、提高决策的可靠性。

2.2.1 风险的含义及分类

1. 风险的含义

风险是指实际状态和预期状态之间的不利偏离，建设项目风险是指由于不确定性的存在导致建设项目实施后偏离预期目标的可能性。风险的定义可以概括为两个方面。一是指风险的不确定性。风险由不确定性引起。正是由于人们对复杂事物认识的局限性和对事物认识描述的局限性，使得不确定性成为客观存在。由于不确定性的存在，使项目可能产生高于或低于预期的效益偏离。当这种偏离表现为不利偏离时，导致投资"有风险"。二是指风险损失的不确定性。将知道发生可能性的不确定性称为风险；将不知道发生可能性的称为不确定性。不确定性（狭义）是不能够估量的；而风险是可以或能够估量的不确定性。

2. 风险的分类

1）按风险后果，可将风险划分为纯粹风险和投机风险。纯粹风险是指不确定性中仅存在损失的可能性，没有任何收益的可能；投机风险是指不确定性中既存在收益的不确定性，

也存在损失的不确定性。

2）按风险来源，可将风险划分为自然风险和人为风险。人为风险又分为行为风险、经济风险、技术风险、政治风险和组织风险等。

3）按事件主体的承受能力，可将风险划分为可接受风险和不可接受风险。可接受风险一般指法人或自然人在分析自身承受能力、财产状况的基础上，确认能够接受的最大损失的限度；不可接受风险是指预期的风险事故的最大损失程度已经超过单位或个人承受能力的最大限度。

4）按风险的对象，可将风险划分为财产风险、人身风险和责任风险。财产风险是指财产遭受的损害、破坏或贬值的风险；人身风险是指由于疾病、伤残、死亡所引起的风险；责任风险是指由于法人或自然人的行为违背了法律、合同或道义上的规定，给他人造成财产损失或人身伤害的风险。

5）按风险对工程项目的影响，可将风险划分为工期风险、费用风险和质量风险。

6）按工程项目风险的主要来源，可将风险划分为组织风险、经济和管理风险、环境风险与技术风险。

2.2.2 单项资产投资风险价值的计算及应用

风险是一种不易计量的因素，但由于投资者冒着风险投资可以得到额外报酬，因此需要对风险进行计量。对投资活动来讲，由于风险是与投资收益的不确定相联系的，因此，对风险的计量必须从投资收益的概率分布开始分析，在计算出风险大小的基础上，进而计算风险投资的报酬率。

1. 确定概率分布

概率是指任何一项随机事件可能发生的机会。例如，一个事件的概率是指这一事件可能发生的机会。例如，一个企业的利润有 60% 的机会增加，有 40% 的机会减少。如果把所有可能的事件或结果都列示出来，且每一事件都给予一种概率，把它们列示在一起，便构成了概率的分布。上例的概率分布详见表 2-1。

表 2-1 概率分布表

可能出现的结果（i）	概率（P_i）
利润增加	0.6=60%
利润减少	0.4=40%
合计	1.00=100%

概率分布可以是离散的，也可以是连续的。离散型概率分布，可能出现的结果数目有限，因此也易于计算。在经济决策分析中，所应用的概率分布大多是离散型的概率分布。

概率分布必须符合以下两个要求：

1）所有的概率即 P_i；都在 0 和 1 之间，即 $0 \leq P_i \leq 1$。

2）有结果的概率之和应等于 1，即 $\sum_{i=1}^{n} P_i = 1$，这里，n 为可能出现的结果的个数。

2. 计算期望报酬率

期望报酬率是各种可能的报酬率按其概率进行加权平均得到的报酬率，它是反映集中趋势的一种量度。期望报酬率可按下式计算：

$$\overline{K}=\sum_{i=1}^{n}K_{i}P_{i} \tag{2-20}$$

式中 $\overline{K}$——期望报酬率；

K_i——第 i 种可能结果的报酬率；

P_i——第 i 种可能结果的概率；

n——可能结果的个数。

【例 2-11】 A 公司和 B 公司股票的报酬率及其概率分布情况详见表 2-2，试计算两家公司的期望报酬率。

表 2-2 A 公司和 B 公司股票报酬率的概率分布

经济情况	该种经济情况发生的概率 P_i	报酬率 K_i（%）	
		A 公司	B 公司
繁荣	0.20	70	40
一般	0.60	20	20
衰退	0.20	-30	0

【解】 根据上述期望报酬率公式分别计算 A 公司和 B 公司的期望报酬率。

A 公司　　　　$\overline{K}=K_1P_1+K_2P_2+K_3P_3$
　　　　　　　　$=70\%\times0.20+20\%\times0.60+(-30\%)\times0.20$
　　　　　　　　$=20\%$

B 公司　　　　$\overline{K}=K_1P_1+K_2P_2+K_3P_3$
　　　　　　　　$=40\%\times0.20+20\%\times0.60+0\%\times0.20$
　　　　　　　　$=20\%$

两家公司股票的期望报酬率都是 20%，但 B 公司各种情况下的报酬率比较集中，而 A 公司却比较分散，所以 B 公司的风险小。

3. 计算标准离差

标准离差是各种可能的报酬率偏离期望报酬率的综合差异，是反映离散程度的一种量度。

具体来讲，计算标准离差的程序如下：

1）计算期望报酬率。

2）把期望报酬率与每一结果相减，得到每一种可能结果的报酬率与期望报酬率的差异。

$$D_i = K_i - \overline{K} \tag{2-21}$$

3）计算每一差异的平方，再乘以与其相关的结果发生的概率，并把这些乘积汇总，得到概率分布的方差。也就是说，方差是各种可能结果值与期望报酬率之差的平方，以各种可能结果的概率为权数计算的加权平均数，常用 δ^2 表示。其计算公式为

$$\delta^2 = \sum_{i=1}^{n}(K_i - \overline{K})^2 P_i \tag{2-22}$$

4)差开方,得到标准离差。标准离差公式为

$$\delta = \sqrt{\sum_{i=1}^{n}(K_i - \overline{K})^2 P_i} \tag{2-23}$$

式中 δ——期望报酬率的标准离差;
K_i——第 i 种可能结果的报酬率;
$\overline{K}$——期望报酬率;
P_i——第 i 种可能结果的概率;
n——可能结果的个数。

将前例中 A 公司和 B 公司的资料代入式(2-23),得两家公司的标准离差。

A 公司的标准离差为

$$\delta = \sqrt{(70\%-20\%)^2 \times 0.20 + (20\%-20\%)^2 \times 0.60 + (-30\%-20\%)^2 \times 0.20} = 31.62\%$$

B 公司的标准离差为

$$\delta = \sqrt{(40\%-20\%)^2 \times 0.20 + (20\%-20\%)^2 \times 0.60 + (0\%-20\%)^2 \times 0.20} = 12.65\%$$

标准离差越小,说明离散程度越小,风险也就越小。根据这种测量方法,A 公司的风险要大于 B 公司。

标准离差是一个绝对值,用它只能反映某一决策方案的风险程度,或比较期望报酬率相同的决策方案的风险程度。但是对于期望报酬率不同的两个或两个以上的决策方案,要比较其风险程度的大小,就不能用标准离差这个绝对值,而必须用标准离差率这个反映风险程度大小的相对值。

4. 计算标准离差率

标准离差是反映随机变量离散程度的一个指标。但它是一个绝对值,而不是一个相对量,只能用来比较期望报酬率相同的各项投资的风险程度,而不能用来比较期望报酬率不同的各项投资的风险程度。要对比期望报酬率不同的各项投资的风险程度,应该用标准离差同期望报酬率的比值,即标准离差率。标准离差率的计算公式为

$$V = \frac{\delta}{\overline{K}} \times 100\% \tag{2-24}$$

式中 V——标准离差率;
δ——标准离差;
$\overline{K}$——期望报酬率。

在上例中,A 公司的标准离差率为

$$V = \frac{31.62\%}{20\%} \times 100\% = 158.1\%$$

B 公司的标准离差率为

$$V = \frac{12.65\%}{20\%} \times 100\% = 63.25\%$$

当然,在上例中,两家公司的期望报酬率相等,可直接根据标准离差来比较风险程度,但如果期望报酬率不等,则必须计算标准离差率才能对比风险程度。例如,假设上例 B 公

司和 A 公司股票报酬的标准离差仍为 12.65% 和 31.62%，但 B 公司股票的期望报酬率为 15%，A 公司股票的期望报酬率为 40%，那么，究竟哪种股票的风险更大呢？这时不能用标准离差作为判别标准，而要使用标准离差率。

A 公司的标准离差率为

$$V=\frac{31.62\%}{40\%}\times 100\%=79\%$$

B 公司的标准离差率为

$$V=\frac{12.65\%}{15\%}\times 100\%=84\%$$

这说明，在上述假设条件下，B 公司股票的风险要大于 A 公司股票的风险。

5. 计算风险报酬率

标准离差率虽然能正确评价投资风险程度的大小，但这还不是风险报酬率。要计算风险报酬率，还必须借助一个系数——风险报酬系数。风险报酬率、风险报酬系数和标准离差率之间的关系可用公式表示如下：

$$R_R=bV \tag{2-25}$$

式中　R_R——风险报酬率；
　　　b——风险报酬系数；
　　　V——标准离差率。

那么，投资的总报酬率可表示为

$$K=R_F+R_R=R_F+bV \tag{2-26}$$

式中　K——投资报酬率；
　　　R_F——无风险报酬率。

无风险报酬率就是加上通货膨胀贴水以后的货币时间价值，西方国家一般把投资于国库券的报酬率视为无风险报酬率。

风险报酬系数是将标准离差率转化为风险报酬的一种系数，假设 B 公司的风险报酬系数为 5%，A 公司的风险报酬系数为 8%，则两家公司股票的风险报酬率分别为

A 公司　R_R=8%×158.1%=12.65%
B 公司　R_R=5%×63.25%=3.16%

如果无风险报酬率为 10%，则两家公司股票的投资报酬率应分别为

A 公司　K=10%+8%×158.1%=22.65%
B 公司　K=10%+5%×63.25%=13.16%

至于风险报酬系数的确定，有如下几种方法：

（1）根据以往的同类项目加以确定　风险报酬系数 b，可以参照以往同类投资项目的历史资料，运用前述有关公式来确定。例如，某企业准备进行一项投资，此类项目含风险报酬率的投资报酬率一般为 20% 左右，其报酬率的标准离差率为 100%，无风险报酬率为 10%，则由公式 $K=R_F+bV$ 得

$$b=\frac{K-R_F}{V}=\frac{20\%-10\%}{100\%}=10\%$$

（2）由企业领导或企业组织有关专家确定　以上第一种方法必须在历史资料比较充分的情况下才能采用。如果缺乏历史资料，则可由企业领导，如总经理、财务副总经理、总会

计师、财务主任等根据经验加以确定,也可由企业组织有关专家确定。实际上,风险报酬系数的确定,在很大程度上取决于各公司对风险的态度。比较敢于承担风险的公司,往往把 b 值定得低些;反之,比较稳健的公司,则常常把 b 值定得高些。

(3) 由国家有关部门组织专家确定　国家有关部门如财政部、国家开发银行等组织专家,根据各行业的条件和有关因素,确定各行业的风险报酬系数,由国家定期公布,作为国家参数供投资者参考。

以上对投资风险程度的衡量,是就一个投资方案而言的。如果有多个投资方案供选择,那么进行投资决策总的原则应该是,投资收益率越高越好,风险程度越低越好。具体有以下几种情况:①如果两个投资方案的预期收益率基本相同,应当选择标准离差率较低的那一个;②如果两个投资方案的标准离差率基本相同,应当选择预期收益率较高的那一个;③如果甲方案预期收益率高于乙方案,而其标准离差率低于乙方案,则应当选择甲方案;④如果甲方案预期收益率高于乙方案,而其标准离差率也高于乙方案,则不能一概而论,而要取决于投资者对风险的态度。有的投资者愿意冒较大的风险,以追求较高的收益率,可能选择甲方案;有的投资者则不愿意冒较大的风险,宁肯接受较低的收益率,可能选择乙方案。但如果甲方案收益率高于乙方案的程度大,而其收益标准离差率高于乙方案的程度较小,则选择甲方案可能是比较适宜的。

应当指出,风险价值计算的结果具有一定的假定性,并不十分精确。研究投资风险价值原理,主要是在进行投资决策时,树立风险价值观念,认真权衡风险与收益的关系,选择有可能避免风险、分散风险,并获得较多收益的投资方案。

2.2.3　资产组合投资风险价值的计算及应用

所谓风险价值,是指在正常的市场条件下,一项投资或投资组合在给定的置信水平下和确定的持有期内的预期的最大损失。即在给定的置信水平下,投资组合在未来特定的时间内可能遭受的最大损失的估计。

例如,某项投资在 96% 的置信水平下的日风险价值为 10 万元,其意义就是,在正常市场条件下,该项投资每天损失超过 10 万元的概率只有 4%(1-96%),换句话说,该项投资在 1d 中的损失有 96% 的可能性不会超过 10 万元。

又如,某银行在 99% 的置信水平下,每日经营业务的风险价值为 100 万元,其意义就是,在正常的市场条件下,该银行日经营业务的损失超过 100 万元的概率只有 1%(1-99%),或者说,在正常的市场条件下,对于 100 次交易,只存在 1 次日损失超过 100 万元的可能性。

再如,某投资组合的投资额为 500 万元,投资期为 30d,该投资组合在 95% 的置信水平下收益的风险价值为 1.2%,其意义就是,在正常的市场条件下,该投资组合损失超过 60 万元(500 万元 × 1.2%)的可能性为 5%。

1. 投资组合的风险价值的一般公式

风险价值的计算公式为

$$\text{VaR} = w_0(Z\sigma + \mu) \qquad (2\text{-}27)$$

式中　VaR——风险价值;
　　　w_0——初始投资额;

σ——投资收益率的标准值；

μ——投资收益率的均值；

Z——标准正态分布的抽样分位数，其由下式确定：

$$1-\alpha = \int_{-\infty}^{Z} \frac{1}{\sqrt{2\pi}} e^{-\frac{y^2}{2}} dy \qquad (2\text{-}28)$$

式中 α——置信水平。

假设投资组合中各个风险资产的收益率均服从正态分布，那么投资组合的收益率也服从正态分布，则投资组合的风险价值为

$$\text{VaR}_X = w_0(Z\sigma_X + \mu_X) \qquad (2\text{-}29)$$

式中 VaR_X——投资组合的风险价值；

$\sigma_X = \sigma(r_X)$——投资组合收益率的标准差；

$\mu_X = E(r_X)$——投资组合收益率的均值（预期收益率）。

2. 分散风险价值和非分散风险价值

在实践中，常常计算投资组合的分散风险价值和非分散风险价值。

分散风险价值就是投资组合中各个风险资产收益率之间的相关系数小于 1，从而投资组合的风险要比投资单个风险资产的风险小得多。计算分散风险价值的目的是确定投资比例，以便在分配投资资源时在最大化收益的同时使承受的风险最小化。

非分散风险价值就是投资组合中各个风险资产收益率之间的相关系数接近于 1（即正相关），从而投资组合并不能分散单个风险资产的风险。计算非分散风险价值的目的是量化市场出现的极端情况，例如一日股市出现崩盘，所有的股票价格都会大幅下跌，这时的投资组合的收益损失将会达到最大。

假定组成投资组合的各风险资产的收益率均服从正态分布，从而投资组合的收益率也服从正态分布，同时假定投资组合收益率分布的均值为 0，则在给定置信水平为 α 的情况下，可得投资组合的非分散风险价值的计算公式为

$$\text{VaR}_{\text{undx}} = w_0 |Z| \sigma_{\text{undx}} = w_0 |Z| \sum_{i=1}^{n} x_i \sigma_i \qquad (2\text{-}30)$$

投资组合的分散风险价值的计算公式为

$$\text{VaR}_{\text{dx}} = w_0 |Z| \sigma_{\text{dx}} = w_0 |Z| \sqrt{\sum_{i=1}^{n} \sum_{j=1}^{n} x_i \sigma_{ij} x_j} \qquad (2\text{-}31)$$

式中 VaR_{undx}——投资组合的非分散风险价值；

VaR_{dx}——投资组合的分散风险价值；

σ_{undx}——投资组合的非分散风险价值的标准差；

σ_{dx}——投资组合的分散风险价值的标准差；

w_0——投资的总成本（也为初始投资额）；

Z——标准正态分布的抽样分位数；

x_i——资产 i 的投资比例；

σ_{ij}——资产 i 与资产 j 的协方差；

σ_i——资产 i 的标准差；

n——投资组合中资产的个数。

3. 风险价值的估计方法

目前常用的风险价值估计方法主要有三种：历史数据模拟法、方差-协方差法和蒙特卡罗模拟法。

（1）历史数据模拟法　历史数据模拟法的核心在于根据市场因子的历史样本变化模拟证券组合的未来损益分布，利用分位数给出一定置信水平下的 VaR 估计。历史数据模拟法是一种非参数方法，它不需要假定市场因子的统计分布，因而可以较好地处理非正态分布。该方法是一种全值模拟，可有效地处理非线性组合（如包括期权的组合）。此外该方法简单直观，易于解释，常被监管者选作资本充足性的基本方法。

（2）方差-协方差法　方差-协方差法是 VaR 计算中最为常用的方法。在观察期间内资产损益的概率密度函数已知的情况下，就可以直接计算 VaR 值。如果概率密度函数是正态分布的，所需的计算就比较简单，因为每个正态分布都可以标准化为人们熟知的 Z 分布。正态分布假设大大简化了 VaR 繁重的运算负担，为风险管理者提供了一套功能强大的统计工具。采用正态分布是因为几乎所有已知的推论性统计方法的出发点都是正态假设，它在理论上已经过中心极限定理的证明。

（3）蒙特卡罗模拟法　蒙特卡罗模拟法的核心是利用资产价格的随机模拟模型来估计在未来某一时期内资产的价格，然后利用得到的未来资产价格来估计投资或投资组合的风险价值。蒙特卡罗模拟法具有更为广泛的应用。

本章小结

资金的时间价值是指一定量资金在不同时点上价值量的差额，是资金在投资和再投资过程中随着时间的推移而发生的增值，是在不考虑风险和通货膨胀条件下的社会平均资金利润率或平均投资报酬率。

资金时间价值的计算包括单利计息和复利计息两种方式。

终值是指某一特定数额的资金在若干期后按规定利率计算的未来价值，即"本利和"。现值是指若干期后某一特定数额的资金按规定利率折算的现在价值，即"本金"。

风险是指实际状态和预期状态之间的不利偏离，建设项目风险是指由于不确定性的存在导致建设项目实施后偏离预期目标的可能性。大致有两层含义：一种定义强调了风险表现为收益不确定性；而另一种定义则强调了风险表现为损失的不确定性。

风险价值估计方法主要有三种：历史数据模拟法、方差-协方差法和蒙特卡罗模拟法。

习　题

一、简答题

1. 什么是资金的时间价值？
2. 什么是年金？如何进行年金终值和现值的计算？
3. 什么是风险？如何进行风险分析？

4. 风险价值的估计方法有哪些?
5. 什么是单利?什么是复利?
6. 单利计息和复利计息有什么区别?

二、计算题

1. 设以单利方式借入 1000 万元,年利率 8%,4 年(末)偿还,试计算各年利息与本利和。若以复利方式借款呢?

2. 某单位从银行贷款,年利率 6%,第一年年末贷款 100 万元,第二年年末贷款 200 万元,问第五年年末本利和是多少?

3. 某项投资年利率 12%,5 年期,欲 5 年后得到本利和 2 万元,则现在应投资多少?

4. 某项目投资 600 万元,建成后使用寿命 8 年,每年可收回 100 万元,年利率 10%,该项目是否值得投资?

5. 某厂为技术改造,每年从利润中提取 2 万元建立基金,若年利率为 9.8%,则 5 年后该基金有多少?

6. 某工程项目需要投资,现在向银行借款 100 万元,年利率为 10%,借款期为 5 年,一次还清,第五年年末一次偿还银行的资金是多少?

7. 设某企业进行某项决策,其方案、状态、概率和收益值见表 2-3,试进行方案优选。

表 2-3　各方案在不同状态下的收益值　　　　　　　　(单位:万元)

方案	$P(\theta_1)=0.2$	$P(\theta_2)=0.4$	$P(\theta_3)=0.1$	$P(\theta_4)=0.3$
A_1	4	5	6	7
A_2	2	4	6	9
A_3	5	7	3	5
A_4	3	5	6	8
A_5	3	5	5	5

# 第 3 章
工程经济分析的基本要素

3.1 投资与资产

3.1.1 投资与资产的概念

1. 投资

所谓工程项目投资，一般是指某项工程从筹建开始到全部竣工投产为止所发生的全部资金投入。根据划分形式不同，投资有不同分类。

（1）直接投资和间接投资

1）直接投资。直接投资是指用于经营性资产的投资，以期通过资产运营获取利润。通过直接投资，投资者便可以拥有全部或一定数量的企业股权或所有权，直接进行或参与投资的经营管理。直接投资是资金所有者和资金使用者的合一，是资产所有权和资产经营权的统一。通常直接投资形成实物资产，投资者或其他利益相关者在趋于利益的原则下，有着资产合理配置、有效利用和保值增值的强烈愿望，并通过其决策权和经营权直接推进其实现。直接投资可以直接形成生产经营能力，在一般情况下，投资回收期较长，变现速度较慢，在投资形成的资产存续期间，还需投入相关人力、财力和物力，对其进行组织与管理。

2）间接投资。间接投资又称证券投资，是指用于证券等金融资产的投资，以期获得股权、利息等金融收入。间接投资主要是债权性投资、权益性证券投资。与直接投资相比，间接投资的投资者除股票投资外，一般只享有定期获得一定收益的权利，而无权干预投资对象对这部分投资的具体运用及其经营管理决策。间接投资是资金所有者和资金使用者的分解，是资产所有权和资产经营权的分离。投资者对企业资产及其经营没有直接的决策权和控制权，他们将取得资本收益或保值增值的愿望寄托于经营者。间接投资易变现，资本运用灵活，其中债券投资风险较小。

（2）短期投资和长期投资

1）短期投资。短期投资是指能够随时变现、持有时间不超过 1 年的投资，主要包括对现金、应收账款、存货、短期有价证券等的投资，长期有价证券如能随时变现也可用于短期投资。短期投资的变现能力非常强，因此被称为"准现金"。

2）长期投资。长期投资是指不可能或不准备在 1 年内变现的投资，主要包括对厂房、机器设备等固定资产和对专利权、商标权等无形资产的投资，也包括股权投资、债券投资和其他投资。长期投资除资金投出时间有别于短期投资外，其投资性质与目的也与短期投资不同。进行短期投资主要是利用正常经营中暂时多余的资金，购入一些不是本身业务上需要、但能随时变现的财物，以供经营周转之用，同时达到谋求一定利益的目的。而进行长期投资不是利用正常经营中暂时限制的资金以谋求一定的投资收益，也不是作为调节工具在面临营运资金需要时成为随时补充的资金来源，而是投资者在财务上合理调度和筹划资金，参与并控制其他企业经营决策，实现某些经营目的的重要手段。

（3）初创投资和后续投资

1）初创投资。初创投资是在建立新企业时所进行的各种投资。其特点是投入的资金通过建设形成企业的原始资产，为企业的生产、经营创造必备的条件。初创投资是设立运营项目的必要条件，通过初创投资构建可以赢得未来期望收益的生产经营条件。

2）后续投资。后续投资是指为巩固和发展企业再生产所进行的各种投资，主要包括为维持企业简单再生产所进行的更新性投资、为实现扩大再生产所进行的追加性投资、为调整生产经营方向所进行的转移性投资等。

2. 资产

资产是指由企业过去的交易或事项形成的、由企业拥有或者控制的、预期会给企业带来经济利益的资源。不能带来经济利益的资源不能作为资产，是企业的权利。资产按照流动性可以划分为流动资产、长期投资、固定资产、无形资产和其他资产。其中，流动资产是指可以在1年内或者超过1年的1个营业周期内变现或者耗用的资产，包括现金、银行存款、短期投资、应收及预付款项、待摊费用、存货等。长期投资是指除短期投资以外的投资，包括持有时间准备超过1年（不含1年）的各种股权性质的投资、不能变现或不准备变现的债券、其他债权投资和其他长期投资。固定资产是指企业使用期限超过1年的房屋、建筑物、机器、机械、运输工具，以及其他与生产、经营有关的设备、器具、工具等。无形资产是指企业为生产商品或者提供劳务出租给他人，或为管理目的而持有的没有实物形态的非货币性长期资产。其他资产是指除流动资产、长期投资、固定资产、无形资产以外的资产，如固定资产、修理、改建支出等形成的长期待摊费用。

3.1.2 投资构成与资产价值

一般工业项目建设投资的构成如图 3-1 所示。

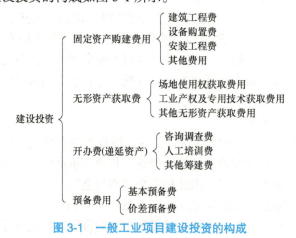

图 3-1 一般工业项目建设投资的构成

在会计核算中，固定资产的原始价值即为购建固定资产的实际支出，简称为固定资产原值。如果建设投资所使用的资金中含有借款，则固定资产原值包括建设期借款利息、外币借款汇兑差额。

项目寿命期结束时固定资产的残余价值称为固定资产的残值。固定资产的期末残值一般是指在当时市场上可实现的价值。

会计上处理无形资产和递延资产的价值时类似于固定资产，也是在其服务期内以摊销的形式逐年转移到产品价值中去。递延资产一般是在项目投入运行后在一定年限内平均摊销。无形资产和递延资产的摊销费计入产品的成本，并通过产品的出售回收投资额。

如前所述，流动资金在项目运营过程中的体现形式是流动资产。流动资产的构成如图3-2所示。投资项目中流动资金数额的大小，既取决于项目本身的技术特性，如生产规模、生产技术、原材料及燃料动力消耗指标和生产周期的长短等，也取决于项目所处的外部条件，如原材料、燃料的供应条件、产品销售条件、运输条件和管理水平等。

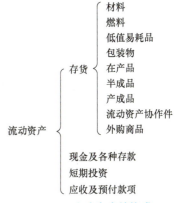

图3-2 流动资产的构成

3.2 成本费用

成本费用是项目生产运营中所支出的各种费用的统称。按照《企业会计制度》对成本与费用的定义，费用是指企业为销售商品、提供劳务等日常活动所发生的经济利益的流出；成本是指企业为生产产品、提供劳务而发生的各种耗费，也称产品成本、劳务成本。

在项目财务评价中，为了对生产运营期间的总费用一目了然，将管理费用、财务费用和营业费用（也称为销售费用）这三项费用与生产成本合并为总成本费用。这是财务评价相对于会计制度所做的不同处理，但并不因此影响利润的计算。

成本与费用按计算范围可分为单位产品成本和总成本费用；按成本与产量的关系可分为固定成本和可变成本；按会计核算的要求可分为生产成本和制造成本；按财务分析的特定要求提出了经营成本这一说法。

3.2.1 成本费用的构成

总成本费用是指企业在运营期内为生产产品或提供服务所发生的全部费用。根据《建设项目经济评价方法与参数》（第三版）的规定，在项目评价阶段，总成本费用的构成可以采用生产成本加期间费用估算法和生产要素估算法。

1. 按生产成本加期间费用估算法所划分的总成本费用的构成

在生产成本加期间费用估算法中，工程项目总成本费用等于生产成本加期间费用。其中生产成本又称制造成本，是指企业在生产经营过程中实际消耗的直接材料费、直接工资、其他直接支出和制造费用；期间费用是指在一定会计期间发生的与生产经营没有直接关系和关系不密切的管理费用、财务费用和营业费用。

按生产成本加期间费用估算法划分的总成本费用的构成如图3-3所示，其中直接材料费、直接工资、其他直接支出、制造费用计入产品生产成本；期间费用不计入产品生产成本。
总成本费用计算公式为

$$总成本费用 = 生产成本 + 期间费用 \tag{3-1}$$

$$生产成本 = 直接材料费 + 直接工资 + 其他直接支出 + 制造费用 \tag{3-2}$$

$$期间费用 = 管理费用 + 财务费用 + 营业费用 \tag{3-3}$$

项目评价中一般只考虑财务费用中的利息支出，式（3-3）可改写为

$$期间费用 = 管理费用 + 营业费用 + 利息支出 \tag{3-4}$$

采用这种方法一般需要先分别估算各种产品的生产成本，然后与估算的管理费用、营业费用、利息支出相加。各成本费用的概念及构成如下：

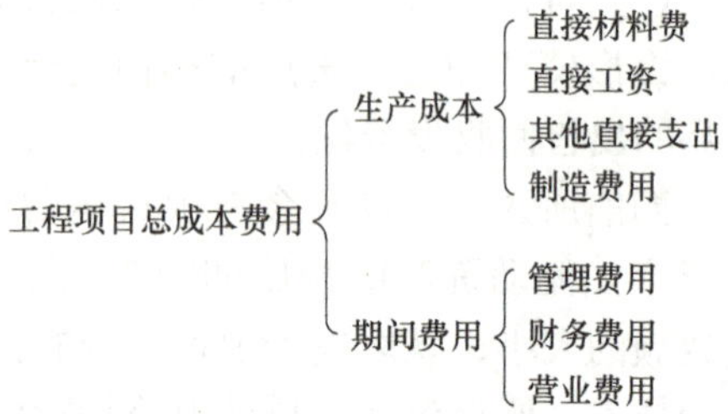

（1）直接材料费　包括企业生产经营过程中实际消耗的原材料、辅助材料、设备零配件、外购半成品、燃料、动力、包装物、低值易耗品以及其他直接材料费。

（2）直接工资　包括企业直接从事产品生产人员的工资、奖金、津贴和补贴等。

图 3-3　按生产成本加期间费用估算法划分的总成本费用的构成

（3）其他直接支出　包括直接从事产品生产人员的福利费等。

（4）制造费用　制造费用是指企业为生产产品和提供劳务而发生的各项间接费用，包括生产单位管理人员工资和福利费、折旧费、修理费（生产单位和管理用房屋、建筑物、设备）、办公费、水电费、机物料消耗、劳动保护费、季节性和修理期间的停工损失等，但不包括企业行政管理部门为组织和管理生产经营活动而发生的管理费用。项目评价中的制造费用是指项目包含的各分厂或车间的总制造费用，为了简化计算将制造费用分为管理人员工资和福利费、折旧费、修理费和其他制造费用几部分。

（5）管理费用　管理费用是指企业为管理和组织生产经营活动所发生的各项费用，包括公司经费、工会经费、职工教育经费、劳动保险费、待业保险费、董事会费、咨询费、聘请中介机构费、诉讼费、业务招待费、排污费、房产税、车船使用税、土地使用税、印花税、矿产资源补偿费、技术转让费、研究与开发费、无形资产与其他资产摊销、计提的坏账准备和存货跌价准备等。项目评价时，为了简化计算将管理费用分为管理人员工资和福利费、折旧费、无形资产与其他资产摊销、修理费和其他管理费用等几部分。

（6）财务费用　财务费用是指企业为筹集资金而发生的各项费用，包括运营期间的利息净支出、汇兑净损失、调剂外汇手续费、金融机构手续费以及在筹资过程中发生的其他财务费用等。在项目评价中，一般只考虑利息支出。

（7）营业费用　营业费用是指企业在销售商品过程中发生的各项费用以及专设销售机构的各项经费，包括应由企业负担的运输费、装卸费、包装费、保险费、广告费、展览费以及专设销售机构人员工资和福利费、类似工资性质的费用、业务费等经营费用。项目评价时，为了简化计算将营业费用分为销售人员工资和福利费、折旧费、修理费和其他营业费用等几部分。

2. 按生产要素估算法所划分的总成本费用的构成

由于工程经济分析常发生在工程使用之前，较难详细按生产成本加期间费用估算法估算

总成本费用，因此，在工程经济分析中，一般采用生产要素估算法估算总成本费用。生产要素估算法是先估算各种生产要素的费用，再汇总得到项目总成本费用，而不管其具体应归集到哪个产品上。即将生产和销售过程中消耗的全部外购原材料和燃料动力费用加上全部工资及福利费、当年应计提的全部折旧费、摊销费、修理费、利息支出和其他费用，构成项目的总成本费用。

采用这种方法，不必考虑项目内部各生产环节的成本结转，也较容易计算项目的可变成本、固定成本。计算公式为

$$\begin{aligned}总成本费用 = &外购原材料 + 外购燃料动力费 + 工资及福利费 + \\ &折旧费 + 摊销费 + 修理费 + \\ &财务费用（利息支出）+ 其他费用\end{aligned} \tag{3-5}$$

按生产要素估算法划分的总成本费用的构成如图 3-4 所示。其中，其他费用是指从制造费用、管理费用和营业费用中分别扣除了折旧费、摊销费、修理费、工资及福利费以后的其余部分。在估算总成本费用时，应遵循国家现行的企业财务会计制度规定的成本和费用核算方法，同时应遵循有关税收制度中准予在所得税前列支科目的规定。当两者有矛盾时，一般应按税收制度规定的原则处理。

另外，由于各行业总成本费用的构成各不相同，制造业项目可直接采用式 (3-5) 估算，其他行业的总成本费用估算应根据行业规定或结合行业特点另行处理。

总成本费用
- 外购原材料
- 外购燃料动力费
- 工资及福利费
- 折旧费
- 摊销费
- 修理费
- 利息支出
- 其他费用

图 3-4　按生产要素估算法划分的总成本费用的构成

3.2.2　成本费用的计算

下面根据生产要素估算法中总成本费用的构成，分别说明各分项的计算要点。

（1）外购原材料和燃料动力费的计算　原材料和燃料动力费是指外购的部分，计算时要充分体现行业特点和项目具体情况，并需要确定以下基础数据：

1）相关专业提出的外购原材料和燃料动力年耗用量。

2）在选定价格体系下的预测价格，该价格应按入库价格计，即到厂价格，并考虑损耗。

3）选定适用的增值税税率，计算进项税额。

外购原材料和燃料动力费的计算公式为

$$外购原材料和燃料动力费 = 年产量 \times 单位产品外购原材料和燃料动力成本 \tag{3-6}$$

其中，年产量可根据测定的设计生产能力和投产期各年的生产负荷加以确定；单位产品外购原材料和燃料动力成本是依据原材料和燃料动力消耗定额确定的。

（2）工资及福利费的计算　财务分析中的工资及福利费是指企业为获得职工提供的服务而给予的各种形式的报酬，通常包括职工工资、奖金、津贴和补贴以及职工福利费等。

按照生产要素估算法计算总成本费用时，所采用的职工人数为项目全部定员。确定单位人工工资及福利费时需考虑项目性质、项目地点、行业特点以及原企业工资水平等因素。根据不同项目的需要，财务分析中的工资可以采取以下两种方法计算：

1）按项目全部人员年工资的平均数值计算年工资总额，计算公式为

$$\text{年工资成本} = \text{企业职工定员数} \times \text{人均年工资额} \tag{3-7}$$

2）按照人员类型和层次分别设定不同档次的工资进行计算。如采用分档工资，最好编制工资及福利费用估算表。

福利费主要包括职工的保险费、医药费、医疗经费、职工生活困难补助以及按国家规定开支的其他职工福利支出，但不包括职工福利设施的支出。福利费的计算一般可按职工工资总额的一定比例提取。

（3）折旧费的计算　固定资产在使用过程中会磨损，其价值损失通常是通过提取折旧费的方式得以补偿。即折旧费是随着资产损耗而逐渐转移到产品成本费用中的那部分价值。将折旧费计入成本费用是企业回收固定资产投资的一种手段。

计算固定资产折旧费，需要先计算固定资产原值。固定资产原值是指项目投产时（达到预定可使用状态）按规定由投资形成固定资产的部分，主要包括工程费用、固定资产其他费用、预备费和建设期利息。

在现金流量表中，折旧费并不构成现金流出，但是在估算利润总额和所得税时，它是总成本费用的组成部分。折旧费不是实际支出，只是一种会计手段，是把以前发生的一次性支出在年度（或季度、月份）中进行分摊，以核算年（或季、月）应缴付的所得税和可以分配的利润。

按财税制度规定，企业固定资产应当按月计提折旧费，并根据用途计入相关资产的成本或者当期损益。在财务分析中，按生产要素法估算总成本费用时，固定资产折旧费可直接列支于总成本费用。

固定资产的折旧方法可在税法允许的范围内由企业自行确定，一般采用直线法，包括平均年限法和工作量法。我国税法也允许对某些机器设备采用快速折旧法，即双倍余额递减法和年数总和法。固定资产折旧年限、预计净残值率可在税法允许的范围内由企业自行确定，或按行业规定。

1）平均年限法。根据固定资产的原值、预计的净残值率和折旧年限计算折旧费。其计算公式为

$$\text{年折旧率} = \frac{1 - \text{预计净残值率}}{\text{折旧年限}} \times 100\% \tag{3-8}$$

$$\text{年折旧额} = \text{固定资产原值} \times \text{年折旧率} \tag{3-9}$$

2）工作量法。又分两种：一是按照行驶里程计算折旧；二是按照工作小时计算折旧。其计算公式为

按照行驶里程计算折旧：

$$\text{单位里程折旧额} = \frac{\text{固定资产原值} \times (1 - \text{预计净残值率})}{\text{总行驶里程}} \tag{3-10}$$

$$\text{年折旧额} = \text{单位里程折旧额} \times \text{年行驶里程} \tag{3-11}$$

按照工作小时计算折旧：

$$\text{每工作小时折旧额} = \frac{\text{固定资产原值} \times (1 - \text{预计净残值率})}{\text{总工作小时}} \tag{3-12}$$

$$\text{年折旧额} = \text{每工作小时折旧额} \times \text{年工作小时} \tag{3-13}$$

3）双倍余额递减法。双倍余额递减法是以平均年限法确定的折旧率的 2 倍乘以固定资产在每一会计期的期初账面净值，从而确定当期应提折旧费的方法。其计算公式为

$$年折旧率 = \frac{2}{折旧年限} \times 100\% \qquad (3\text{-}14)$$

$$年折旧额 = 年初固定资产净值 \times 年折旧率 \qquad (3\text{-}15)$$

$$年初固定资产净值 = 固定资产原值 - 以前各年累计折旧费 \qquad (3\text{-}16)$$

实行双倍余额递减法时，应在折旧年限到期前两年内，将固定资产净值扣除净残值后的净额平均摊销。

4）年数总和法。年数总和法是以固定资产原值扣除预计净残值后的余额作为计提折旧费的基础，按照逐年递减的折旧率计提折旧费的方法。采用年数总和法的关键是每年都要确定一个不同的折旧率。其计算公式为

$$年折旧率 = \frac{折旧年限 - 已使用年数}{折旧年限 \times (折旧年限 + 1)/2} \times 100\% \qquad (3\text{-}17)$$

$$年折旧额 = (固定资产原值 - 预计净残值) \times 年折旧率 \qquad (3\text{-}18)$$

【例 3-1】 某项固定资产原值为 20000 元，预计使用年限为 5 年，预计净残值率为 5%，试分别用平均年限法、双倍余额递减法和年数总和法计算折旧费。

【解】 ① 平均年限法。

$$年折旧率 = \frac{1 - 5\%}{5} \times 100\% = 19\%$$

各年折旧额 = 20000×19% = 3800（元）

② 双倍余额递减法。

$$年折旧率 = \frac{2}{5} \times 100\% = 40\%$$

第 1 年折旧额 = 20000×40% = 8000（元）

第 2 年折旧额 =（20000−8000）×40% = 4800（元）

第 3 年折旧额 =（20000−8000−4800）×40% = 2880（元）

第 4 年折旧额 =（20000−8000−4800−2880−20000×5%）/2 = 1660（元）

第 5 年折旧额 =（20000−8000−4800−2880−20000×5%）/2 = 1660（元）

③ 年数总和法。

年数总和 = 5×(5+1)/2 = 15（年）

预计净残值 = 20000×5% = 1000（元）

第 1 年折旧率 = 5÷15×100% = 33.33%

第 1 年折旧额 =（20000−1000）×33.33% = 6332.7（元）

第 2 年折旧率 = 4÷15×100% = 26.67%

第 2 年折旧额 =（20000−1000）×26.67% = 5067.3（元）

第 3 年折旧率 = 3÷15×100% = 20%

第 3 年折旧额 =（20000−1000）×20% = 3800（元）

第 4 年折旧率 = 2÷15×100% = 13.33%

第 4 年折旧额 =（20000–1000）×13.33%=2532.7（元）
第 5 年折旧率 =1÷15×100%=6.67%
第 5 年折旧额 =（20000–1000）×6.67%=1267.3（元）

从上述三种折旧方法可以看出：平均年限法计算的各年折旧率和折旧额都相同；双倍余额递减法计算的各年折旧率相同，但各年折旧额逐年变小；年数总和法计算的各年折旧率和折旧额都逐渐变小。但无论按哪种方法计算，只要折旧年限和净残值率相同，总折旧额是相同的。只是按后两种方法计算，在折旧年限前期折旧额大，以后逐渐变小。

（4）修理费的计算　修理费是指为保持固定资产的正常运转和使用，充分发挥使用效能，在运营期内对其进行必要修理所发生的费用，按修理范围的大小和修理时间间隔的长短可以分为大修理和中小修理。

修理费可直接按固定资产原值（扣除所含的建设期利息）的一定百分数估算，百分数的选取应考虑行业和项目特点。在生产运营的各年中，修理费费率通常采用固定值，也可根据项目特点间断性地调整修理费费率，开始取较低值，以后取较高值。

（5）摊销费的计算　无形资产和其他资产的原始价值要在规定的年限内，按年度或产量转移到产品的成本之中，这部分被转移的价值称为摊销。企业通过计提摊销费，回收无形资产和其他资产的资本支出。

按照有关规定，无形资产从开始使用之日起，在有效使用期限内平均摊入成本。法律和合同规定了法定有效期限或者受益年限的，摊销年限从其规定，否则摊销年限应注意符合税法的要求。无形资产的摊销一般采用平均年限法，不计残值。

其他资产的摊销也可以采用平均年限法，不计残值，但摊销年限应注意符合税法的要求。

（6）其他费用的计算　其他费用包括其他制造费用、其他管理费用和其他营业费用这三项费用。

其他制造费用是指由制造费用中扣除生产单位管理人员工资及福利费、折旧费、修理费后的其余部分。项目评价中常见的估算方法有：按固定资产原值（扣除所含的建设期利息）的百分数估算；按人员定额估算。

其他管理费用是指由管理费用中扣除工资及福利费、折旧费、摊销费、修理费后的其余部分。项目评价中常见的估算方法是：按人员定额估算；按工资及福利费总额的倍数估算。

其他营业费用是指由营业费用中扣除工资及福利费、折旧费、修理费后的其余部分。项目评价中常见的估算方法是按营业收入的百分数估算。

（7）利息支出的计算　利息支出包括长期借款利息、流动资金借款利息和短期借款利息三部分。

1）长期借款利息。长期借款利息是指建设投资借款在还款起始年年初（即运营期初）的余额（含未支付的建设期利息）应在运营期支付的利息，也称建设投资借款利息。

建设投资借款利息可以选择等额还本付息方式、等额还本利息照付方式和最大能力还本付息方式进行估算。

① 等额还本付息方式。这种方法是指在指定的还款期内，每年还本付息的总额相同，

随着本金的偿还，每年支付的利息逐年减少，同时每年偿还的本金逐年增多。此方法适用于投产初期效益较差，而后期效益较好的项目。计算公式如下：

$$A = I_c \times \frac{i(1+i)^n}{(1+i)^n - 1} \tag{3-19}$$

式中　A——每年还本付息额（等额年金）；
　　　I_c——建设期末的累计借款本金和利息之和；
　　　i——年利率；
　　　n——预定的还款期；
　　　$\frac{i(1+i)^n}{(1+i)^n - 1}$——资金回收系数。

$$\text{每年支付利息} = \text{年初借款余额} \times \text{年利率} \tag{3-20}$$
$$\text{每年偿还本金} = A - \text{每年支付利息} \tag{3-21}$$
$$\text{各年年初借款余额} = I_c - \text{本金以前各年偿还的本金累计} \tag{3-22}$$

② 等额还本利息照付方式。这种方法是指在指定的还款期内，每年等额偿还本金，同时支付逐年减少的利息。此方法在项目投产初期还本付息的压力大，因此适用于投产初期效益好，有充足现金流的项目。计算公式如下：

$$A_t = \frac{I_c}{n} + I_c \times \left(1 - \frac{t-1}{n}\right) \times i \tag{3-23}$$

式中　A_t——第 t 年还本付息额；
　　　$\frac{I_c}{n}$——每年偿还本金额；
　　　$I_t = \left(1 - \frac{t-1}{n}\right) \times i$——第 t 年支付利息额。

③ 最大能力还本付息方式。这种方法是指在指定的还款期内，每年偿还本金的数额按最大偿还能力计算，同时利息逐年减少。代表偿还能力的资金主要包括可以用于还款的折旧费、摊销费、扣除盈余公积金和公益金后的所得税后利润以及其他还款资金。它适用于贷款利率较高的项目，每年支付利息的计算公式如下：

$$\text{每年支付利息} = \text{年初本金累计} \times \text{年利率} \tag{3-24}$$

其中，年初本金累计应包括未偿还的建设期利息。

【例 3-2】某拟建项目固定资产投资估算总额（不含建设期利息）为 3540 万元，建设期为 2 年，生产运营期为 6 年。其中，第 1 年投入自有资金 1200 万元，第 2 年投入自有资金 340 万元，贷款 2000 万元。建设投资借款合同规定的还款方式为，投产期的前 4 年按等额还本利息照付方式偿还。借款利率为 6%，流动资金借款利率为 4%（按年计息）。试根据题目背景资料，编制该项目借款还本付息计划表。

【解】① 依据式（1-39）计算该项目建设期的贷款利息：

$$Q = \frac{1}{2} \times 2000 \times 6\% = 60.00（万元）$$

② 编制该项目借款还本付息计划表，见表 3-1。

表 3-1　项目借款还本利息计划表　　　　　　　　　　（单位：万元）

序号	项目	计算期					
		1	2	3	4	5	6
1	期初借款余额	0	0	2060.00	1545.00	1030.00	515.00
2	当年借款		2000.00				
3	当年应计利息		60.00	123.60	92.70	61.80	30.90
4	当年应还本付息			638.60	607.70	576.80	545.90
4.1	应还本金			515.00	515.00	515.00	515.00
4.2	应还利息			123.60	92.70	61.80	30.90
5	期末本金余额		2060.00	1545.00	1030.00	515.00	0.00

2）流动资金借款利息。流动资金借款从本质上说应归类为长期借款，但目前企业往往有可能与银行达成共识，按年终偿还、下年初再借的方式处理，并按一年期利率计息。财务分析中对流动资金的借款可以在计算期最后一年偿还，也可在还完长期借款后安排。流动资金借款利息的计算公式为

$$\text{流动资金借款利息} = \text{年初流动资金借款余额} \times \text{流动资金借款年利率} \qquad (3\text{-}25)$$

3）短期借款利息。项目评价中的短期借款是指项目运营期间为了资金的临时需要而发生的短期借款。短期借款的数额应在财务计划现金流量表中得到反映，其利息应计入总成本费用表的利息支出中。计算短期借款利息的利率一般为一年期利率。短期借款本金的偿还按照随借随还的原则处理，即当年借款尽可能于下年偿还。

（8）经营成本　经营成本是项目经济评价中所使用的特定概念，设置这一概念的目的是便于进行项目现金流量分析。由于现金流量分析是按照收付实现制确定的，而总成本费用包括一部分非付现成本（折旧和摊销等），所以在工程经济分析中，为了便于考察项目经营期间构成实际现金流出的那一部分成本，引入了经营成本这一概念。

作为项目运营期的主要现金流出，其构成和估算可采用下式表达：

$$\text{经营成本} = \text{外购原材料和燃料动力费} + \text{工资及福利费} + \text{修理费} + \text{其他费用} \qquad (3\text{-}26)$$

经营成本与总成本费用的关系如下：

$$\text{经营成本} = \text{总成本费用} - \text{折旧费} - \text{摊销费} - \text{利息支出} \qquad (3\text{-}27)$$

由于折旧费和摊销费并不构成实际的现金流出而只是建设投资在经营期的分摊，因此折旧费和摊销费不属于经营成本的范畴。

3.3　收入与税费

3.3.1　营业收入

营业收入是指向社会出售商品或提供劳务所取得的货币收入，是现金流量表中现金流入的主体，也是利润与利润分配表的主要科目。营业收入是财务分析的重要数据，其估算的准

确性极大地影响着项目财务效益的估计。

（1）营业收入的计算范围　营业收入的估算基于一项重要假定，即当期的产出（扣除自用量后）当期全部销售，换言之，产量等于销量。工业企业的主副产品（或不同等级产品）的销售收入应全部计入营业收入；其他行业提供的不同类型服务收入也应计入营业收入。

（2）价格的选取

$$年营业收入 = 分年运营量 \times 商品单价 \tag{3-28}$$

从式（3-28）中可以看出，年营业收入是指未来出售商品或服务的货币收入，其中产品或服务的数量和价格，都与市场预测密切相关。在估算营业收入时应对市场预测的相关结果及建设规模、产品或服务方案进行确认，特别是要保证采用价格的合理性。

（3）运营量的选取　分年运营量的确定可采用以下两种方法：

1）根据经验确定负荷率后计算确定。即按照市场预测的结果和项目具体情况，根据经验直接判定分年的负荷。判定时应考虑项目性质、技术掌握难易程度、产品的成熟度及市场的开发程度等诸多因素。

2）根据营销计划确定。即根据市场预测结果，结合项目性质、产出特性和市场的开发程度制订分年营销计划，进而确定各年产出数量。这种方法更具有合理性，国际上多采用。

3.3.2　税金及附加

税金及附加包括企业经营活动发生的消费税、资源税、土地增值税、城市维护建设税和教育费附加。

（1）消费税　消费税（consumption tax）是对工业企业生产、委托加工和进口的部分应税消费品按差别税率或税额征收的一种税。消费税是在普遍征收增值税的基础上，根据消费政策、产业政策的要求，有选择地对部分消费品征收的一种特殊的税种。目前，我国的消费税共设 15 个税目。消费税实行从价定率、从量定额，或者从价定率和从量定额复合计税的办法计算应纳税额。纳税人销售的应税消费品，以人民币计算销售额。纳税人以人民币以外的货币结算销售额的，应当折合成人民币计算。

（2）资源税　资源税（resource tax）是国家对在我国境内开采应税矿产品或者生产盐的单位和个人征收的一种税。实质上，它是对因资源生成和开发条件的差异而客观形成的级差收入征收的。可以选择实行从价计征或者从量计征的，具体计征方式由省、自治区、直辖市人民政府提出，报同级人民代表大会常务委员会决定，并报全国人民代表大会常务委员会和国务院备案。

实行从价计征的，应纳税额按照应税资源产品的销售额乘以具体适用税率计算。实行从量计征的，应纳税额按照应税产品的销售数量乘以具体适用税率计算。

资源税的征收范围包括能源矿产、金属矿产、非金属矿产、水气矿产和盐。

（3）土地增值税　转让国有土地使用权、地上的建筑物及其附着物并取得收入的单位和个人，为土地增值税的纳税义务人，应当依照相关条例缴纳土地增值税。

（4）城市维护建设税　城市维护建设税是以纳税人实际缴纳的流转税额为计税依据征收的一种税。城市维护建设税按纳税人所在地区实行差别税率：项目所在地为市区的，税率为7%；项目所在地为县城、镇的，税率为5%；项目所在地为乡村的，税率为1%。城市维护建设税以纳税人实际缴纳的增值税、消费税的税额为计税依据，并分别与上述两种税同时缴纳。其应纳税额计算公式为

$$应纳税额 = (增值税实纳税额 + 消费税实纳税额) \times 适用税率 \tag{3-29}$$

（5）教育费附加　教育费附加是为了加快地方教育事业的发展，扩大地方教育经费的来源而开征的一种附加费。根据有关规定，凡缴纳消费税、增值税的单位和个人，都是教育费附加的缴纳人。教育费附加随消费税、增值税同时缴纳。教育费附加的计征依据是各缴纳人实际缴纳的消费税、增值税的税额，征收率为3%。其计算公式为

$$应纳教育费附加额 = (消费税实纳税额 + 增值税实纳税额) \times 3\% \tag{3-30}$$

3.3.3 增值税

增值税（value-added tax）是对我国境内销售货物、进口货物以及提供加工、修理修配劳务的单位和个人，就其取得货物的销售额、进口货物金额、应税劳务收入额计算税款，并实行税款抵扣制的一种流转税。

在工程经济分析中，增值税可作为价外税不出现在现金流量表中，也可作为价内税出现在现金流量表中。当现金流量表中不包括增值税时，产出物的价格不含有增值税中的销项税，投入物的价格中也不含有增值税中的进项税。但在营业税金及附加的估算中，有时还需要单独计算增值税额，作为城市维护建设税和教育费附加的计算基数。

（1）增值税税率　纳税人销售货物、劳务、有形动产租赁服务或者进口货物，除另有规定外，税率为13%。纳税人销售交通运输、邮政、基础电信、建筑、不动产租赁服务，销售不动产，转让土地使用权，销售或者进口粮食等农产品、食用植物油、食用盐、自来水、暖气、冷气、热水、煤气、石油液化气、天然气、二甲醚、沼气、居民用煤炭制品等货物，税率为9%。纳税人销售服务、无形资产，除另有规定外，税率为6%。境内单位和个人跨境销售国务院规定范围内的服务、无形资产，税率为零。

（2）一般计税方法　一般计税方法的应纳税额，是指当期销项税额抵扣当期进项税额后的余额。应纳增值税税额计算公式为

$$应纳税额 = 当期销项税额 - 当期进项税额 \tag{3-31}$$

当期销项税额小于当期进项税额不足抵扣时，其不足部分可以结转下期继续抵扣。销项税额是指纳税人发生应税行为按照销售额和增值税税率计算并收取的增值税额。销项税额的计算公式如下：

若价格中含增值税，则

$$销项税额 = 营业收入(含税) \div (1 + 增值税税率) \times 增值税税率 \tag{3-32}$$

$$进项税额 = 外购原材料和燃料动力费 \div (1 + 增值税税率) \times 增值税税率 \tag{3-33}$$

若售价中不含增值税，则

$$销项税额 = 营业收入(不含税) \times 增值税税率 \tag{3-34}$$

$$进项税额 = 外购原材料和燃料动力费 \times 增值税税率 \tag{3-35}$$

【例3-3】　某公司购进甲货物100件，金额为10000元（不含增值税），当期出售乙货物70件，取得销售额15000元（不含增值税），增值税税率为13%。该企业当期应纳增值税

税额为多少元？

【解】　　　当期销项税额 =15000×13%=1950（元）
　　　　　　当期进项税额 =10000×13%=1300（元）
　　　　　　应纳增值税税额 =1950−1300=650（元）

3.4 利润

3.4.1 利润的计算

利润是企业在一定时期内生产经营活动的最终财务成果，集中反映了企业生产经营活动的效益。利润的高低直接反映了项目投产后各年的获利能力，是项目财务评价的主要计算指标。

根据《企业会计准则》，企业的利润总额包括营业利润、投资净收益、营业外收支净额以及补贴收入等。即

$$\text{利润总额} = \text{营业利润} + \text{投资净收益} + \text{营业外收支净额} + \text{补贴收入} \tag{3-36}$$

$$\text{营业利润} = \text{主营业务利润} + \text{其他业务利润} - \text{营业费用} - \text{管理费用} - \text{财务费用} \tag{3-37}$$

$$\text{主营业务利润} = \text{主营业务收入} - \text{主营业务成本} - \text{主营业务税金及附加} \tag{3-38}$$

在工程经济分析中估算利润总额时，一般假定不发生其他业务利润，也不考虑投资净收益、营业外收支净额和补贴收入。本期发生的总成本费用等于主营业务成本、营业费用、管理费用和财务费用之和，且将主营业务收入视为本期的销售（营业）收入，主营业务税金及附加视为本期的销售税金及附加，则利润总额的计算公式为

$$\text{利润总额} = \text{销售(营业)收入} - \text{总成本费用} - \text{销售税金及附加} \tag{3-39}$$

根据利润总额可计算所得税和净利润。净利润是指企业缴纳所得税后形成的利润，是企业所有者权益的组成部分，也是企业进行利润分配的依据。其计算公式为

$$\text{净利润} = \text{利润总额} - \text{所得税} \tag{3-40}$$

3.4.2 利润的分配

在工程经济分析中，企业当期实现的净利润一般视为可供分配的利润，可按照下列顺序分配：

1）弥补以前年度亏损。

2）提取法定盈余公积金。法定盈余公积金按照税后净利润 10% 提取，当法定盈余公积金已达注册资本的 50% 时，可不再提取。

3）提取法定公益金。法定公益金按照税后利润的 5%~10% 提取，主要用于企业职工的集体福利设施。

4）按照投资协议、合同或者法律法规规定向投资者分配利润。企业以前年度未分配的利润，可以并入本年度分配。

5）未分配利润为企业剩余利润，可以结转下一年度进行分配。

3.4.3 所得税计算

1. 所得税的概念

所得税是指企业就其生产、经营所得和其他所得按规定缴纳的税金，是根据应纳税所得额计算的，包括企业以应纳税所得额为基础的各种境内和境外税额。应纳税所得额是企业年度的收入总额减去准予扣除项目后的余额。

2. 所得税的计税基础

1）收入总额中，下列收入为不征税收入：
① 财政拨款。
② 依法收取并纳入财政管理的行政事业性收费、政府性基金。
③ 国务院规定的其他不征税收入。

2）在计算应纳税所得额时，下列支出不得扣除：
① 向投资者支付的股息、红利等权益性投资收益款项。
② 企业所得税税款。
③ 税收滞纳金。
④ 罚金、罚款和被没收财物的损失。
⑤《中华人民共和国企业所得税法》第九条规定以外的捐赠支出。
⑥ 赞助支出。
⑦ 未经核定的准备金支出。
⑧ 与取得收入无关的其他支出。

3. 所得税的计算

根据税法的规定，在中华人民共和国境内，企业和其他取得收入的组织为企业所得税的纳税人。纳税人在取得利润后向国家缴纳企业所得税。计算公式为

$$应纳所得税额 = 应纳税所得额 \times 适用税率 \tag{3-41}$$

其中，应纳税所得额是指每纳税年度的收入总额减去准予扣除项目后的余额。在工程经济分析中，一般将利润总额作为计税基础。

企业所得税的税率为25%，但对符合条件的小型微利企业实行20%的优惠税率；对国家需要重点扶持的高新技术企业实行15%的优惠税率。

本章小结

工程项目投资，一般是指某项工程从筹建开始到全部竣工投产为止所发生的全部资金投入。根据划分形式不同，可以划分为直接投资和间接投资、短期投资和长期投资、初创投资和后续投资。

成本费用是项目生产运营中所支出的各种费用的统称。总成本费用是指企业在运营期内为生产产品或提供服务所发生的全部费用。在项目评价阶段，总成本费用的构成可以采用生产成本加期间费用估算法和生产要素估算法。

固定资产的折旧算法主要有平均年限法、工作量法、双倍余额递减法、年数总和法。

项目的营业收入是指项目建成投入运营后销售产品或提供服务所取得的收入，在工

程经济评价中主要指销售收入和劳务收入。

所得税是指企业就其生产、经营所得和其他所得按规定缴纳的税金,是根据应纳税所得额计算的,包括企业以应纳税所得额为基础的各种境内和境外税额。

习　题

一、简答题
1. 简述我国工程项目投资的构成。
2. 什么是成本费用?
3. 固定资产折旧的计算方法有哪些? 工作量法的适用范围是什么?
4. 税金及附加中包括哪些税种?
5. 试述利润总额、净利润及未分配利润的关系。

二、选择题
1. 固定资产加速折旧的方法有（　　）。
   A. 平均年限法　　　　　B. 工作量法　　　　　C. 双倍余额递减法　　　D. 年数总和法
2. 某固定资产原值为 100 万元,预计净残值为 5 万元,使用年限为 10 年,若采用年数总和法计提折旧费,则第六年计提的折旧额为（　　）万元。
   A. 8.64　　　　　　　　B. 8.19　　　　　　　C. 6.91　　　　　　　D. 6.55
3. 某设备的购置费为 30 万元,估计使用年限为 5 年,期末残值为 5000 元,按双倍余额递减法计算的第二年的折旧额为（　　）万元。
   A. 7.20　　　　　　　　B. 7.68　　　　　　　C. 11.8　　　　　　　D. 7.28
4. 在计算增值税应纳税额时,当期进项税额是指（　　）。
   A. 当期销售额与税率的乘积
   B. 当期购进货物或应税劳务缴纳的增值税税额
   C. 当期销售货物缴纳的增值税税额
   D. 当期产值与税率的乘积
5. 某新建项目,建设期为 3 年,第一年贷款 300 万元,第二年贷款 600 万元,第三年没有贷款。贷款在年度内均衡发放,年利率为 6%,贷款本息均在项目投产后偿还,则该项目第三年的贷款利息是（　　）万元。
   A. 36.0　　　　　　　　B. 54.54　　　　　　　C. 56.73　　　　　　　D. 58.38
6. 某建设项目工程费用为 7200 万元,工程建设其他费用为 1800 万元,基本预备费为 400 万元。项目前期年限为 1 年,建设期为 2 年,各年度完成静态投资额的比例分别为 60% 与 40%,年均投资价格上涨率为 6%,则该项目建设期第二年价差预备费为（　　）万元。
   A. 444.96　　　　　　　B. 464.74　　　　　　　C. 564.54　　　　　　　D. 589.63
7. 某工程项目建设期为 2 年,建设期内第一年初和第二年初分别贷款 600 万元和 400 万元,年利率为 8%。若运营期前 3 年每年年末等额偿还贷款本息,到第三年年末全部还清,则每年年末应偿还贷款本息（　　）万元。
   A. 406.66　　　　　　　B. 439.19　　　　　　　C. 587.69　　　　　　　D. 634.70
8. 某固定资产原值为 20 万元,现评估市值为 25 万元,预计使用年限为 10 年,净残值率为 5%。采用平均年限法折旧,则年折旧额为（　　）万元。
   A. 1.90　　　　　　　　B. 2.00　　　　　　　C. 2.38　　　　　　　D. 2.50
9. 某项目在经营年度外购原材料和燃料动力费为 1100 万元,工资及福利费为 500 万元,修理费为

50 万元，其他费用为 40 万元，则该项目年度经营成本为（　　）万元。
A. 1600　　　　　　　B. 1640　　　　　　　C. 1650　　　　　　　D. 1690

10. 下列各项内容中，分别属于流动资产和流动负债的是（　　）。
A. 预收账款和预付账款
B. 待摊费用和预提费用
C. 应付账款和待摊费用
D. 预提费用和预收账款

三、计算题

1. 某工程项目期初投资为 130 万元，年销售收入为 100 万元，年折旧费为 20 万元，销售税金为 2 万元，年经营成本为 50 万元，所得税税率为 25%。不考虑固定资产残值，试计算该工程项目的年净现金流量。

2. 某企业在某年初购买了一台设备，初始投资为 35000 元，使用期限为 5 年，预计 5 年后其残值为 1750 元，使用该设备后每年能获得利润 14000 元，所得税税率为 25%，试计算在其使用期限内每年的税后现金流量。
（1）按平均年限法计算折旧额。
（2）按双倍余额递减法计算折旧额。
（3）按年数总和法计算折旧额。

3. 拟建一工程项目，第 1 年投资 1000 万元，第 2 年又投资 2000 万元，第 3 年再投资 1500 万元。从第 4 年起，连续 8 年每年的销售收入为 5200 万元，经营成本为 2600 万元，折旧费为 800 万元，销售税金为 160 万元，所得税税率为 25%，项目在期末的残值为 700 万元，试计算该项目的年净现金流量，并画出该项目的现金流量图。

4. 某项目建设期为 2 年，第 1 年贷款 1000 万元，第 2 年贷款 1000 万元，生产运营期为 6 年。建设投资借款合同规定的还款方式为：投产期的前 4 年按等额还本付息方式偿还，借款利率为 6%。试确定该项目每年的还本付息额，并填入表 3-2。

表 3-2　项目借款还本付息计划表　　　　　　　　　　（单位：万元）

序号	项目	合计	计算期					
			1	2	3	4	5	6
1	期初借款余额							
2	当期借款							
3	当期应计利息							
4	当年应还本利息							
5	应还本金							
5.1	应还利息							
5.2	期末借款余额							

5. 某项目固定资产投资（含无形资产）为 3600 万元，其中，预计形成固定资产 3060 万元（含建设期贷款利息），无形资产 540 万元。固定资产使用年限为 10 年，残值率为 4%，采用直线法折旧。该项目生产运营期为 6 年。无形资产在运营期 6 年中，均匀摊入成本，项目年经营成本为 3200 万元，试计算该项目的年总成本费用是多少？

6. 某项目的基本数据如下：
1）项目计算期为 10 年，其中建设期为 2 年。项目第 3 年投产，第 5 年开始达到 100% 设计生产能力。
2）项目固定资产投资 9000 万元（不含建设期贷款利息），预计 8500 万元形成固定资产，500 万元形成无形资产。固定资产年折旧费 673 万元，固定资产残值在项目运营期末收回。
3）无形资产在运营期 8 年中，均匀摊入成本。
4）流动资金为 1000 万元，在项目计算期末收回。
5）项目的设计生产能力为年产量 1.1 万 t，预计每吨销售价为 6000 元，年销售税金及附加按销售收入的5%计取，所得税税率为25%。

6）项目的资金投入、收益、成本等基础数据，见表3-3。

表3-3 建设项目资金投入、收益及成本表　　　　　　　　（单位：万元）

序号	项目		年份				
			1	2	3	4	5
1	建设投资	自有资金	3000	1000			
		贷款（不含贷款利息）		4500			
2	流动资金	自有资金部分			400		
		贷款			100	500	
3	年销售量/万t				0.8	1.0	1.1
4	年经营成本				4200	4600	5000

7）还款方式：在项目运营期间（即从第3~10年）按等额还本利息照付方式偿还，流动资金贷款每年付息。长期贷款利率为6.22%（按年付息），流动资金贷款利率为3%。

8）经营成本的80%作为固定成本。

试完成下列要求：

（1）计算无形资产摊销费。

（2）编制借款还本付息表，把计算结果填入表3-4中（表中数字按四舍五入取整）。

（3）编制总成本费用估算表，把计算结果填入表3-5中。

表3-4 项目还本付息表　　　　　　　　（单位：万元）

序号	项目	年份									
		1	2	3	4	5	6	7	8	9	10
1	年初累计借款										
2	本年新增借款										
3	本年应计利息										
4	本年应还本金										
5	本年应还利息										

表3-5 总成本费用估算表　　　　　　　　（单位：万元）

序号	项目	年份							
		3	4	5	6	7	8	9	10
1	经营成本								
2	折旧费								
3	摊销费								
4	财务费								
4.1	长期借款利息								
4.2	流动资金借款利息								
5	总成本费用								
5.1	固定成本								
5.2	可变成本								

第 4 章
投资估算与财务报表的编制

投资估算和财务报表的编制是建设项目投资决策阶段的重要内容。投资估算是建设项目设计方案的选择依据和初步设计的工程造价的控制目标。建设项目财务报表是进行财务评价的基础，是投资决策阶段可行性研究的核心内容。它通过重点考察项目的赢利能力，从而判断其财务可行性。本章主要介绍投资估算和财务报表的编制方法。

4.1 概述

投资估算是指在整个投资决策过程中，依据现有的资料和一定的方法，对建设项目未来发生的全部费用进行预测和估算。估算值与建设期末实际投资总额的差异大小，反映了总投资估算的精确度。而这一精确度的保证又取决于投资估算的阶段要求。因为投资估算是项目决策的重要依据之一，所以正确估算总投资额是预测项目财务效益和经济效益的基础，也是保证项目顺利完成筹资和有效使用资金的关键。

4.1.1 投资估算的阶段划分

投资估算贯穿于整个投资决策过程中，投资决策过程可划分为投资机会研究及项目建议书阶段、初步可行性研究阶段、详细可行性研究阶段，因此投资估算工作也相应分为三个阶段。不同阶段所具备的条件、掌握的资料和投资估算的要求不同，因而投资估算的准确程度在不同阶段也不同，进而每个阶段投资估算所起的作用也不同。

1. 投资机会研究及项目建议书阶段的投资估算

这一阶段主要是选择有利的投资机会，明确投资方向，提出项目投资建议，并编制项目建议书。该阶段工作比较粗略，投资额的估计一般是通过与已建类似项目的对比等快捷方法得来的，因而投资的误差率可在 ±30%。

这一阶段的投资估算是作为管理部门审批项目建议书、初步选择投资项目的主要依据之一，对初步可行性研究及其投资估算起指导作用。在这个阶段可否定一个项目，但不能完全肯定一个项目是否真正可行。

2. 初步可行性研究阶段的投资估算

这一阶段主要是在投资机会研究及项目建议书阶段结论的基础上，进一步研究项目的投资规模、原材料来源、工艺技术、厂址、组织机构和建设进度等情况，进行经济效益评价，判断项目的可行性，做出初步投资评价。该阶段是介于投资机会研究及项目建议书和详细可行性研究的中间阶段，投资估算的误差率一般要求控制在 ±20% 以内。

这一阶段的投资估算是作为决定是否进行详细可行性研究的依据之一，同时也是确定哪些关键问题需要进行辅助性专题研究的依据之一。在这个阶段可对项目是否真正可行做出初步的决定。

3. 详细可行性研究阶段的投资估算

详细可行性研究阶段的投资估算可称为最终可行性研究报告阶段，主要是对项目进行全面、详细、深入的技术经济分析论证，评价选择拟建项目的最佳投资方案，对项目的可行性提出结论性意见。该阶段研究内容详尽、深入，投资估算的误差率应控制在 ±10% 以内。

这一阶段的投资估算是对项目进行详细的经济评价，对拟建项目是否真正可行进行最后决定，是选择最佳投资方案的主要依据，也是编制设计文件、控制初步设计及概算的主要依据。

4.1.2 投资估算的内容

根据工程造价的构成，建设项目投资估算包括固定资产投资估算和流动资金估算。固定资产投资估算的内容按照费用的性质划分，包括设备及工器具购置费、建筑安装工程费用、工程建设其他费用、建设期贷款利息、预备费。固定资产投资可分为静态部分和动态部分。价差预备费和建设期利息构成动态投资部分；其余部分为静态投资部分。流动资金是指生产经营性项目投产后，用于购买原材料、燃料、支付工资及其他经营费用等所需的周转资金。它是伴随着固定资产投资而发生的长期占用的流动资产投资，流动资金 = 流动资产 − 流动负债。其中，流动资产主要考虑现金、应收账款和存货；流动负债主要考虑应付账款。因此，流动资金的概念，实际上就是财务中的运营资金。

4.2 投资估算的编制方法

1. 固定资产投资的估算方法

常用的投资估算方法，有的适用于整个项目的投资估算，有的适用于一套装置的投资估算，有的适用于项目分部的投资估算。为提高投资估算的科学性和精确性，应按项目的性质、技术资料和已占有的已建类似项目资料、技术经济指标的具体情况，有针对性地选用适宜的方法。

（1）静态投资部分的估算方法

1）资金周转率法。这是一种用资金周转率来推测投资额的简便方法，其计算公式为

$$资金周转率 = \frac{年销售额}{总投资} = \frac{产品年产量 \times 产品单价}{总投资} \quad (4\text{-}1)$$

$$投资额 = \frac{产品的年产量 \times 产品单价}{资金周转率} \quad (4\text{-}2)$$

拟建项目的资金周转率可以先根据已建类似项目的有关数据进行估计，然后再根据拟建项目的预计产品的年产量及单价，估算拟建项目的投资额。

这种方法比较简便，但精确度较低，可用于投资机会研究及项目建议书阶段的投资估算。

2）生产能力指数法。这种方法根据已建成的、性质类似的建设项目或生产装置的投资额和生产能力,以及拟建项目或生产装置的生产能力,估算拟建项目的投资额。计算公式为

$$C_2 = C_1 \left(\frac{Q_2}{Q_1}\right)^n f \tag{4-3}$$

式中　C_1——已建类似项目或生产装置的投资额;
　　　C_2——拟建项目或生产装置的投资额;
　　　Q_1——已建类似项目或生产装置的生产能力;
　　　Q_2——拟建项目或生产装置的生产能力;
　　　f——不同时期、不同地点的定额、单价、费用变更等的综合调整系数;
　　　n——生产能力指数,$0 \leqslant n \leqslant 1$。

若已建类似项目或生产装置的规模和拟建项目或生产装置的规模相差不大,生产规模比值在 0.5~2,则指数 n 的取值近似为 1。

若已建类似项目或生产装置与拟建项目或生产装置的规模相差不大于 50 倍,且拟建项目规模的扩大仅靠增大设备规模来达到时,则 n 的取值在 0.6~0.7;若是靠增加相同规格设备的数量达到时,n 的取值在 0.8~0.9。

采用这种方法,计算简单、速度快,但要求类似工程的资料可靠,条件基本相同,否则误差就会较大。

【例 4-1】　建设一座年产量 50 万 t 的某生产装置的投资额为 10 亿元,现拟建一座年产 100 万 t 的类似生产装置,试用生产能力指数法估算拟建生产装置的投资额是多少?（已知: $n=0.5$,$f=1$）

【解】　根据式（4-3）计算为

$$C_2 = C_1 \left(\frac{Q_2}{Q_1}\right)^n f$$
$$= 10 \times \left(\frac{100}{50}\right)^{0.5} \times 1 = 14.14 （亿元）$$

3）比例估算法。比例估算法又分为以下两种:

① 以拟建项目或生产装置的设备费为基数,根据已建成的类似项目或生产装置的建筑安装工程费用和其他工程费用等占设备价值的百分比,求出拟建项目或生产装置相应的建筑安装工程费用及其他工程费用等,再加上拟建项目的其他有关费用,其总和即为拟建项目或生产装置的投资。计算公式为

$$C = E(1 + f_1 p_1 + f_2 p_2 + f_3 p_3 + \cdots) + I \tag{4-4}$$

式中　C——拟建项目或生产装置的投资额;
　　　E——根据拟建项目或生产装置的设备清单按当时当地价格计算的设备费（包括运杂费）的总和;
　　　$p_1, p_2, p_3, \cdots$——已建项目中建筑安装工程费用及其他工程费用等占设备费的百分比;
　　　$f_1, f_2, f_3, \cdots$——由于时间因素引起的定额、价格、费用标准等变化的综合调整系数;
　　　I——拟建项目的其他费用。

② 以拟建项目中的最主要、投资比例较大并与生产能力直接相关的工艺设备的投资（包括运杂费及安装费）为基数，根据同类型的已建项目的有关统计资料，计算出拟建项目的各专业工程（总图、土建、暖通、给排水、管道、电气及电信、自控及其他工程费用等）占工艺设备的百分比，据此求出各专业工程的投资，然后把各部分投资费用（包括工艺设备费）相加求和，再加上工程其他有关费用，即为项目的总费用。其表达式为

$$C = E(1 + f_1 p_1' + f_2 p_2' + f_3 p_3' + \cdots) + I \tag{4-5}$$

式中　$p_1', p_2', p_3', \cdots$——已建项目中各专业工程费用占工艺设备费用的百分比。

其他符号同前。

4）系数估算法。

① 朗格系数法。这种方法是以设备费为基数，乘以适当系数来推算项目的建设费用，计算公式为

$$C = E\left(1 + \sum K_i\right) K_C \tag{4-6}$$

式中　C——总建设费用；

　　　E——主要设备费用；

　　　K_i——管线、仪表、建筑物等费用的估算系数；

　　　K_C——管理费、合同费、应急费等间接费在内的总估算系数。

总建设费用与设备费用之比为朗格系数 K_L，即

$$K_L = \left(1 + \sum K_i\right) K_C \tag{4-7}$$

表 4-1 是国外的流体加工系统的典型经验系数值。这种方法比较简单，但没有考虑设备规格、材质的差异，所以精确度不高。

表 4-1　国外的流体加工系统的典型经验系数值

主设备交货费用	E
附属其他直接费用与 E 之比（K_i）	
主设备安装人工费	0.10~0.20
保温费	0.10~0.25
管线（碳钢）费	0.50~1.00
基础	0.03~0.13
建筑物	0.07
构架	0.05
防火	0.06~0.10
电气	0.07~0.15
油漆粉刷	0.06~0.10
$\sum K_i$	1.04~1.93
直接费用之和 $\left[\left(1 + \sum K_i\right) E\right]$	

（续）

主设备交货费用	E
通过直接费表示的间接费	1
日常管理费、合同费和利息	0.30
工程费	0.13
不可预见费	0.13
K_C	1+0.56=1.56

总费用 $C=E\left(1+\sum K_i\right)K_C=E\ (3.18\sim4.57)$

② 设备与厂房系数法。对于一个生产性项目，如果设计方案确定了生产工艺，且初步选定了工艺设备并进行了工艺布置，就有了工艺设备的质量及厂房的高度和面积，则工艺设备投资和厂房土建的投资就可分别估算出来。项目的其他费用，与设备关系较大的按设备投资系数计算，与厂房土建关系较大的则以厂房土建投资系数计算。这两类投资加起来就得出整个项目的投资。

【例 4-2】 650mm 中型轧钢车间的工艺设备投资和厂房土建投资已经估算出来，其各专业工程的投资系数如下：

（1）与设备有关的专业投资系数为：

工艺设备	1
起重运输设备	0.09
加热炉及烟囱烟道	0.12
汽化冷却	0.01
余热锅炉	0.04
供电及传动	0.18
自动化仪表	0.02
系数合计	1.46

（2）与厂房土建有关的专业投资系数为：

厂房土建（包括设备基础）	1
给排水工程	0.04
采暖通风	0.03
工业管道	0.01
电气照明	0.01
系数合计	1.09

整个车间投资 = 工艺设备投资 ×1.46 + 厂房土建投资（包括设备基础）×1.09

③ 主要车间系数法。对于在设计中重点考虑了主要生产车间的产品方案和生产规模的生产项目，可先采用合适的方法计算出主要车间的投资，然后利用已建类似项目的投资比例计算出辅助设施等占主要生产车间投资的系数，估算出总的投资。

【例 4-3】 某 10 万 t 炼钢厂已估计出了主要生产车间的投资，辅助设施费用占主要生产车间投资的系数为：

主要生产车间	1
辅助及公用系统	0.67
其中：机修	0.14
动力	0.32
总图运输	0.21
行政及生活福利设施	0.26
其他	0.38
总系数	2.31

10 万 t 炼钢厂投资额 = 主要生产车间投资 ×2.31

5）指标估算法。估算指标是一种比概算指标更为扩大的单位工程指标或单项工程指标。投资估算指标的表示形式较多，如以元/m、元/m^2、元/m^3、元/座（个）、元/t、元/（kV·A）等表示。根据这些投资估算指标，乘以拟建房屋、建筑物所需的面积、体积、座（个）、容量等，就可以求出相应的土建工程、室内给排水工程、电气照明工程、采暖工程、变配电工程等各单位工程的投资。在此基础上，可汇总成某一单项工程的投资。另外再估算工程建设其他费用及预备费等，即可求得一个建设项目总投资。

对于房屋、建筑物等投资的估算，经常采用指标估算法，以元/m^2 或元/m^3 表示。

采用这种方法时，要根据国家有关规定、投资主管部门或地区颁布的估算指标，结合工程的具体情况编制。一方面要注意，若套用的指标与具体工程之间的标准或条件有差异时，应加以必要的换算或调整；另一方面要注意，使用的指标单位应密切结合每个单位工程的特点，能正确反映其设计参数，切勿盲目地单纯套用一种单位指标。

需要指出的是静态投资的估算，要按某一确定的时间来进行，一般以开工的前一年为基准年，以这一年的价格为依据计算，否则就会失去基准作用，影响投资估算的准确性。

（2）动态投资部分的估算方法　动态投资估算是指在估算过程中考虑了时间因素的计算方法。动态投资部分主要包括价差预备费、建设期贷款利息等内容。如果是涉外项目，还应计算汇率的影响。动态投资部分的估算应以基准年静态投资的资金使用计划额为基础来计算各种变动因素，即价、利、税。以下分别介绍价差预备费、建设期贷款利息的估算方法。

1）价差预备费的估算方法。对于价格变动可能增加的投资额的估算，见本书第 1.6 节的介绍。

2）汇率变化对涉外建设项目动态投资的影响及其估算方法。汇率是两种不同货币之间的兑换比率，或者说是以一种货币表示的另一种货币的价格。汇率的变化意味着一种货币相对于另一种货币的升值或贬值。在我国，人民币和外币之间的汇率采取以人民币表示外币价格的形式表示，如 1 美元 =6.3973 元人民币。由于涉外项目的投资中包含人民币以外的币种，需要按照相应的汇率把外币投资额换算为人民币投资额，所以汇率变化就会对涉外项目的投资额产生影响。

外币对人民币升值，则项目从国外市场购买设备材料所支付的外币金额不变，但换算成人民币的金额增加；从国外借款，本息所支付的货币金额不变，但换算成人民币的金额增加。反之则为外币对人民币贬值。

估计汇率变化对建设项目投资的影响大小，是通过预测汇率在项目建设期内的变动程度，以估算年份的投资额为基数而计算求得的。

3）建设期贷款利息的估算方法。建设期贷款利息的估算方法见第1.6节。

2. 流动资金的估算方法

流动资金是指建设项目投产后维持正常生产经营所需购买原材料、燃料、支付工资及其他生产经营费用等必不可少的周转资金。它是伴随着固定资产而发生的永久性流动资产投资，其等于项目投产运营后所需全部流动资产扣除流动负债后的余额。其中，流动资金主要考虑应收账款、现金和存货；流动负债主要考虑应付和预收款。由此看出，这里所解释的流动资金的概念，实际上就是财务中的运营资金。流动资金的估算一般采用两种方法：扩大指标估算法和分项详细估算法。

（1）扩大指标估算法　扩大指标估算法是按照流动资金占某种基数的比率估算流动资金。一般常用的基数有销售收入、经营成本、总成本费用和固定资产投资等。究竟采用何种基数依行业习惯而定。所采用的比率根据经验确定，或根据现有同类企业的实际资料确定，或依行业、部门给定的参考值确定。扩大指标估算法简便易行，但准确度不高，适用于项目建议书阶段的估算。

1）产值（或销售收入）资金率估算法。

$$流动资金额 = 年产值（年销售收入额）\times 产值（销售收入）资金率 \quad (4-8)$$

【例4-4】 某项目投产后的年产值为1.5亿元，其同类企业的百元产值流动资金占用额为17.5元，试求该项目的流动资金估算额。

【解】 该项目的流动资金估算额为

$$15000 \times 17.5 \div 100 = 2625（万元）$$

2）经营成本（或总成本）资金率估算法。经营成本是一种反映物质、劳动消耗和技术水平、生产管理水平的综合指标。一些工业项目，尤其是采掘工业项目常用经营成本（或总成本）资金率估算流动资金。

$$流动资金额 = \frac{年经营成本}{年总成本} \times \frac{经营成本资金率}{总成本资金率} \quad (4-9)$$

3）固定资产投资资金率估算法。固定资产投资资金率是流动资金占固定资产投资的百分比。如化工项目流动资金占固定资产投资的15%~20%，一般工业项目流动资金占固定资产投资的5%~12%。

$$流动资金额 = 固定资产投资 \times 固定资产投资资金率 \quad (4-10)$$

4）单位产量资金率估算法。单位产量资金率即单位产量占用流动资金的数额，如每吨原煤4.50元。

$$流动资金额 = 年生产能力 \times 单位产量资金率 \quad (4-11)$$

（2）分项详细估算法　分项详细估算法也称分项定额估算法。它是国际上通行的流动资金估算方法。

流动资金的显著特点是在生产过程中不断周转,其周转额的大小与生产规模及周转速度直接相关。分项详细估算法是根据周转额与周转速度之间的关系,对构成流动资金的各项流动资产和流动负债分别进行估算。在可行性研究中,为简化计算,仅对存货、现金、应收账款和应付账款四项内容进行估算,计算公式为

$$流动资金 = 流动资产 - 流动负债 \tag{4-12}$$

$$流动资产 = 应收账款 + 存货 + 现金 \tag{4-13}$$

$$流动负债 = 应付账款 \tag{4-14}$$

$$流动资金本年增加额 = 本年流动资金 - 上年流动资金 \tag{4-15}$$

估算的具体步骤为:先计算各类流动资产和流动负债的年周转次数,然后再分项估算占用资金额。

1)周转次数计算。周转次数是指流动资金的各个构成项目在一年内完成多少个生产过程。

$$周转次数 = 360d \div 最低周转天数 \tag{4-16}$$

存货、现金、应收账款和应付账款的最低周转天数,可参照同类企业的平均周转天数并结合项目特点确定。又因为

$$周转次数 = 周转额 \div 各项流动资金平均占用额 \tag{4-17}$$

如果周转次数已知,则

$$各项流动资金平均占用额 = 周转额 \div 周转次数 \tag{4-18}$$

2)应收账款估算。应收账款是指企业对外赊销商品、劳务而占用的资金。应收账款的周转额应为全年赊销销售收入。在可行性研究时,用销售收入代替赊销收入。计算公式为

$$应收账款 = 年销售收入 \div 应收账款周转次数 \tag{4-19}$$

3)存货估算。存货是企业为销售或者生产耗用而储备的各种物资,主要有原材料、辅助材料、燃料、低值易耗品、维修备件、包装物、在产品、自制半成品和产成品等。为简化计算,仅考虑外购原材料、外购燃料、在产品和产成品,并分项进行计算。计算公式为

$$存货 = 外购原材料 + 外购燃料 + 在产品 + 产成品 \tag{4-20}$$

$$外购原材料占用资金 = 年外购原材料总成本 \div 原材料周转次数 \tag{4-21}$$

$$外购燃料 = 年外购燃料 \div 按种类分项周转次数 \tag{4-22}$$

$$在产品 = (年外购原材料、燃料 + 年工资及福利费 +$$
$$年修理费 + 年其他制造费) \div 在产品周转次数 \tag{4-23}$$

$$产成品 = 年经营成本 \div 产成品周转次数 \tag{4-24}$$

4)现金需要量估算。项目流动资金中的现金是指货币资金,即企业生产运营活动中停留于货币形态的那部分资金,包括企业库存现金和银行存款。计算公式为

$$现金需要量 = (年人工工资及福利费 + 年其他费用) \div 现金周转次数 \tag{4-25}$$

$$年其他费用 = 制造费用 + 管理费用 + 营业费用 - (以上三项费用中所含的$$
$$人工工资及福利费、折旧费、维简费、摊销费、修理费) \tag{4-26}$$

5)流动负债估算。流动负债是指在一年或者超过一年的一个营业周期内,需要偿还的各种债务。在可行性研究中,流动负债的估算只考虑应付账款一项。计算公式为

$$应付账款 = (年外购原材料 + 年外购燃料) \div 应付账款周转次数 \tag{4-27}$$

根据流动资金各项估算结果,编制流动资金估算表见表 4-2。

表 4-2 流动资金估算表

序号	项目	最低周转天数	周转次数	投产期		达产期			
				3	4	6	6	……	n
1	流动资产								
1.1	应收账款								
1.2	存货								
1.2.1	原材料								
1.2.2	燃料								
1.2.3	在产品								
1.2.4	产成品								
1.3	现金								
2	流动负债								
2.1	应付账款								
3	流动资金（1-2）								
4	流动资金本年增加额								

流动资金估算应注意以下问题：

1）在采用分项详细估算法时，需要分别确定现金、应收账款、存货和应付账款的最低周转天数。在确定周转天数时要根据实际情况，并考虑一定的保险系数。对于存货中的外购原材料、燃料要根据不同品种和来源，考虑运输方式和运输距离等因素确定。

2）不同生产负荷下的流动资金是按照相应负荷时的各项费用金额和给定的公式计算出来的，而不能按 100% 负荷下的流动资金乘以负荷百分数求得。

3）流动资金属于长期性（永久性）资金，流动资金的筹措可通过长期负债和资本金（权益融资）方式解决。流动资金借款部分的利息应计入财务费用。

4.3 财务报表的编制方法

建设项目财务评价与分析需要编制一套基本的财务报表，根据新的财务会计制度，并考虑与国际惯例接轨，一般可编制以下 4 种基本财务报表，即现金流量表、利润与利润分配表、资产负债表、财务外汇平衡表。

1. 现金流量表的编制

现金流量表是对建设项目现金流量系统的表格式反映，用以计算各项静态和动态评价指标进行项目财务赢利能力分析。按投资计算基础的不同，现金流量表分为全部投资现金流量表和项目资本金现金流量表。

（1）全部投资现金流量表的编制　全部投资现金流量表是站在项目全部投资的角度来编制的。报表格式见表 4-3。表中计算期的年序为 1，2，…，n，建设开始年作为计算期的第一年，年序为 1。当项目建设期以前所发生的费用占总费用的比例不大时，为简化计算，这部分费用可列入年序 1。

1）现金流入为营业收入、补贴收入、回收固定资产余值、回收流动资金四项之和。其中，营业收入是项目建成投产后对外销售产品或提供劳务所取得的收入，是项目生产经营成果的货币表现。计算销售收入时，假设生产出来的产品全部售出，则销售量等于生产量，即

$$营业收入 = 销售量 \times 销售单价 = 生产量 \times 销售单价 \quad (4-28)$$

销售价格一般采用出厂价格，也可根据需要采用送达用户的价格或离岸价格。营业收入的各年数据取自营业收入和税金及附加估算表。固定资产余值和流动资金均在计算期最后一年回收。固定资产余值回收额为固定资产折旧费估算表中固定资产期末净值合计，流动资金回收额为项目全部流动资金。

表 4-3　项目投资现金流量表

序号	项　　目	计　算　期								合计
		建设期		投产期		达到设计能力生产期				
		1	2	3	4	5	6	…	n	
	生产负荷（%）									
1	现金流入									
1.1	营业收入									
1.2	补贴收入									
1.3	回收固定资产余值									
1.4	回收流动资金									
2	现金流出									
2.1	建设投资									
2.2	流动资金									
2.3	经营成本									
2.4	税金及附加									
2.5	维持运营投资									
3	所得税前净现金流量（1-2）									
4	累计所得税前净现金流量									
5	调整所得税									
6	所得税后净现金流量（3-5）									
7	累计所得税后净现金流量									

计算指标：财务内部收益率、财务净现值、静态投资回收期和动态投资回收期

注：根据需要可在现金流入和现金流出栏里增减项目。

2）现金流出包含建设投资、流动资金、经营成本、税金及附加等。建设投资和流动资金的数额分别取自建设投资估算表及流动资金估算表。固定资产投资中不包含建设期利息。流动资金投资为各年流动资金增加额。经营成本与其他费用的关系为

$$经营成本 = 总成本费用 - 折旧费 - 摊销费 - 利息支出$$
$$或经营成本 = 外购原材料费、燃料和动力费 + 工资及福利费 + 修理费 + 其他费用 \quad (4-29)$$

其他费用指从制造费用、管理费用和营业费用中扣除了折旧费、摊销费、修理费、工资及福利费以后的其余部分。

总成本费用指在运营期内为生产产品或提供服务所发生的全部费用，等于经营成本与折旧费摊销费和财务费用（利息支出）之和。

总成本费用可按生产成本加期间费用估算法和生产要素估算法进行估算，详见第3章。

3）项目计算期各年的净现金流量为各年现金流入量减对应年份的现金流出量，各年累计净现金流量为本年及以前各年净现金流量之和。

4）所得税前净现金流量为上述净现金流量与所得税之和，即在现金流出中不计入所得税时的净现金流量。所得税前累计净现金流量的计算方法与上述累计净现金流量相同。

（2）项目资本金现金流量表的编制　项目资本金现金流量表是站在项目资本金出资者整体的角度考虑项目的现金流入流出情况的，报表格式见表4-4。从项目投资主体的角度看，建设项目投资借款是现金流入，但将借款用于项目投资则构成同一时点、相同数额的现金流出，两者相抵，对净现金流量的计算无影响，因此表中投资只计项目资本金。由于现金流入是因项目全部投资所获得，故应将借款本金的偿还及利息支付计入现金流出。

表4-4　项目资本金现金流量表

序号	项目	计算期							合计
		建设期		投产期		达到设计能力生产期			
		1	2	3	4	5	6	… n	
	生产负荷（%）								
1	现金流入								
1.1	营业收入								
1.2	补贴收入								
1.3	回收固定资产余值								
1.4	回收流动资金								
2	现金流出								
2.1	项目资本金								
2.2	借款本金偿还								
2.3	借款利息支付								
2.4	经营成本								
2.5	税金及附加								
2.6	所得税								
2.7	维持运营投资								
3	净现金流量（1−2）								

计算指标：财务内部收益率；财务净现值（i_c）。

注：同表4-3的注。

1）现金流入各项的数据来源与全部投资现金流量表相同。

2）现金流出项目包括项目资本金、借款本金偿还、借款利息支出、经营成本、税金及附加。其中自有资金数额取自投资计划与资金筹措表中资金筹措的自有资金分项。借款本金偿还由两部分组成：一部分为借款还本付息计算表中本年还本额；另一部分为流动资金借款本金偿还，一般发生在计算期最后一年。借款利息支付数额来自总成本费用估算表中的利息支出项。现金流出中其他各项与全部投资现金流量表中相同。

2. 利润与利润分配表的编制

利润与利润分配表是反映项目计算期内各年的企业经营成果、利润形成过程、利润总额、所得税及税后利润的分配情况的一种静态报表。利润与利润分配表的格式见表 4-5。

表 4-5 利润与利润分配表　　　　　　　　　　（单位：万元）

序号	项目	合计	计算期					
			1	2	3	4	…	n
1	营业收入							
2	税金及附加							
3	总成本费用							
4	补贴收入							
5	利润总额（1-2-3+4）							
6	弥补以前年度亏损							
7	应纳税所得额（5-6）							
8	所得税							
9	净利润（5-8）							
10	期初未分配利润							
11	可供分配的利润（9+10）							
12	提取法定盈余公积金							
13	可供投资者分配的利润（11-12）							
14	应付优先股股利							
15	提取任意盈余公积金							
16	应付普通股股利（13-14-15）							
17	各投资方利润分配： 其中：××方 ××方							
18	未分配利润（13-14-15-17）							

（续）

序 号	项 目	合 计	计 算 期					
			1	2	3	4	…	n
19	息税前利润（利润总额＋利息支出）							
20	息税折旧摊销前利润（息税前利润＋折旧＋摊销）							

注：1. 营业收入、税金及附加、总成本费用的各年度数据分别取自相应的辅助报表。
  2. 利润总额＝营业收入－税金及附加－总成本费用＋补贴收入。
  3. 所得税＝应纳税所得额×所得税税率。应纳税所得额为利润总额根据国家有关规定进行调整后的数额。在建设项目财务评价中，主要是按减免所得税及用税前利润弥补上年度亏损的有关规定进行的调整。按现行《工业企业财务制度》规定，企业发生的年度亏损，可以用下一年度的税前利润等弥补，下一年度利润不足弥补的，可以在5年内延续弥补；5年内不足弥补的，用税后利润等弥补。
  4. 对于外商出资项目由第11项减去储备基金、职工奖励与福利基金和企业发展基金后，得出可供投资者分配的利润。
  5. 第14-16项根据企业性质和具体情况选择填列。
  6. 法定盈余公积金按净利润计提。
  （1）税后利润＝利润总额－所得税。
  （2）弥补损失主要是指支付被没收的财物损失，支付各项税收的滞纳金及罚款，弥补以前年度亏损。
  （3）可供分配的利润按盈余公积金、应付利润及未分配利润等项进行分配。
  1）表中法定盈余公积金按照税后利润扣除用于弥补以前年度亏损额后的10%提取，盈余公积金已达注册资金50%时可以不再提取。公益金主要用于企业的职工集体福利设施支出。
  2）应付利润为向投资者分配的利润或向股东支付的股利。
  3）未分配利润主要指用于偿还固定资产投资借款及弥补以前年度亏损的可供分配利润。

3. 资产负债表的编制

资产负债表综合反映项目计算期内各年末资产、负债和所有者权益的增减变化及对应关系，用以考察项目资产、负债、所有者权益的结构是否合理，进行清偿能力分析。资产负债表按"资产＝负债＋所有者权益"的关系式进行编制。资产负债表格式见表4-6。

表4-6 资产负债表 （单位：万元）

序 号	项 目	计 算 期						
		1	2	3	4	5	6	…	n
1	资产								
1.1	流动资产总额								
1.1.1	货币资金								
1.1.2	应收账款								
1.1.3	预付账款								
1.1.4	存货								
1.1.5	其他								
1.2	在建工程								
1.3	固定资产净值								

（续）

序 号	项 目	计 算 期							
		1	2	3	4	5	6	…	n
1.4	无形及其他资产净值								
2	负债及所有者权益（2.4＋2.5）								
2.1	流动负债总额								
2.1.1	短期借款								
2.1.2	应付账款								
2.1.3	预收账款								
2.1.4	其他								
2.2	建设投资借款								
2.3	流动资金借款								
2.4	负债小计（2.1＋2.2＋2.3）								
2.5	所有者权益								
2.5.1	资本金								
2.5.2	资本公积金								
2.5.3	累计盈余公积金								
2.5.4	累计未分配利润								
计算指标：资产负债率（%）										

注：1. 对外商投资项目，第2.5.3项改为累计储备基金和企业发展基金。
2. 对既有法人项目，一般只针对法人编制，可按需要增加科目，此时表中资本金是指企业全部实收资本，包括原有和新增的实收资本。必要时，也可针对"有项目"范围编制。此时表中资本金仅指"有项目"范围的对应数值。
3. 资产由流动资产总额、在建工程、固定资产净值、无形及其他资产净值四项组成。其中：
（1）流动资产总额为货币资金（货币资金包括现金和累计盈余资金）、应收账款、预付账款、存货、其他之和。前三项数据来自流动资金估算表；累计盈余资金数额则取自资金来源与运用表，但应扣除其中包含的回收固定资产余值及自有流动资金。
（2）在建工程是指投资计划与资金筹措表中的年固定资产投资额，其中包括建设期利息。
（3）固定资产净值和无形及其他资产净值分别从固定资产折旧费估算表和无形及其他资产摊销估算表取得。
4. 负债包括流动负债和长期负债。流动负债中的应付账款数据可由流动资金估算表直接取得。流动资金借款和其他短期借款两项流动负债及长期借款均指借款余额，需根据资金来源与运用表中的对应项及相应的本金偿还项进行计算。
5. 所有者权益包括资本金、资本公积金、累计盈余公积金及累计未分配利润。其中，累计未分配利润可直接得自损益表；累计盈余公积金也可由损益表中盈余公积金项计算各年份的累计值，但应根据有无用盈余公积金弥补亏损或转增资本金的情况进行相应调整。资本金为项目投资中累计自有资金（扣除资本溢价），当存在由资本公积金或盈余公积金转增资本金的情况时进行相应调整。资本公积金为累计资本溢价及赠款、转增资本金时进行相应调整，资产负债表满足等式：

$$资产＝负债＋所有者权益$$

4. 财务外汇平衡表的编制

财务外汇平衡表主要适用于有外汇收支的项目，用以反映项目计算期内各年外汇余额程度，进行外汇平衡分析。财务外汇平衡表格式见表4-7。外汇余缺可由表中其他各项数据按照外汇来源等于外汇运用的等式直接推算。其他各项数据分别来自于收入、投资、资金筹措、成本费用、借款偿还等相关的估算表或估算资料。

表 4-7 财务外汇平衡表　　　　　　　　　　　　　　（单位：万元）

序号	项目	计算期							合计
		建设期		投产期		达到设计能力生产值			
		1	2	3	4	5	6	…	n	
	生产负荷（%）									
1	外汇来源									
1.1	产品销售外汇收入									
1.2	外汇借款									
1.3	其他外汇收入									
2	外汇运用									
2.1	固定资产投资中外汇支出									
2.2	进口原材料									
2.3	进口零部件									
2.4	技术转让费									
2.5	偿付外汇借款本息									
2.6	其他外汇支出									
2.7	外汇余缺									

注：1. 其他外汇收入包括自筹外汇等。
　　2. 技术转让费是指生产期支付的技术转让费。

4.4 财务报表编制案例

【例 4-5】某企业拟建设一个生产国内某种急需产品的项目。该项目的建设期为 2 年，运营期为 7 年。预计建设期投资为 800 万元（含建设期贷款利息 20 万元），并全部形成固定资产。固定资产使用年限为 10 年，运营期末残值为 50 万元，按照直线法折旧。

该企业于建设期第 1 年投入项目资本金为 380 万元，建设期第 2 年向当地建设银行贷款 400 万元（不含贷款利息），贷款利率为 10%，项目第 3 年投产。投产当年又投入资本金 200 万元，作为流动资金。

运营期，正常年份每年的销售收入为 700 万元，经营成本为 300 万元，产品税金及附加税率为 6%，所得税税率为 25%，年总成本为 400 万元，行业基准收益率为 10%。

投产的第 1 年生产能力仅为设计生产能力的 70%，为简化计算，这年的销售收入、经营成本和总成本费用增多按照正常年份的 70% 估算。投产的第 2 年及其以后的各年生产均达到设计生产能力。

问题：
（1）计算税金及附加和所得税。
（2）依照表4-8格式，编制全部投资现金流量表。计算项目的动态投资回收期和财务净现值。
（3）计算项目的财务内部收益表。
（4）从财务评价的角度，分析说明拟建项目的可行性。

表4-8 某拟建项目的全部现金流量数据表 （单位：万元）

序号	项目	建设期		投产期（运营期）						
		1	2	3	4	5	6	7	8	9
	生产负荷									
1	现金流入									
1.1	营业收入									
1.2	回收固定资产余值									
1.3	回收流动资金									
2	现金流出									
2.1	固定资产投资									
2.2	流动资金投资									
2.3	经营成本									
2.4	税金及附加									
2.5	所得税									
3	净现金流量									
4	折现系数 i_c=10%	0.9091	0.826	0.7513	0.6830	0.6209	0.5645	0.5132	0.4665	0.4241
5	折现净现金流量									
6	累计折现净现金流量									

【解】（1）计算税金及附加和所得税。
1）运营期税金及附加：

$$税金及附加 = 营业收入 \times 税金及附加税率$$

第3年税金及附加 = 700×70%×6% = 29.40（万元）
第4~9年税金及附加 = 700×100%×6% = 42.00（万元）

2）运营期所得税：

$$所得税 = (营业收入 - 税金及附加 - 总成本) \times 所得税税率$$

第3年所得税 = （700×70% - 29.40 - 400×70%）×25% = 45.15（万元）
第4~9年所得税 = （700 - 42.00 - 400）×25% = 64.5（万元）

（2）根据表4-8格式和以下计算数据，编制全部投资现金流量表，见表4-9。

表 4-9 全部投资现金流量表　　　　　　　　　　（单位：万元）

序号	项目	建设期		投产期（运营期）						
		1	2	3	4	5	6	7	8	9
	生产负荷			70%	100%	100%	100%	100%	100%	100%
1	现金流入			490	700	700	700	700	700	1175
1.1	营业收入			490	700	700	700	700	700	700
1.2	回收固定资产余值									275
1.3	回收流动资金									200
2	现金流出	380	400	484.55	406.5	406.5	406.5	406.5	406.5	406.5
2.1	固定资产投资	380	400							
2.2	流动资金投资			200						
2.3	经营成本			210	300	300	300	300	300	300
2.4	税金及附加			29.40	42.00	42.00	42.00	42.00	42.00	42.00
2.5	所得税			45.15	64.5	64.5	64.5	64.5	64.5	64.5
3	净现金流量	−380	−400	5.45	293.5	293.5	293.5	293.5	293.5	293.5
4	折现系数 $i_c=10\%$	0.9091	0.826	0.7513	0.6830	0.6209	0.5645	0.5132	0.4665	0.4241
5	折现净现金流量	−345.46	−330.56	4.095	200.46	182.23	165.68	150.62	136.92	325.92

1）项目的使用年限为10年，运营期为7年。所以，固定资产余值按以下公式计算：

年折旧费＝（固定资产原值−残值）÷折旧年限＝（800−50）÷10=75（万元）

固定资产余值＝年折旧费×（固定资产使用年限−运营期）+残值

=75×（10−7）+50=275（万元）

2）建设期利息计算：建设期第1年没有贷款，建设期第2年贷款400万元。

贷款利息＝（0+400÷2）×10%=20（万元）

3）根据表4-9中的数据，按以下公式计算项目的动态投资回收期和财务净现值。

动态投资回收期＝（累计折现净现金流量出现正值的年份−1）+（出现正值年份上年累计折现净现金流量绝对值÷出现正值年份当年折现净现金流量）=（7−1）年+（|−123.39|÷150.62）年 =6.82年

由此表4-9可知：项目财务净现值 FNPV=490.07 万元。

（3）编制财务内部收益表，见表4-10。采用试算法求出拟建项目的内部收益表。具体做法和计算过程如下：

1）首先设定 i_1=20%，以 i_1 作为设定的折现率计算出各年的折现系数。

2）现金流量延长表，计算出各年的折现净现金流量和累计折现净现金流量，从而得到财务净现值 FNPV1，见表4-10。

3）再设定 i_2=21%，以 i_2 作为设定的折现率，计算出各年的折现系数。同样，利用现金流量延长表，计算各年的折现净现金流量和累计折现净现金流量，从而得到财务净现值 FNPV2，见表4-10。

4）如果试算结果满足：FNPV1>0，FNPV2<0，且满足精度要求，可采用插值法计算出

拟建项目的财务内部收益率 FIRR。

由表 4-10 可知：i_1=20% 时，FNPV1=65.67

i_2=21% 时，FNPV2=38.81

可以采用插值法计算拟建项目的内部收益率 FIRR，即

$$FIRR=i_1+（i_2-i_1）\times [FNPV1\div（|FNPV1|+|FNPV2|）]$$
$$=20\%+（21\%-20\%）\times [65.67\div（65.67+38.81）]=20.63\%$$

表 4-10　财务净现金流量表　　　　　　　　　　　（单位：万元）

序号	项目	建设期		投产期						
		1	2	3	4	5	6	7	8	9
	生产负荷			70%	100%	100%	100%	100%	100%	100%
1	现金流入			490	700	700	700	700	700	1175
2	现金流出	380	400	484.55	406.5	406.5	406.5	406.5	406.5	406.5
3	净现金流量	−380	−400	5.45	293.5	293.5	293.5	293.5	293.5	768.5
4	折现系数 i_c=10%	0.9091	0.826	0.7513	0.683	0.6209	0.5645	0.5132	0.4665	0.4241
5	折现净现金流量	−345.46	−330.40	4.09	200.46	182.23	165.68	150.62	136.92	325.92
6	累计折现净现金流量	−345.46	−675.86	−671.77	−471.30	−289.07	−123.39	27.23	164.15	490.07
7	折现系数 i_1=20%	0.8333	0.6944	0.5787	0.4823	0.4019	0.3349	0.2791	0.2326	0.1938
8	折现净现金流量	−316.65	−277.76	3.15	141.56	117.96	98.29	81.92	68.27	148.94
9	累计折现净现金流量	−316.65	−594.41	−591.26	−449.70	−331.74	−233.45	−151.53	−83.27	65.67
10	折现系数 i_2=21%	0.8264	0.683	0.5645	0.4665	0.3855	0.3186	0.2633	0.2176	0.1799
11	折现净现金流量	−314.03	−273.20	3.08	136.92	113.14	93.51	77.28	63.87	138.25
12	累计折现净现金流量	−314.03	−587.23	−584.16	−447.24	−334.09	−240.58	−163.31	−99.44	38.81

（4）从财务评价角度评价该项目的可行性：

根据计算结果，项目财务净现值 =490.07 万元 >0，内部收益率 =20.63%> 行业基准收益率 10%，超过行业基准收益水平，所以该项目是可行的。

本章小结

投资估算是指在整个投资决策过程中，依据现有的资料和一定的方法，对建设项目未来发生的全部费用进行预测和估算，是项目决策的重要依据之一。

投资估算主要分以下三个阶段：一是投资机会研究及项目建议书阶段的投资估算；二是初步可行性研究阶段的投资估算；三是详细可行性研究阶段的投资估算。

静态投资部分的估算方法主要有资金周转率法、生产能力指数法、比例估算法、系数估算法、指标估算法。

动态投资部分的估算主要通过计算价差预备费、汇率变化对涉外建设项目动态投资的影响、建设期贷款利息。

流动资金的估算一般采用两种方法：扩大指标估算法、分项详细估算法。

现金流量表、利润与利润分配表、资产负债表、财务外汇平衡表等基本财务报表的编制。

习　题

一、简答题

1. 什么是投资估算？
2. 简述不同阶段的投资估算。
3. 如何编制投资估算？
4. 几种基本财务报表之间的内在联系是什么？
5. 动态投资应如何进行估算？

二、计算题

1. 2015 年某地拟建年产量 400 万 t 的石油炼化项目，根据调查，该地区 2011 年年初建成了 200 万 t 的同类项目，其静态投资为 20 亿元，试估算该拟建项目 2015 年年初的静态投资。（已知从 2011 年至 2015 年的工程造价平均每年递增 5%）（$n=0.5$）

2. 某建设项目拟用于购置设备的费用为 800 万元，建筑工程费、安装工程费、其他工程费用分别占设备购置费的 150%、60%、30%，3 种费用的调整系数分别为 1.2、1.3、1.1，其他费用为 20 万元。试估算此建设项目的投资额。

3. 某工业项目的计算期为 15 年，建设期为 3 年，第 4 年投产，第 5 年开始达到生产能力。其相关基础数据如下：

（1）建设投资 8000 万元，其中权益投资 4000 万元，不足部分通过银行借款，各年投资情况见表 4-11。银行贷款利率为 10%，建设期只计息不付息还款，将利息按复利形式折算到第 4 年年初，作为全部借款本金。项目投产后（第 4 年年末）开始还贷，每年付清利息，并分 10 年等额偿还本金。该项目固定资产折旧年限为 15 年，残值率为 5%，期末余值等于账面价值。

（2）流动资金投资约 2490 万元，在建设期期末一次性投入，全部用银行贷款（始终维持借款状态），年利率也为 10%。

（3）营业收入、税金及附加以及经营成本的预测值见表 4-12。

表 4-11　分年度投资情况　　　　　　　　　　　（单位：万元）

项目	计算期 1	计算期 2	计算期 3	合计
建设投资	2500	3500	2000	8000
自有资金	1500	1500	1000	4000
银行存款	1000	2000	1000	4000

表 4-12　营业收入、税金及附加以及经营成本估算表　　　　　（单位：万元）

项目	计算期				
	4	5	6	…	15
营业收入	5600	8000	8000	…	8000
税金及附加	320	480	480	…	480
经营成本	3500	5000	5000	…	5000

试完成以下工作：

（1）计算建设期贷款利息，编制固定资产投资还款计划表。
（2）计算固定资产年折旧额，并计算总成本费用。
（3）编制利润与利润分配表、全部投资现金流量表、财务计划现金流量表、借款还本付息计划表。
（4）计算该项目的内部收益率。

第 5 章
建筑工程成本分析

5.1 建筑工程成本分析概述

5.1.1 建筑工程成本分析的原则

1. 实事求是的原则

在成本分析中,必然会涉及一些人和事,因此要注意人为因素的干扰。成本分析一定要有充分的事实依据,对事物进行实事求是的评价。

2. 用数据说话的原则

成本分析要充分利用统计核算和有关台账的数据进行定量分析,尽量避免抽象的定性分析。

3. 注重时效的原则

建筑工程成本分析贯穿于建筑工程成本管理的全过程。这就要及时进行成本分析,及时发现问题,及时予以纠正;否则,就有可能贻误解决问题的最好时机,造成成本失控,效益流失。

4. 为生产经营服务的原则

成本分析不仅要揭露矛盾,而且要分析产生矛盾的原因,提出积极有效的解决矛盾的合理建议。这样的成本分析,必然会深得人心,从而受到项目经理部有关人员的积极支持与配合,使工程项目的成本分析更顺利地开展下去。

5.1.2 建筑工程成本分析的分类

一般来说,建筑工程成本分析主要分为以下三种:

1. 随着项目施工的进展而进行的成本分析

1)分部分项工程成本分析。
2)月(季)度成本分析。
3)年度成本分析。
4)竣工成本分析。

2. 按成本项目进行的成本分析

1)人工费分析。

2）材料费分析。
3）机械使用费分析。
4）措施费分析。
5）间接成本分析。

3. 针对待定问题和与成本有关事项的分析

1）成本亏盈异常分析。
2）工期成本分析。
3）资金成本分析。
4）质量成本分析。
5）技术组织措施、节约效果分析。
6）其他有利因素和不利因素对成本影响的分析。

5.1.3 建筑工程成本分析的内容

建筑工程成本分析的内容就是对建筑工程成本变动因素的分析。影响建筑工程成本变动的因素有两个方面：一是外部的，属于市场经济的因素；二是内部的，属于企业经营管理的因素。这两方面的因素在一定条件下是相互制约和相互促进的。影响建筑工程成本变动的市场经济因素主要包括施工企业的规模和技术装备水平、施工企业专业化和协作的水平以及企业员工的技术水平和操作的熟练程度等几个方面。这些因素不是在短期内就能改变的。因此，应将建筑工程成本分析的重点放在影响建筑工程成本升降的内部因素上。

一般来说，建筑工程成本分析的内容主要包括以下几个方面：

1. 人工费用水平的合理性

在实行管理层和作业层两层分离的情况下，工程项目施工需要的人工和人工费，由项目经理部与施工队签订劳务承包合同，明确承包范围、承包金额和双方的权利、义务。对项目经理部来说，除了按合同规定支付劳务费以外，还可能发生一些其他人工费支出，这些费用支出主要有：

1）因实物工程量增减而调整的人工和人工费。
2）定额人工以外的钟点工工资（已按定额人工定比例由施工队包干，并列入承包合同的，不再另行支付）。
3）对在进度、质量、节约、文明施工等方面做出贡献的班组和个人进行奖励的费用。

项目经理部应分析上述人工费用水平的合理性，人工费用水平的合理性是指人工费不过高，也不过低。如果人工费过高，就会增加工程项目的成本；而人工费过低，工人的积极性不高，工程项目的质量就有可能得不到保证。

2. 材料、能源的利用效果

在其他条件不变的情况下，材料、能源消耗定额的高低直接影响材料、燃料成本的升降。材料、燃料价格的变动也直接影响产品成本的升降。可见，材料、能源利用的效果及其价格水平是影响产品成本升降的重要因素。

3. 机械设备的利用效果

施工企业的机械设备有自有和租用两种。在机械设备的租用过程中，存在着两种情况。一种是按产量进行承包，并按完成产量计算费用。例如土方工程，项目经理部只要按实际挖掘的土方工程量结算挖土费用，而不必过问挖土机械的完好程度和利用程度。另一种是按使用时间（台班）计算机械费用，如塔式起重机、砂浆搅拌机、混凝土搅拌机等。如果机械完好率差或在使用中调度不当，必然会影响机械的利用率，从而延长使用时间，增加使用费用。自有机械也要提高机械的完好率和利用率，因为自有机械停用，仍要负担固定费用。因此，项目经理部应该给予一定的重视。

由于建筑施工的特点，在流水作业和工序搭接上往往会出现某些必然或偶然的施工间歇，影响机械的连续作业；有时，又因为要加快施工进度和工种配合，需要机械日夜不停地运转。这样，难免会有一些机械的利用率很高，一些机械利用率不足，甚至会出现租而不用的情况。利用率不足，台班费需要照付；租而不用，则要支付停班费。总之，都将增加机械使用费的支出。因此，在机械设备的使用过程中，必须以满足施工需要为前提，加强机械设备的平衡调度，充分发挥机械的效用；同时，还要加强平时对机械设备的维修保养工作，提高机械的完好率，保证机械的正常运转。

4. 施工质量水平的高低

对施工企业来说，提高工程项目施工质量水平就可以降低施工中的故障成本，减少因未达到质量标准而发生的一切损失费用，但这也意味着为保证和提高项目质量而支出的费用会增加。可见，施工质量水平也是影响建筑工程成本的主要因素之一。

5. 其他影响建筑工程成本变动的因素

其他影响建筑工程成本变动的因素，包括除上述四项以外的措施费用以及施工准备、组织施工和施工管理所需要的费用。

5.1.4 建筑工程成本分析的目的和作用

1. 建筑工程成本分析的目的

1）根据统计核算、业务核算和会计核算提供的资料，对项目成本的形成过程和影响成本升降的因素进行分析，以寻求进一步降低成本的途径（包括项目成本中有利偏差的挖掘和不利偏差的纠正）。

2）通过成本分析，可从账簿、报表反映的成本现象看出成本的实质，从而增强项目成本的透明度和可控性，为加强成本控制、实现项目成本目标创造条件。

2. 建筑工程成本分析的作用

1）有助于恰当评价成本计划的执行效果。工程项目的经济活动错综复杂，在实施成本管理时制订的成本计划，其执行结果往往存在一定偏差，如果简单地根据成本核算资料直接得出结论，势必会影响结论的正确性。反之，若在核算资料的基础上深入分析，则可能做出比较正确的评价。

2）揭示成本节约和超支的原因，进一步提高企业管理水平。成本是反映工程项目经济活动的综合性指标，它直接影响着项目经理部和施工企业生产经营活动的成果。如果工程项目降低了原材料的消耗，减少了其他费用的支出，提高了劳动生产率和设备利用率，这必定会在成本上综合反映出来。借助成本分析，用科学的方法，从指标、数字着手，在各项经济指标的相互联系中系统地进行对比分析，解释矛盾，找出差距，就能正确地查明影响成本高低的各种因素，从而可以采取措施，不断提高项目经理部和施工企业经营管理的水平。

3）寻求进一步降低成本的途径和方法，不断提高企业的经济效益。对建筑工程成本执行情况进行评价,找出成本升降的原因,归根结底是为了挖掘潜力,寻求进一步降低成本的途径和方法。只有把企业的潜力充分挖掘出来,才能使企业的经济效益越来越好。

5.2 建筑工程成本分析方法

5.2.1 建筑工程成本分析的基本方法

在建筑工程成本分析活动中,常用的基本方法包括比较法、因素分析法、差额计算法、"两算"对比法、比率法等。

1. 比较法

比较法又称为指标对比分析法,就是通过技术经济指标的对比,检查目标的完成情况,分析产生差异的原因,进而挖掘内部潜力的方法。这种方法具有通俗易懂、简单易行、便于掌握的特点,因而得到了广泛的应用,但在应用时必须确保各技术经济指标的可比性。

比较法的应用,通常有下列形式:

1)实际指标与目标指标对比。以此检查目标完成的情况,分析影响目标完成的积极因素和消极因素,以便及时采取措施,保证成本目标的实现。在进行实际指标与目标指标对比时,还应该注意目标本身有无问题。如果目标本身出现问题,则应该调整目标,重新正确评价实际工作的成绩。

2)本期实际指标与上期实际指标对比。通过这种对比,可以看出各项技术的经济指标的变动情况,反映施工管理水平的提高程度。

3)与本行业平均水平、先进水平对比。这种对比可以反映项目管理水平与行业的平均水平和先进水平的差距,进而采取措施赶超先进水平。

【例5-1】 某项目本年节约"三材"的目标为100万元,实际节约120万元;上年节约95万元;该行业先进水平为节约130万元。试进行成本分析。

【解】 根据上述资料可编制项目成本分析表(见表5-1)。

表5-1 项目成本分析表

指标	本年计划数	上年实际数	行业先进水平	本年实际数	差异数		
					与计划比	与上年比	与先进比
"三材"节约额(万元)	100	95	130	120	20	25	-10

2. 因素分析法

因素分析法可以用来分析各种因素对成本的影响程度。在进行分析时,首先要假定众多因素中的一个因素发生了变化,而其他因素不变,然后逐个替换,分别比较其计算结果,以确定各个因素的变化对成本的影响程度。

因素分析法的计算步骤如下:

1)确定分析对象,并计算出实际数与目标数的差异。

2）确定该指标是由哪几个因素组成的，并按其相互关系进行排序。

3）以目标数为基础，将各因素的目标数相乘，作为分析代替的基数。

4）将各个因素的实际数按照上面的排列顺序进行替换计算，并将替换后的实际数保留下来。

5）将每次替换计算所得的结果，与前一次的计算结果相比较，两者的差异即为该因素对成本的影响程度。

6）各个因素的影响程度之和，应与分析对象的总差异相等。

因素分析法是把工程项目施工成本综合指标分解为各个与项目相联系的原始因素，以确定引起指标变动的各个因素的影响程度的一种成本费用分析方法。它可以衡量各项因素的影响程度的大小，以便查明原因，明确主要问题所在，提出改进措施，达到降低成本的目的。

在运用因素分析法分析各项因素影响程度大小时，常采用连环替代法。

采用连环替代法进行因素分析的基本过程如下：

1）以各个因素的计划数为基础，计算出一个总数。

2）逐项以各个因素的实际数替换计划数。

3）每次替换后，实际数要保留下来，直到所有计划数都被替换成实际数为止。

4）每次替换后，都应求出新的计算结果。

5）最后将每次替换所得结果，与其相邻的前一个计算结果比较，其差额即为替换的那个因素对总差异的影响程度。

【例 5-2】 某施工企业承包一工程，计划砌砖工程量为 1200m³，按预算定额规定，每立方米耗用空心砖 510 块，每块空心砖计划价格为 0.12 元；而实际砌砖工程量却达到 1500m³，每立方米实耗空心砖 500 块，每块空心砖实际购入价为 0.18 元。试用连环替代法进行成本分析。

【解】 砌砖工程的空心砖成本计算公式为

$$空心砖成本 = 砌砖工程量 \times 每立方米空心砖消耗量 \times 空心砖价格 \tag{5-1}$$

采用连环替代法分析上述三个因素分别对空心砖成本的影响。计算过程和结果见表 5-2。

表 5-2 砌砖工程空心砖成本分析表

计算顺序	砌砖工程量 /m³	每立方米空心砖消耗量（块）	空心砖价格（元）	空心砖成本（元）	差异数（元）	产生差异原因
计划数	1200	510	0.12	73440		
第一次代替	1500	510	0.12	91800	18360	由于工程量增加，由于空心砖节约，由于空心砖价格提高
第二次代替	1500	500	0.12	90000	−1800	
第三次代替	1500	500	0.18	135000	45000	
合计					61560	

以上分析结果表明，实际空心砖成本比计划多了 61560 元，主要是由于工程量增加和空心砖价格提高引起的；另外，由于节约了空心砖消耗，空心砖成本节约了 1800 元，这是好的现象，应该总结经验。

【例 5-3】 某工程浇筑一层结构商品混凝土，成本目标为 364000 元，实际成本为 383760 元，比成本目标增加 19760 元。根据表 5-3，试用因素分析法（连环替代法）分析其成本增加的原因。

表 5-3 商品混凝土成本目标与实际成本对比分析表

项目	计划	实际	差额
产量 /m³	500	520	20
单价（元）	700	720	20
损耗率（%）	4	2.5	-1.5
成本（元）	364000	383760	19760

【解】 1）分析对象是浇筑一层结构商品混凝土的成本，实际成本与成本目标的差额为 19760 元。

2）该指标是由产量、单价、损耗率三个因素组成的，其排序见表 5-3。

3）以目标数 364000（500×700×1.04）为分析替代的基础。

4）替换：

第一次替换：产量因素，以 520 替代 500，得 520×700×1.04=378560（元）。

第二次替换：单价因素，以 720 替代 700，并保留上次替换后的值，得 389376 元，即 520×720×1.04=389376（元）。

第三次替换：损耗率因素，以 1.025 替代 1.04，并保留上两次换后的值，得 383760 元。

5）计算差额：

第一次替换与目标数的差额 =378560-364000=14560（元）

第二次替换与第一次替换的差额 =389376-378560=10816（元）

第三次替换与第二次替换的差额 =383760-389376=-5616（元）

由此可见，产量增加使成本增加了 14560 元，单价提高使成本增加了 10816 元，而损耗率下降使成本减少了 5616 元。

6）各因素的影响程度之和为 14560+10816-5616=19760（元），与实际成本和成本目标的总差额相等。

为了使用方便，企业也可以通过运用因素分析表来求出各因素的变动对实际成本的影响程度，其具体形式见表 5-4。

表 5-4 商品混凝土成本变动因素分析

顺　序	循环替换计算（元）	差异（元）	因　素　分　析
计划数	500×700×1.04=364000		
第一次替换	520×700×1.04=378560	14560	由于产量增加 20m³，成本增加 14560 元
第二次替换	520×720×1.04=389376	10816	由于单价提高 20 元，成本增加 10816 元
第三次替换	520×720×1.025=383760	-5616	由于损耗率下降 1.5%，成本减少 5616 元
合计	14560+10816-5616=19760	19760	

值得注意的是,在应用因素分析法时,各个因素的排列顺序应该固定不变;否则,就会得出不同的计算结果,也会产生不同的结论。

3. 差额计算法

差额计算法是因素分析法的一种简化形式,它利用各个因素的目标数额与实际数额的差额来计算其对成本的影响程度。

【例5-4】 某工程项目某月的实际成本降低额比目标提高了2.00万元,根据表5-5应用差额计算法分析预算成本降低率对成本降低额的影响程度。

表5-5 降低成本目标与实际对比表

项目	目标	实际	差异
预算成本(万元)	310	320	10
成本降低率(%)	4	4.5	0.5
成本降低额(万元)	12.4	14.4	2.00

【解】 1)预算成本增加对成本降低额的影响程度:

$$(320-310) \times 0.04 = 0.40(万元)$$

2)成本降低率提高对成本降低额的影响程度:

$$(0.045-0.04) \times 320 = 1.60(万元)$$

以上两项合计:0.40+1.60=2.00(万元)。

4. "两算"对比法

"两算"对比是指将施工图预算和施工预算进行对比。施工图预算确定的是工程预算成本,施工预算确定的是工程计划成本,它们是从不同角度计算的两本经济账。"两算"的核心是工程量对比。尽管"两算"采用的定额不同、工序不同,工程量有一定区别,但两者的主要工程量应当是一致的。如果"两算"的主要工程量不一致,必然有一份出现了问题,应当认真检查并解决问题。

"两算"对比法是建筑施工企业加强经营管理的手段。通过施工预算和施工图预算的对比可预先找出节约或超支的原因,研究解决措施,实现对人工、材料等的事先控制,避免发生计划成本亏损。

"两算"对比法以施工预算所包括的项目为准,对比内容包括项目工程量、用工数及主要材料消耗量,但具体内容应结合各项目的实际情况而定。"两算"对比法可采用实物量对比法和实物金额对比法。

1)实物量对比法。实物量是分项工程中所消耗的人工、材料和机械台班消耗量的实物数量。对比是将"两算"中相同项目所需要的人工、材料和机械台班消耗量进行比较,或以分部工程及单位工程为对象,将"两算"的人工、材料汇总数量相比较。因"两算"各自的项目划分不完全一致,为使两者具有可比性,经常需要将项目合并、换算之后才能进行对比。由于预算定额项目的综合性较施工定额项目大,所以一般是合并施工预算项目的实物量,使其与预算定额项目相对应,然后进行对比。表5-6为砌筑砖墙分项工程的"两算"对比表。

表 5-6　砌筑砖墙分项工程的"两算"对比表

项目名称	数量 /m³	内容	工人材料种类		
			人工（工日）	砂浆 /m³	砖（千块）
一砖墙	245.8	施工预算 施工图预算	322.0 410.6	54.8 55.1	128.1 128.6
1/2 砖墙	6.4	施工预算 施工图预算	10.3 11.5	1.24 1.39	3.56 4.05
合计	252.2	施工预算 施工图预算	332.3 422.1	56.04 56.49	131.66 132.65
		"两算"对比差额 "两算"对比差额率（%）	89.8 21.27	0.45 0.80	0.99 0.75

2）实物金额对比法。实物金额是指分项工程所消耗的人工、材料和机械台班的金额费用。由于施工预算只能反映完成项目所消耗的实物量，并不反映其价值，为使施工预算与施工图预算能进行金额对比，就需要将施工预算中的人工、材料和机械台班的数量乘以各自的单价，汇总成人工费、材料和机械台班使用费，然后与施工图预算的人工费、材料和机械台班使用费相比较（见表 5-7）。

表 5-7　实物金额对比法的"两算"对比表

序号	项目	施工图预算				施工预算				数量差			金额差		
		单位	数量	单价（元）	合计（元）	单位	数量	单价（元）	合计（元）	节约	超支	比例（%）	节约（元）	超支（元）	比例（%）
一	直接费				10456.83				9392.38				1064.45		10.18
1	人工				971.92				822.58				149.34		15.37
2	材料	m³	131.62	68	8950.16	m³	127.90	63	8057.7	3.72		2.83	892.46		9.97
3	机械	台班	5.75	93	534.75	台班	5.69	90	512.1	0.06		1.04	22.65		4.24
二	分部工程														
1	土方工程	m³	2.54	90	228.6	m³	2.19	96	210.24	0.35		13.78	18.36		8.03
2	砖石工程	m³	15.20	180	2736	m³	14.80	176	2604.8	0.40		2.63	131.20		4.80
3	钢筋混凝土工程	m³	8.78	255	2238.9	m³	8.65	246	2127.9	0.13		1.48	111.0		4.96
4	其他														
三	材料														

在"两算"对比法的运用过程中，应注意以下事项：

1）人工数量。一般施工预算工日数应低于施工图预算工日数的 0.1~0.15，这是因为施工定额与预算定额水平不一样。在编制预算定额时，考虑正常施工组织的情况下工序搭接及土建与水电安装之间的交叉配合所需的停歇时间，工程质量检查及隐蔽工程验收而导致的不可避免的少量零星用工等因素，留有 0.1~0.15 定额人工幅度差。

2）材料消耗。一般施工预算的消耗量应低于施工图预算的消耗量。由于定额水平一致，有的项目会出现施工预算消耗量大于施工图预算消耗量的情况。这时，需要调查分析，根据实际情况调整施工预算用量后再进行对比分析。

3）机械台班数量及机械费的"两算"对比。由于施工预算是根据施工组织设计或施工方案规定的实际进场施工的机械种类、型号、数量和工作时间来计算机械台班的，而施工图预算的定额的机械台班是根据一般配置综合考虑的，多以金额表示，所以一般对比"两算"的机械费用，且只能核算施工预算的搅拌机、卷扬机、塔式起重机、汽车式起重机和履带式起重机等大中型机械台班费是否超过施工图预算的机械费。如果机械费大大超支，没有特殊情况，则应改变施工采用的机械方案，尽量做到不亏本，略有盈余。

4）脚手架工程无法按实物量进行"两算"对比，只能用金额对比。施工预算是根据施工组织设计或施工方案规定的搭设脚手架内容计算工程量和费用的；而施工图预算按定额综合考虑，按建筑面积计算脚手架的摊销费用。

5. 比率法

比率法是指用两个以上的指标的比率进行分析的方法。它的基本特点是：先把对比分析的数值变成相对数，再观察其相互之间的关系。常用的比率法有以下几种：

（1）相关比率法 由于项目经济活动的各个方面相互联系、相互依存、相互影响，因而可以将两个性质不同而又相关的指标加以对比，求出比率，并以此来考查经营成果的好坏。例如，产值和工资是两个不同的概念，但它们的关系又是投入与产出的关系。在一般情况下，都希望以最小的工资支出完成最大的产值。因此，用产值工资率指标来考核人工费的支出水平，也很有意义。

（2）构成比率法 构成比率法又称比重分析法或结构对比分析法。通过构成比率，可以考查成本总量的构成情况及各成本项目占成本总量的比重，同时也可看出量、本、利的比例关系（即预算成本、实际成本和降低成本的比例关系），从而寻求降低成本的途径。表 5-8 为成本构成比例分析表。

表 5-8　成本构成比例分析表

成本项目	预算成本		实际成本		降低成本		
	金额（元）	比例（%）	金额（元）	比例（%）	金额（元）	比例（%）	占总量比例（%）
一、直接成本	1263.79	93.20	1200.31	92.38	63.48	5.02	4.68
1. 人工费	113.36	8.36	119.28	9.18	−5.92	−5.22	−0.44
2. 材料费	1006.56	74.23	939.67	72.32	66.89	6.65	4.93
3. 机械使用费	87.60	6.46	89.65	6.90	−2.05	−2.34	−0.15
4. 措施费	56.27	4.15	51.71	3.98	4.56	8.10	0.34
二、间接成本	92.21	6.80	99.01	7.62	−6.80	−7.37	−0.50
1. 成本总量	1356.00	100.00	1299.32	100.00	56.68	4.18	4.18
2. 量本利比例	100.00		95.82		4.18		

（3）动态比率法 动态比率法是将同类指标不同时期的数值进行对比，求出比率，用以分析该指标的发展方向和发展速度。动态比率的计算通常采用基期指数和环比指数两种方法（见表 5-9）。

表 5-9　指标动态比较表

指标	第一季度	第二季度	第三季度	第四季度
降低成本（万元）	45.60	47.80	52.50	64.30
基期指数（%）（上一季度=100%）		104.82	115.13	141.01
环比指数（%）（上一季度=100%）		104.82	109.83	122.48

5.2.2　建筑工程综合成本的分析方法

这里所说的综合成本是指涉及多种生产要素，并受多种因素影响的成本费用，如分部分项工程成本、月（季）度成本、年度成本等。这些成本都是随着项目施工的进行而逐步形成的，与生产经营有着密切的关系。因此，做好成本分析的上述工作，无疑将完善项目的生产经营管理，提高项目的经济效益。

1. 分部分项工程成本分析

分部分项工程成本分析是项目成本分析的基础。分部分项工程成本分析的对象为已完成的部分工程。分析方法是：进行预算成本、成本目标和实际成本的"三算"对比，分别计算实际偏差和目标偏差，分析偏差产生的原因，寻求节约途径。

分部分项工程成本分析表的格式见表 5-10。

分部分项工程成本分析的资料来源是：预算成本来自投标报价成本，成本目标来自施工预算，实际成本来自施工任务单的时间工程量、实耗人工和限额领料单的实耗材料。

由于工程项目包括很多分部分项工程，不可能也没有必要对每一个分部分项工程都进行成本分析，特别是一些工程量小、成本费用微不足道的零星工程。但是，对于主要的分部分项工程则必须进行成本分析，而且要从开始到竣工进行系统的成本分析。这是一项很有意义的工作，通过主要分部分项工程成本的系统分析，可以基本了解项目成本形成的全过程，为竣工成本分析和今后的项目成本管理提供宝贵的参考资料。

表 5-10　分部分项工程成本分析表

单位工程：_____
分部分项工程名称：　　　　　工程量：　　　　　施工班组：　　　　　施工日期：

工料名称	规格	单位	单价	预算成本		计划成本		实际成本		实际与预算比较	
				数量	金额	数量	金额	数量	金额	数量	金额
合计											
实际与预算比较（%）（预算=100）											
实际与计划比较（%）（计划=100）											
节超原因说明											

编制单位：　　　　　成本员：　　　　　填表日期：

2. 月（季）度成本分析

月（季）度成本分析是工程项目定期、经常性的中间成本分析。它对于有一次性特点的工程项目来说，有着特别重要的意义。因为通过月（季）度成本分析，可以及时发现问题，以便按照成本目标的方向进行监督和控制，保证项目成本目标的实现。

月（季）度成本分析的依据是月（季）度成本报表。分析内容通常有以下几个方面：

1）通过实际成本与预算成本的对比，分析月（季）度成本降低水平；通过累计实际成本与累计预算成本的对比，分析累计的成本降低水平，预测实现项目成本目标的前景。

2）通过实际成本与成本目标的对比，分析成本目标的落实情况，发现目标管理中的问题和不足，进而采取措施，加强成本管理，保证成本目标的落实。

3）通过对各成本项目的成本分析，可以了解成本总量的构成比例和成本管理的薄弱环节。例如，在成本分析中，发现人工费、机械费和间接费等项目大幅度超支，就应该认真研究这些费用的收支配比关系，并采取相应的增收节支措施，防止今后再超支。如果是属于预算定额规定的政策性亏损，则应从控制支出着手，把超支额压缩到最低限度。

4）通过主要技术经济指标的实际与目标的对比，分析产量、工期、质量、"三材"节约率、机械利用率等对成本的影响。

5）通过对技术组织的措施执行效果的分析，寻求更加有效的节约途径。

6）分析其他有利条件和不利条件对成本的影响。

3. 年度成本分析

企业成本要求一年结算一次，不得将本年成本转入下一年度，而项目成本则以项目的寿命周期为结算期，要求从开工、竣工到保修期结束连续计算，最后结算出成本总量及其盈亏。由于项目的施工周期一般较长，除进行月（季）度成本核算和分析外，还要进行年度成本的核算和分析。这不仅是为了满足企业汇编年度成本报表的需要，而且也是为了满足项目成本管理的需要。通过年度成本的综合分析，可以总结一年来成本管理工作的不足，为今后的成本管理提供经验和教训，从而可以对项目成本进行更有效的管理。

年度成本分析的依据是年度成本报表。年度成本分析的内容除了月（季）度成本分析的六个方面以外，重点是针对下一年度的施工进展情况规划提出切实可行的成本管理措施，以保证项目成本目标的实现。

4. 竣工成本的综合分析

凡是有几个单位工程而且是单独进行成本核算的工程项目，其竣工成本分析应以各单位工程竣工成本分析资料为基础，再加上项目经理部的经营效益（如资金调度、对外分包等所产生的效益），进行综合分析。如果工程项目只有一个成本核算对象（单位工程），就以该成本核算对象的竣工成本资料作为成本分析的依据。

单位工程竣工成本分析，应包括以下三方面内容：

1）竣工成本分析。

2）主要资源节超对比分析。

3）主要技术节约措施及其经济效果分析。

通过以上分析，可以全面了解单位工程的成本构成和降低成本的途径，对今后同类工程的成本管理具有很大的参考价值。单位工程竣工成本分析表见表5-11。

表 5-11　单位工程竣工成本分析表

施工单位：_____　　工程型号：_____　　编报日期：____年____月____日
单位工程名称：_____　　结构层次：_____　　建筑面积：_____ m²　　开/竣工日期：____年____月____日
施工周期_____天　　工程造价_____元（其中人工_____元）
施工图预算用工_____工日　　施工预算用工_____工日
实耗人工_____工日（其中民工_____工日，民工工资_____元）

项目	预算成本		实际成本		降低	降低率（%）		主要工、料、结构件节超对比表									
	金额	比重	金额	比重	低额	占本项	占合计	项目	名称	单位	用量		节超	单价	金额	名称	单位	用量		节超	单价	金额
											预算	实际						预算	实际			
一、直接成本								材料费	人工	工日						钢、木模板摊销	元					
1. 人工费									水泥	t												
其中：分包人工费									黄沙	t						油毛毡	卷					
2. 材料费									石子	t						油漆	kg					
其中：结构件									统一砖	千块						玻璃	m²					
周转材料费									多孔砖	千块												
3. 机械使用费									商品混凝土	m²												
4. 措施费									石灰	t												
二、间接成本									沥青	t						材料费小计						
工程成本		100%		100%					木材	m³												

（续）

项目	预算成本		实际成本		降低额	降低率（%）		主要工、料、结构件节超对比表		
	金额	比重	金额	比重		占本项	占合计			
								混凝土制品	m²	
								钢门窗	m²	
								木制品	m²	
								成型钢筋	t	
								大型机械进退场费	元	
								其他铁件	t	
								预埋件	t	
								结构件小计		
								土方运费	元	

主要技术节约措施及其经济效果分析

单位负责人：　　　　　　　　　　　　　　　　财务负责人：

5.2.3 建筑工程专项成本的分析方法

1. 成本亏盈异常分析

对工程项目来说，成本出现亏盈异常情况，必须引起高度重视，彻底查明原因，立即加以纠正。

检查成本亏盈异常的原因，应从经济核算的"三同步"入手。因为项目经济核算的基本规律是：在完成多少产量、消耗多少资源、发生多少成本之间，有着必然的同步关系。如果违背这个规律，就会发生成本的亏盈异常。

"三同步"检查是提高项目经济核算水平的有效手段，不仅适用于成本亏盈异常的检查，还可用于月度成本的检查。"三同步"检查可以通过以下五方面的对比分析来实现：

1）产值与施工任务单的实际工程量和形象进度是否同步。
2）资源消耗与施工任务单的实耗人工、限额领料单的实耗材料，当期租用的周转材料和施工机械是否同步。
3）其他费用（如材料价差、超高费、井点抽水的打拔费和台班费等）的产值统计与实际支付是否同步。
4）预算成本与产值统计是否同步。
5）实际成本与资源消耗是否同步。

实践证明，把以上五方面的同步情况查明以后，成本盈亏的原因便会一目了然。

月度成本亏盈异常情况分析表的格式见表 5-12。

表 5-12 月度成本亏盈异常情况分析表

工程名称：			结构层数：		年 月				预算造价：		万元
到本月末的形象进度											
累计完成产值			万元		累计点交预算成本						
累计发生实际成本			万元		累计降低或亏损		金额		比率		%
本月完成产值			万元		本月点交预算成本						
本月发生实际成本			万元		本月降低或亏损		金额		比率		%

已完工程及费用名称	单位	数量	产值	资源消耗									机械租费	工料机金额合计
				实耗人工		实耗材料								
						金额小计	其中						
							水泥		钢材		木材		结构件			
				工日	金额		数量	金额	数量	金额	数量	金额	数量	金额		

2. 资金成本分析

资金与成本的关系就是工程收入与成本支出的关系。根据成本核算的特点，工程收入与成本支出有很强的配比性。在一般情况下，都希望工程收入越多越好，成本支出越少越好。

工程项目的资金来源主要是工程收入；而施工耗用的人、财、物的货币表现，则是工程成本支出。因此，减少人、财、物的消耗，既能降低成本，又能节约资金。

进行资金成本分析，通常应用"成本支出率"指标，即成本占工程收入的比例。其计算公式如下：

$$成本支出率 = 计算期实际支出 \div 计算期工程收入 \qquad (5-2)$$

通过对成本支出率的分析，可以看出资金收入中用于成本支出的比重有多大；也可通过加强资金管理来控制成本支出；还可联系储备金和结存资金的比重，分析资金使用的合理性。

3. 工期成本分析

一般来说，工期越长费用支出越多，工期越短费用支出越少。特别是固定成本的支出，基本上是与工期长短成正比增减的，它是进行工期成本分析的重点。工期成本分析就是计划工期成本与实际工期成本的比较分析。

工期成本分析的方法一般采用比较法，即将计划工期成本与实际工期成本进行比较，然后应用因素分析法分析各种因素的变动对工期成本差异的影响程度。

进行工期成本分析的前提条件是，根据施工图预算和施工组织设计进行量本利分析，计算工程项目的产量、成本和利润的比例关系，然后用固定成本除以合同工期，求出每月支用的固定成本。

【例 5-5】某工程项目合同预算造价为 562.20 万元，其中预算成本为 478.95 万元，合同工期为 13 个月。根据施工组织设计预算，变动成本总额为 387.14 万元，变动成本率为 80.83%，每月固定成本支出为 5.078 万元，计划成本降低率为 6%。

假如该工程项目竣工造价不变，但在施工中采取了有效的技术组织措施，使变动成本率下降到 80%，每月固定成本支出降低为 4.85 万元，实际工期缩短了 12.5 个月。

【解】1）根据以上资料，按照以下顺序计算工期成本：

① 求该工程项目的计划工期（又称为经济工期）。

计划（经济）工期 = 预算成本 ×（1 – 变动成本率 – 计划成本降低率）÷ 月固定成本支用水平
= 478.95 ×（1 – 0.8083 – 0.06）÷ 5.078 = 12.42（月）

② 计算经济工期的计划成本。

经济工期的计划成本 = 预算成本 × 变动成本率 + 月固定成本支用水平 × 计划（经济）工期
= 478.95 × 80.83% + 5.078 × 12.42 = 450.20（万元）

实际工期成本 = 预算成本 × 实际变动成本率 + 实际月固定成本支用水平 × 实际工期
= 478.95 × 80% + 4.85 × 12.5 = 443.79（万元）

③ 根据以上计算结果，实际工期成本比计划工期成本节约：
450.20 – 443.79 = 6.41（万元）

2）按照以上工期成本资料，应用因素分析法，对工期成本的节约额 6.42 万元进行分析：

该项目成本的变动成本率由计划的 80.83% 下降为实际的 80%，下降了 0.0083（0.8083-0.8000），使实际工期成本额节约 3.97 万元。计算如下：

$$478.95 \times 0.8 - 478.95 \times 0.8083 = -3.97（万元）$$

该工程项目的月固定成本支出由计划的 5.078 万元下降到实际的 4.85 万元，下降了 0.228 万元（5.078-4.85），使实际工期成本节约 2.83 万元。计算如下：

$$-0.228 \times 12.42 = -2.83（万元）$$

该工程项目的实际工期比经济工期延长了 0.08 个月（12.5-12.42），使实际工期成本超支 0.39 万元。计算如下：

$$4.85 \times 0.08 = 0.39（万元）$$

以上三项因素合计：-3.97-2.83+0.39=-6.41（万元）。

4. 技术组织措施执行效果分析

技术组织措施是工程项目降低工程成本、提高经济效益的有效途径。因此，在开工以前都要根据工程特点编制技术组织措施技术，列入施工组织设计。在施工过程中，为了落实施工组织设计所列技术组织措施计划，可以结合月度施工作业计划的内容编制月度技术组织措施计划，还要对月度技术组织措施计划的执行情况进行检查和考核。

在实际工作中，往往会出现有些措施已按计划实施，有些措施并未实施，还有一些措施则是计划以外的情况。因此，在检查和考核措施计划执行情况的时候，必须分析未按计划实施的具体原因，做出正确的评价，以免影响有关人员的积极性。

对执行效果的分析也要实事求是，既要按理论计算，又要联系实际，对节约的实物进行验收，然后根据实际节约效果论功行赏，以激励有关人员执行技术组织措施的积极性。

技术组织措施必须与工程项目的特点相结合，因此技术组织措施有很强的针对性和适应性（当然也有各工程项目通用的技术组织措施）。计算节约效果的方法一般按以下公式计算：

$$\text{措施节约效果} = \text{措施前的成本} - \text{措施后的成本} \tag{5-3}$$

对节约效果的分析需要联系措施的内容和执行经过来进行。有些措施难度比较大，但节约效果并不好；而有些措施难度并不大，但节约效果却很好。因此，在对技术组织措施执行效果进行考核的时候，也要根据不同情况区别对待。对于在项目施工管理中影响比较大、节约效果比较好的技术组织措施，应该以专题分析的形式进行深入详细的分析，以便推广应用。

分析工程项目技术组织措施的执行效果对项目成本的影响程度，可参照表 5-13 进行。

表 5-13 某项目技术组织措施执行效果汇总表

月 份	预算成本（万元）	执行技术组织措施			其 中				
		数量（项）	节约金额（万元）	占预算成本（%）	节约水泥/t	节约钢材/t	节约木材/m	节约成品油/t	使用代用燃料/t
1月份	137.50	12	3.60	2.62	6.60	0.40	0.55	0.15	124.00
2月份	86.40	8	1.34	1.55	4.30	0.25	0.35		82.00
3月份	118.66	10	2.35	1.98	5.90	0.35	0.50	0.12	146.00

（续）

月　份	预算成本（万元）	执行技术组织措施			其　中				
		数量（项）	节约金额（万元）	占预算成本（%）	节约水泥/t	节约钢材/t	节约木材/m	节约成品油/t	使用代用燃料/t
4月份	177.88	16	4.82	2.71	8.80	0.50	0.70	0.18	177.00
5月份	204.33	16	5.72	2.80	10.20	0.60	0.80	0.23	209.00
6月份	194.87	14	5.14	2.64	9.70	0.60	0.75	0.21	196.00
合计	919.64	76	22.97	2.50	45.50	2.70	3.65	0.89	934.00

从表5-13来看，该工程项目对落实技术组织措施是比较认真的，并取得了良好的效果，在半年当中，执行了76项技术组织措施，节约金额22.97万元，占预算成本的2.50%。此外，在执行技术组织措施过程中，还节约了一定数量的"三材"和能源，这也是值得学习的。

5. 其他有利因素和不利因素对成本影响的分析

在工程项目施工过程中，必然会有很多有利因素，也会碰到不少不利因素。不管是有利因素还是不利因素，都将对工程项目成本产生影响。

对待这些有利因素和不利因素，项目经理首先要有预见，有抵御风险的能力，还要把握机遇充分利用有利因素，积极争取转换不利因素。这样，就会更有利于项目施工，也更有利于项目成本的降低。

这些有利因素和不利因素包括工程结构的复杂性和施工技术上的难度、施工现场的自然地理环境（如水文、地质、气候等）以及物资供应渠道和技术装备水平等。它们对项目成本的影响，需要具体问题具体分析。这里只能作为一项成本分析的内容提出来，还需要根据施工中接触到的实际问题进行分析。

5.2.4 建筑工程成本目标差异的分析方法

成本目标差异是指项目实际成本与成本目标之间的差额。分析成本目标差异的目的是找出并分析成本目标产生差异的原因，从而尽可能降低成本。

1. 人工费分析

人工费分析的主要依据是工程预算工日和实际人工的对比，以分析人工费的节约或超支的原因。影响人工费节约或超支的主要因素有两个：人工费量差和人工费价差。

（1）人工费量差　计算人工费量差首先要计算工日差，即实际耗用工日数同预算定额工日数的差异。工日差乘以预算人工单价计算得人工费量差，计算后可以看出实际用工的增加或减少，以及人工费的增加或减少。

（2）人工费价差　计算人工费价差先要计算出每工日人工费价差，即预算人工单价和实际人工单价之差。根据预算人工费除以预算工日数可得出预算人工平均单价。实际人工单价等于实际人工费除以实耗工日数。将每工日人工费价差乘以实耗工日数，可得人工费价差。由人工费价差可以看出由于人工单价的增加或减少，使人工费增加或减少。

人工费量差与人工费价差的计算公式如下：

$$人工费量差 = (实际耗用工日数 - 预算定额工日数) \times 预算人工单价 \tag{5-4}$$

$$人工费价差 = 实际耗用工日数 \times (实际人工单价 - 预算人工单价) \tag{5-5}$$

影响人工费节约或超支的原因错综复杂，除上述因素外，还应分析定额用工、估点工用工，从管理上找原因。

2. 材料费分析

(1) 主要材料和结构件费用的分析　主要材料和结构件费用的高低主要受价格和消耗数量的影响。而材料价格的变动，又要受到采购价格、运输费用、途中损耗、来料不足等因素的影响；材料消耗数量的变动，也要受操作损耗、管理损耗和返工损失等因素的影响，可在价格变动较大和数量超用异常的时候再做深入分析。为了分析材料价格和消耗数量的变化对材料和结构件费用的影响，可按下列公式计算：

$$材料价格变动对材料费的影响 = （预算单价 - 实际单价） \times 消耗数量 \quad (5\text{-}6)$$

$$消耗数量变动对材料费的影响 = （预算用量 - 实际用量） \times 预算价格 \quad (5\text{-}7)$$

主要材料和结构件差异分析表的格式见表 5-14。

表 5-14　主要材料和结构件差异分析表

材料名称	价格差异				数量差异				成本差异
	实际单价	项目单价	节超	价差金额	实际用量	目标用量	节超	量差金额	

(2) 周转材料使用费分析　在实行周转材料内部租赁制的情况下，项目周转材料费的节约或超支，取决于周转材料的周转利用率和损耗率。如果周转慢，周转材料的使用时间就长，就会增加租赁费支出；而超过规定的损耗，更要照原价赔偿。周转利用率和损耗率的计算公式如下：

$$周转利用率 = 实际使用数 \times 租用期内的周转次数 \div 进场数 \times 租用期 \times 100\% \quad (5\text{-}8)$$

$$损耗率 = 退场数 \div 进场数 \times 100\% \quad (5\text{-}9)$$

【例 5-6】　某工程项目需要定型钢模，计划周转利用率为 85%，租用钢模为 4500m²，月租金为 5 元/m²。由于加快施工进度，实际周转利用率达到 90%。现用差额计算法计算周转利用率的提高对节约周转材料使用费的影响程度。

【解】　具体计算如下：

$$（90\% - 85\%） \times 4500 \times 5 = 1125 （元）$$

(3) 材料采购保管费分析　材料采购保管费属于材料的采购成本，包括材料采购保管人员的工资、工资附加费、劳动保护费、办公费、差旅费，以及材料采购保管过程中发生的固定资产使用费、工具用具使用费、检验试验费、材料整理及零星运费和材料物资的盘亏及毁损等。

材料采购保管费一般应与材料采购数量同步，即材料采购多，采购保管费也会相应增加。因此，应该根据每月实际采购的材料数量（金额）和实际发生的材料采购保管费，计算材料采购保管费支付率，将其用于前后期材料采购保管费的对比分析。

材料采购保管费支付率的计算公式如下：

$$材料采购保管费支付率 = 实际发生的采购保管费 \div 实际采购的材料总值 \times 100\% \tag{5-10}$$

（4）材料储备资金分析　材料储备资金是根据日平均用量、材料单价和储备天数（即从采购到进场所需要的时间）计算的。上述任何一个因素的变动都会影响储备资金的占用量。对材料储备资金的分析，可以应用因素分析法。现以水泥的储备资金举例说明，已知条件见表5-15。

表5-15　储备资金计划与实际对比表

项目	计划	实际	差异
日平均用量/t	50	60	10
单价（元）	400	420	20
储蓄天数/d	7	6	-1
储蓄金额（万元）	14.00	15.12	1.12

根据上述数据，分析日平均用量、单价和储备天数等因素的变动对水泥储备资金的影响程度。应用因素分析法分析结果见表5-16。

表5-16　储备资金因素分析表

项目	连环替代计算	差异（万元）	因素分析
计划数	50×400×7=140000（元）		
第一次替代	60×400×7=168000（元）	2.80	由于日平均用量增加10t，增加储蓄资金2.80万元
第二次替代	60×420×7=176400（元）	0.84	由于水泥单价提高20元/t，增加储蓄资金0.84万元
第三次替代	60×420×6=151200（元）	-2.52	由于储备天数缩短一天，减少储备资金2.52万元
合计	2.80+0.84-2.52=1.12（万元）	1.12	

从以上分析内容来看，储备天数的长短是影响储备资金的关键因素。因此，材料采购人员应该选择运距短的供应单位，尽可能减少材料采购的中转环节，缩短储备天数。

3. 机械使用费用分析

机械使用费用分析主要是实际成本与成本目标之间的差异分析，成本目标分析主要列出超高费和机械费补差收入。施工机械有自有和租赁两种。租赁的机械在使用时要支付使用台班费，停用时要支付停班费，因此，要充分利用机械，以减少台班使用费和停班费的支出。自有机械也要提高机械完好率和利用率，因为自有机械停用，仍要负担固定费用。机械完好率与机械利用率的计算公式如下：

$$机械完好率 = (报告期机械完好台班数 + 加班台班) \div (报告期制度台班数 + 加班台班) \times 100\% \tag{5-11}$$

机械利用率 =（报告期机械实际工作台班数 + 加班台数）÷

（报告期制度台班数 + 加班台班）× 100%　　　　（5-12）

完好台班数是指机械处于完好状态下的台班数，它包括修理不满一天的机械，但不包括待修、在修、送修的机械。在计算完好台班数时，只考虑是否完好，不考虑是否在工作。制度台班数是指本期内全部机械台班数与制度工作天的乘积，不考虑机械的技术状态和是否在工作。

机械使用费用的分析要从租赁机械和自有机械两方面入手，使用大型机械的要着重分析预算台班数、台班单价及金额，同实际台班数、台班单价及金额相比较，通过量差、价差进行分析。

【例 5-7】 某项目经理部当年的机械完好和利用情况见表 5-17。

表 5-17　机械完好和利用情况统计表

机械名称	台数	机械台班数	完好情况				利用情况			
			完好台班数		完好率（%）		工作台班数		利用率（%）	
			计划	实际	计划	实际	计划	实际	计划	实际
翻斗机	4	1080	1000	1080	92.6	100	1000	1000	92.6	92.6
搅拌机	2	540	500	500	92.6	92.6	500	480	92.6	88.98
砂浆机	5	1350	1250	1080	92.6	80	1250	1025	92.6	78
塔式起重机	1	270	250	250	92.6	92.6	250	360	92.6	133.33

从表 5-17 来看，砂浆机的维修保养比较差，完好率只达到 80%；利用率也不高，只达到 78%。塔式起重机因施工需要，经常加班加点，因而利用率较高。

4. 施工措施费分析

施工措施费的分析主要通过预算与实际的比较来进行。如果没有预算数，则可以用计划数代替预算数，其比较表的格式见表 5-18。

表 5-18　施工措施费目标与实际比较表

序 号	项　　目	目　标	实　际	差　异
1	环境保护费			
2	文明施工费			
3	安全施工费			
4	临时设施费			
5	夜间施工费			
6	二次搬运费			
7	大型机械设备进出场及安拆费			
8	混凝土、钢筋混凝土及支架费			
9	脚手架工程费			
10	已完工程及设备保护费			
11	施工排水、降水费			

5. 间接费用分析

间接费用是指施工设备、组织施工生产和管理所需要的费用，主要包括现场管理人员的工资和进行现场管理所需要的费用。

将其实际发生数逐项与目标数加以比较，就能发现施工计划时间对间接费用的影响及其发生的原因。间接费用目标与实际比较表的格式见表 5-19。

表 5-19 间接费用目标与实际比较表

序 号	项 目	目 标	实 际	差 异	备 注
1	现场管理人员工资				包括职工福利和劳动保护费
2	办公费				包括生活用水电费、取暖费
3	差旅交通费				
4	固定资金使用费				包括折旧修理费
5	物资消耗费				
6	低值易耗品摊销费				指生活行政所用的低值易耗品
7	财产保险费				
8	检验试验费				
9	工程保修费				
10	排污费				
11	其他费用				
	合计				

6. 工程项目成本目标差异汇总分析

用成本目标差异分析方法完成各成本项目后，可将所有成本差异汇总进行分析。成本目标差异汇总表的格式见表 5-20。

表 5-20 成本目标差异汇总表

成本项目	实际成本	成本目标	差异金额	差异率（%）
人工费				
材料费				
结构件				
周转材料费				
机械使用费				
措施费				
施工间接成本				
合计				

本章小结

1. 建筑工程成本分析概述

建筑工程成本分析就是根据统计核算、业务核算和会计核算提供的资料，对建筑工程成本的形成过程和影响成本升降的因素进行分析，以寻求进一步降低成本的途径（包括项目成本中的有利偏差的挖掘和不利偏差的纠正）。此外，通过成本分析，可从账目、报表反映的成本现象看清成本的实质，从而增强建筑工程成本的透明度和可控性，为加强成本控制、实现项目成本目标创造条件。

建筑工程成本分析的内容就是对项目成本变动因素的分析。影响项目成本变动的因素有两个方面：一是外部的，属于市场经济的因素；二是内部的，属于企业经营管理的因素。

2. 建筑工程成本分析方法

在建筑工程成本分析活动中，常用的基本方法包括比较法、因素分析法、差额计算法、"两算"对比法、比率法等。

习 题

一、简答题

1. 简述建筑工程成本分析的内容。
2. 建筑工程成本分析的目的和作用是什么？
3. 在建筑工程成本分析活动中，如何进行成本分析？
4. 建筑工程成本分析应当遵循什么原则？
5. 简述"两算"对比法。
6. 什么是月（季）度成本分析？

二、计算题

1. 某工程项目需要定型模板，计划周转利用率为85%，租用钢模为4000m^2，月租金为8元/m^2，实际周转利用率可达到95%。用差额计算法计算周转利用率的提高对节约周转材料使用费的影响程度。

2. 某产品信息见表5-21。要求：采用连环替代法计算各因素变动对材料费用总额的影响程度。

表5-21 某产品信息表

项目	产品产量（件）	单位产品材料消耗量/kg	材料单价（元）	材料费用总额（元）
计划数	90	7	4	2520
实际数	100	6	5	3000

3. 某物流企业的物流成本计算采用标准成本计算系统，假设A产品有关的成本资料见表5-22：该企业本月生产A产品2450件，消耗原材料25500kg，实际单价2.95元/kg。实际耗用工时9750h，人工工资40000元。试分析A产品的成本差异。

表 5-22 A 产品信息表

项目	标准价格	标准数量	标准成本（元/件）
直接材料	3 元/kg	10kg/件	30
直接人工	4 元/h	4h/件	16
单位产品标准成本			46

4. 某公司本期生产甲产品 200 件，实际耗用人工 8000h，实际工资总额为 80000 元，平均每小时工资 10 元。假设标准工资为 9 元，单位产品的工时消耗标准为 28h，请分析人工成本差异。

三、案例分析

建筑工程成本分析实例

某工程工期为 180d，与业主结算采用分阶段结算的方式，在成本核算方面也按分阶段核算的形式，整个工程划分为打桩、基础、主体结构、门窗、内外装饰、水电安装。该项目各阶段实际成本情况见表 5-23。

表 5-23 某项目实际成本汇总表

序号	分部工程	分工费（万元）	材料费（万元）	机械费（万元）	其他费用（万元）	合计（万元）
1	打桩工程	11.78	60.44	20.71	17.32	110.25
2	基础工程	16.91	58.38	7.41	12.20	94.90
3	主体结构工程	54.60	270.18	26.87	49.16	400.81
4	门窗工程	0.60	33.18	1.73	5.82	41.33
5	内外装饰工程	18.24	43.29	0.18	11.56	73.27
6	水电安装工程	9.99	39.84	8.15	12.18	70.16
	合计	112.12	505.31	65.05	108.24	790.72

根据项目施工过程中的具体情况，对该工程预算成本、计划成本和实际成本进行比较，分析项目实施过程各阶段的成本偏差原因。

1. 打桩工程实际成本分析

打桩工程实际成本与计划成本对比情况见表 5-24。

打桩工程实际成本比计划成本低，这是因为在打桩施工过程中，对打桩和接桩的材料进行了严格控制，使材料费用成本下降。对预制方桩，在与供货商签订合同的时候，双方谈定的预制费用，包括了桩的制作、运输等费用；对打桩分包单位，要求其承担接桩用电焊条、角钢等材料费用，这些材料和制品的费用低于与建设单位签订的合同中的材料单价。

表 5-24 打桩工程实际成本与计划成本对比情况表

序号	内容	计划成本（万元）	实际成本（万元）	实际成本节约（+）	实际成本超支（-）
1	人工费	11.2	11.78		-0.58
2	材料费	66.73	60.44	6.29	
3	机械费	20.47	20.71		-0.24
4	其他费用	16.01	17.32		-1.31
	合计	114.41	110.25	4.16	

另外,在打桩场地铺道砟费用方面,原定铺设道砟厚度为15cm,根据现场施工情况,在打桩机开行范围内,采用局部铺道砟、局部铺设路基箱的方法,使道砟用量减少,机械费用略有提高,但材料费用减少,因而降低了总费用。

2. 基础工程实际成本分析

基础工程实际成本与计划成本对比情况见表5-25。

表5-25 基础工程实际成本与计划成本对比情况表

序号	内容	计划成本（万元）	实际成本（万元）	实际成本节约（+）	实际成本超支（-）
1	人工费	15.48	16.91		-1.43
2	材料费	53.06	58.38		-5.32
3	机械费	6.23	7.41		-1.18
4	其他费用	11.33	12.20		-0.87
	合计	86.10	94.90		-8.80

基础工程施工时,土方开挖后发现土质较差,不能直接作为地基承受荷载。因此,决定先将软土层挖去,再回填砂石,并用压路机夯实;然后再铺设10cm的道砟和碎石作为基层,并在上面铺10cm厚的混凝土垫层。这样的地基处理导致基础部分施工成本上升。分析发现,发生这种情况的原因是预计的土质情况和实际并不相符,导致原本安排的人工、材料和机械不能够满足施工要求,需要增加人工数量和机械数量,垫层也要加厚。那么,相应的人工费、机械费、材料费和其他费用就要增加,从而导致该部分工程总的成本费用增加。由于施工依据的地质报告等资料是由建设单位提供的,投标报价是以设计图规定的基础埋深为依据的,因此,这部分施工成本增加可以向建设单位提出索赔,补偿该部分成本增加。

3. 主体结构工程实际成本分析

主体结构工程实际成本与计划成本对比情况见表5-26。

表5-26 主体结构工程实际成本与计划成本对比情况表

序号	内容	计划成本（万元）	实际成本（万元）	实际成本节约（+）	实际成本超支（-）
1	人工费	44.24	54.60		-10.36
2	材料费	251.59	270.18		-18.59
3	机械费	29.67	26.87	2.80	
4	其他费用	45.69	49.16		-3.47
	合计	371.19	400.81		-29.62

在主体结构工程施工中,人工费和材料费超过计划成本较多,是由于天气的原因而影响了施工进度。为确保工程如期交工,不得不加班赶工,工人加班费用上升,导致人工费超支。同时周转材料,特别是模板租用量增加,使材料费超支。另外,在砌筑施工过程中,部分砌筑墙体质量不符合优良要求,需要返工重砌。这部分返工人工费由作业队承担,而材料费要计入工程成本。因此,在主体结构工程中,尽管钢筋等材料费用有所节余,但总的材料费还是超出了计划成本,实际成本比计划成本高。在机械费方面,由于外玻璃幕墙工程由建设单位直接发包,在主体结构完成后,为幕墙施工单位提供配合所用的垂直运输机械费由幕墙公司承担,因此减少了部分机械费的支出。

4. 门窗工程实际成本分析

门窗工程实际成本与计划成本对比情况见表5-27。

表5-27 门窗工程实际成本与计划成本对比情况表

序号	内容	计划成本（万元）	实际成本（万元）	实际成本节约（+）	实际成本超支（-）
1	人工费	0.59	0.60		-0.01
2	材料费	31.90	33.18		-1.28
3	机械费	0.31	1.73		-1.42
4	其他费用	5.38	5.82		-0.44
	合计	38.18	41.33		-3.15

在门窗工程施工过程中发现，设计图提供的门窗表与各层平面图中门窗数量不符，投标报价时，按设计图中门窗表计算工程量，少算了部分异形窗的工程量。项目经理部负责人员向建设单位提出索赔，建设单位不予认可，由此导致窗分部工程实际成本高于计划成本。

5. 内外装饰工程实际成本分析

内外装饰工程实际成本与计划成本对比情况见表5-28。

表5-28 内外装饰工程实际成本与计划成本对比情况表

序号	内容	计划成本（万元）	实际成本（万元）	实际成本节约（+）	实际成本超支（-）
1	人工费	18.80	18.24	0.56	
2	材料费	45.64	43.29	2.35	
3	机械费	0.57	0.18	0.39	
4	其他费用	11.36	11.56		-0.2
	合计	76.37	73.27	3.1	

该工程二次装修由建设单位另行发包，项目经理部负责的主要施工内容为墙面抹灰和涂料，以及部分公共部位的墙地砖。这些施工内容不复杂，施工中没有变更要求，因建设单位要求吊顶上部墙面不做粉刷，实际施工工程量比预算工程量略有减少，施工实际成本低于计划成本。

6. 水电安装工程实际成本分析

水电安装工程实际成本与计划成本对比情况见表5-29。

表5-29 水电安装工程实际成本与计划成本对比情况表

序号	内容	计划成本（万元）	实际成本（万元）	实际成本节约（+）	实际成本超支（-）
1	人工费	9.81	9.99		-0.18
2	材料费	47.43	39.84	7.59	
3	机械费	8.2	8.15	0.05	
4	其他费用	10.34	12.18		-1.84
	合计	75.78	70.16	5.62	

水电安装工程实际成本比计划成本节约，主要原因是采购的材料价格较低，特别是管线、洁具、电气设备，经项目经理部多家询价比价，在满足建设单位和设计单位要求的前提下，采购价格低于投标报价。结果尽管增加了管理人员的工作，使现场管理费用有所增加，但材料设备费用大大降低，节约了水电安装工程的成本。

第 6 章
工程成本结算与决算

施工单位在工程施工过程中发生的施工费用，通过前述的方法进行归集和分配以后，已经登记在"工程施工"账户。本章将详细介绍各类施工费用分配计入各成本核算对象和计算各项工程成本的方法，从而计算出各成本核算对象在一定时期及自开工至竣工期间所发生的实际成本。

施工企业除每期计算工程实际成本外，还应及时对已完工程进行结算，对竣工工程进行决算。通过工程成本的决算，可以真实地反映出每项工程在一定时期及整个施工周期内成本的真实水平，然后与预算成本对比，就能正确揭示成本的节超情况，从而为工程成本管理提供信息，促进施工管理水平的不断提高。为此，工程成本核算应完成以下任务：正确计算工程的实际成本与预算成本，真实反映工程成本水平；及时办理定期成本结算与竣工成本决算，为确认当期施工活动成果和总结竣工工程施工管理经验教训提供依据。

6.1 工程预算成本的计算

工程预算成本是指根据已完（或已结算）工程的工程数量和预算单价计算的成本，它是建筑安装工程的社会成本，也是建筑安装工程价格的重要组成部分。通过工程预算成本与实际成本的对比，可以计算和考核工程成本的节超情况，有利于及时发现施工过程中存在的问题，促进施工单位改进施工与管理工作，不断提高企业的经济效益。

6.1.1 已完（或已结算）工程和未完（或未结算）工程的划分

1. 已完工程和未完工程的划分

所谓"已完工程"，就是已完成定额中规定的一定组成部分内容的工程，通常为分部分项工程。这部分已完成预算定额中规定工程内容的分部分项工程，虽不具有完整的使用价值，也不是施工企业的竣工工程，但是由于施工单位对这部分工程不再需要进行任何施工活动，已可确定工程数量和工程质量，故可将它作为已完成的工程，计算它的预算成本和预算造价，并向发包单位进行工程款结算。

施工单位在工程施工过程中，除了已完工程外，还有一部分已投入人工、材料，但没有完成预算定额中规定的工程内容，不易确定工程数量和工程质量，这部分工程，通常称为"未完工程"。

正确计算和确定一定时期已完工程的预算成本和预算价格，是组织成本核算和办理工程价款结算工作的前提。

2. 已结算工程和未结算工程的划分

已结算工程是指根据工程合同的规定,在一定时期内可与发包单位办理工程价款结算的分部分项工程或竣工工程。已结算工程的内容取决于工程的结算方式,一般来说,实行按期预支、月终结算办法的为当期已完工程,实行合同完成后一次结算办法的为当期竣工工程,实行按完工进度分段结算办法的为当期分段已完工程等。

未结算工程是指尚未或尚不能与发包单位办理工程价款结算的工程,如实行合同完成后一次结算办法的在建工程,实行按完工进度分段结算办法的该段尚不能办理结算的已完工程等。

已结算工程是计算当期工程预算成本的依据和基础。

6.1.2 工程预算成本计算的依据

工程预算成本是根据已完工程实物量和预算单价等资料计算的。因此,工程预算成本计算的主要依据有以下几方面:

1. 已完工程结算表

已完工程结算表是一种基础统计报表,一般于月终时由预算部门根据实际验收的已完工程数量、预算单价和费用定额等有关资料通过计算、编制而成。它既是统计完成工程量、施工产值和工程预算成本计算的依据,也是与发包单位办理工程进度款结算的依据。因此,施工单位必须正确、及时地填报,不得漏报或多报。其格式见表6-1。

表 6-1 已完工程结算表

发包单位:　　　　　　　　　　　　　　　　　　　　　　　　　　　　2011 年 12 月

定额编号	工程名称及费用项目	计量单位	实物工程量	预算单价(元)	金额(元)
	一、405 合同项目				
	人工挖柱基土方	100m³	25	771.94	19298.50
	柱基 C15 混凝土垫层	10m³	20	1956.60	39132.00
	柱基 C15 混凝土	10m³	300	1956.60	586980.00
	柱基钢筋制作安装	t	81.2	3072.16	249459.39
	预制 C20 工字柱	10m³	25	2449.72	61243.00
	工字柱钢筋制作安装	t	35.2	3163.46	111353.79
	预制 C20 屋面梁	10m³	7	3557.42	24901.94
	屋面梁钢筋制作安装	t	14	3163.46	44288.44
	工字柱、屋面梁铁件制作安装	t	2.1	4746.04	9966.68
	基价直接费小计				1146623.77
	其他直接费(6.56%)				75218.52
	临时设施费(3%)				34398.71
	现场管理费(3.65%)				41851.77
	预算成本合计				1298092.77

（续）

定额编号	工程名称及费用项目	计量单位	实物工程量	预算单价（元）	金额（元）
	企业管理费（7.55%）				98006.00
	财务费用（1.24%）				16096.35
	劳动保险费（4.0%）				51923.71
	费用合计				166026.06
	计划利润				146411.88
	税金				56368.57
	工程结算价格				1666899.28
	二、302合同项目				
	基价直接费小计				113453.12
	其他直接费				7442.52
	临时设施费				3403.59
	现场管理费				4141.04
	预算成本合计				128440.27
	工程结算价格				164917.31
	三、201合同项目				
	基价直接费小计				135467.00
	其他直接费				8886.63
	临时设施费				4064.01
	现场管理费				4944.55
	预算成本合计				153362.19
	工程结算价格				196934.56
	四、工程结算收入				2028751.15

2. 建筑安装工程计价定额（基价表）

计价定额是编制工程预算、编制标底、统计报量和计算工程预算成本的依据，各地区都有统一的规定。根据建筑安装工程的组成内容，计价定额主要有：建筑工程计价定额、装饰工程计价定额、市政工程计价定额、维修工程计价定额和安装工程计价定额等。实行"工程量清单"计价的，则为施工企业的定额。

3. 人工、材料、机械台班市场价

由于建筑安装工程计价定额是按人工、材料、机械台班的预算基价计算确定工程的预算价值，因而还应按承、发包双方认定的人工、材料、机械台班价格对原有的预算价值进行调整，将建筑安装工程的定额价调整为市场价，以便办理工程价款的结算。

6.1.3 工程预算成本计算的方法

已完（或已结算）工程预算成本是根据"已完工程结算表"所确定的已完工程实物量、分部分项工程预算基价和间接费用标准及人工、材料、机械台班价差等计算的。其计算公式为

已完工程预算成本 = $\sum$(本月完成的实物工程量 × 预算基价) +
(取费基础 × 其他直接费和间接费费率) + 人工、材料、机械台班差价

(6-1)

上述方法计算确定的是已完工程的预算总成本。为了便于成本的分析和考核，还应按成本项目计算分项预算成本。已完工程的分项预算成本根据施工单位的部门分工情况，由预算人员或其他有关人员计算。常用的计算方法有实算法和固定比例法两种。

1. 实算法

实算法是指按已完工程实物工程量、分部分项工程预算单价和其他直接费与间接费标准进行计算的方法。

采用这种方法，通常是根据实际完成的实物工程量，逐项查找施工图预算、工程量清单所列示的单价，加以分析计算，求得人工费、材料费和机械使用费的预算成本，然后再按一定的比例求得其他直接费和施工间接费预算成本，从而计算出已完工程分项预算成本及总成本。

2. 固定比例法

固定比例法是指根据历史资料测算出各类工程成本中各个成本项目所占的比例，以该比例乘以同类工程的预算总成本，从而计算确定本期已完工程各成本项目的预算成本。

【例 6-1】 假设某施工队根据历史资料测算出工业厂房类建筑工程各成本项目占预算总成本的比例分别为：人工费占 11%、材料费占 68%、机械使用费占 6%、其他直接费占 5%、间接费占 10%。该工程队本年度承建的某厂房工程的预算总成本为 650000 元，试计算各成本项目的预算成本。

【解】 人工费预算成本 = 650000 × 11% = 71500（元）
材料费预算成本 = 650000 × 68% = 442000（元）
机械使用费预算成本 = 650000 × 6% = 39000（元）
其他直接费预算成本 = 650000 × 5% = 32500（元）
施工间接费预算成本 = 650000 × 10% = 65000（元）

已完工程分项预算成本的计算，在实际工作中是通过编制"预算成本计算表"进行的。根据当月的"已完工程结算表"编制的"预算成本计算表"见表 6-2。

表 6-2 预算成本计算表

定额编号	工程名称及费用项目	计量单位	实物量	预算单价(元)	金额(元)	分项预算成本(元)							
						人工费		材料费		机械使用费		其他直接费	临时设施费	间接费用
						单价	金额	单价	金额	单价	金额			
	一、405合同项目													
1A0003	人工挖柱基土方	100m³	25	771.94	19298.50	771.94	19298.50							
1E0002	柱基C15混凝土垫层	10m³	20	1956.60	39132.00	243.94	4878.80	1581.16	31623.20	131.50	2630.00			
1E0002	柱基C15混凝土	10m³	300	1956.60	586980.00	243.94	73182.00	1581.16	474348.00	131.50	39450.00			
1E0329	柱基钢筋	t	81.2	3072.16	249459.39	114.45	9293.34	2913.46	236516.95	44.94	3649.13			
1E0183	预制C20工字柱	10m³	25	2449.72	61243.00	429.90	10747.50	1878.38	46959.50	141.44	3536.00			
1E0330	工字柱钢筋	t	35.2	3163.46	111353.79	126.66	4458.43	2957.64	104108.93	79.16	2786.43			
1E0211	预制C20屋面梁	10m³	7	3557.42	24901.94	522.87	3660.09	2920.83	20445.81	113.72	796.04			
1E0330	屋面梁钢筋	t	14	3163.46	44288.44	126.66	1773.24	2957.64	41406.96	79.16	1108.24			
1E0335	柱、梁铁件	t	2.1	4746.04	9966.68	244.71	513.89	4280.00	8988.00	221.33	464.79			
	基价直接费小计				1146623.77		127805.79		964397.35		54420.63			
	其他直接费				75218.52							75218.52		
	临时设施费				34398.71								34398.71	
	现场管理费				41851.77									41851.77
	预算成本合计				1298092.77		127805.79		964397.35		54420.63	75218.52	34398.71	41851.77

（续）

定额编号	工程名称及费用项目	计量单位	实物量	预算单价(元)	金额(元)	分项预算成本(元)							
						人工费		材料费		机械使用费		其他直接费	临时设施费	间接费用
						单价	金额	单价	金额	单价	金额			
	二、302合同项目													
	基价直接费小计				113453.12		11345.31		96435.15		5672.66			
	其他直接费及间接费				14987.15							7442.52		7544.63
	预算成本合计				128440.27		11345.31		96435.15		5672.66	7442.52		7544.63
	三、201合同项目													
	基价直接费小计				135467.00		13546.70		115252.95		6667.35			
	其他直接费及间接费				17895.19							8886.63		9008.56
	预算成本合计				153362.19		13546.70		115252.95		6667.35	8886.63		9008.56
	预算成本总计				1579895.23		152697.8		1176085.45		66760.64	91547.67	34398.71	58404.96

发包单位：

6.2 工程实际成本的计算

建筑安装工程实际成本的计算，就是将施工单位在工程施工过程中发生的各项施工生产费用，如支付给建筑安装工人的工资、耗用的各种建筑材料、使用机械设备所发生的机械使用费以及发生的其他费用，根据企业内部有关部门提供的手续完备的凭证资料，通过"工程施工"财产进行汇总，并计算出各成本核算对象当期实际发生的施工费用、已完工程及已竣工工程的实际成本。

工程实际成本的构成包括人工费、材料费、机械使用费、其他直接费和间接费五项内容。

因此，施工单位在工程施工过程中所发生的各项施工生产费用，应按确定的工程成本核算对象和规定的成本项目进行归集，能够分清受益对象的费用，应直接计入受益的各工程成本核算对象，不能分清受益对象的费用，则应采用一定的方法分配计入受益的各工程成本核算对象，然后计算出各项工程的实际成本。

6.2.1 人工费的核算

1. 工程成本中人工费的内容

工程成本中"人工费"项目是指在施工过程中直接从事工程施工（包括在施工现场直接为工程制作构件）的建筑安装工人和在施工现场运料、配料等辅助工人的工资、奖金、职工福利费、工资性质的津贴和劳动保护费、工会经费、职工教育经费、解除职工合同的补偿费等。

2. 人工费计入成本核算对象的方法

人工费分配计入成本核算对象，应当按照人工费的性质和内容区别对待。

1）建筑安装工人的计件工资。一般都能分清是为哪个工程所发生的，可根据工程任务单和有关工资结算凭证直接计入各工程成本核算对象的"人工费"项目。

2）建筑安装工人的计时工资。根据用工记录能明确受益对象的，将计时工资直接计入受益成本核算对象的"人工费"项目；不能明确受益对象的，则按各工程实际耗用工日数（或定额用工数）进行分配，分别计入各受益成本核算对象的"人工费"项目。计时工资分配的计算公式为

$$\text{某成本核算对象应负担的计时工资} = \frac{\text{该成本核算对象}}{\text{实际耗用的工时数}} \times \text{日平均计时工资} \quad (6\text{-}2)$$

式（6-2）中，日平均计时工资按下式计算：

$$\text{日平均计时工资} = \frac{\text{计时标准工资} - \text{加班工资}}{\text{出勤工日数}} \quad (6\text{-}3)$$

计时工资分配的依据主要是建筑安装工人的施工用工记录。施工用工记录一般附于工程任务单或班组作业计划的背面（或附页），其内容包括施工工人的出勤、缺勤和工时利用等情况，应由劳资管理人员指导班组详细填报。月终对每个成本核算对象和其他用途的实际用工进行分析汇总，编制"施工用工统计表"，作为计时工资分配的依据。

3）建筑安装工人的工资性津贴。按各成本核算对象的实际（或定额）用工数（计件、

计时合计工日数）进行分配，计入各受益对象的"人工费"项目。计算公式为

$$工资性津贴分配率 = \frac{工资性津贴}{计时工日数 - 计件工日数} \quad (6-4)$$

$$某成本核算对象应分配的工资性津贴 = 该成本核算对象实际(或定额)工时数 \times 工资性津贴分配率 \quad (6-5)$$

4）建筑安装工人包括在工资总额中的各种奖金及其他工资。应按各成本核算对象的实际（或定额）用工数（计件、计时工日合计数）进行分配，计入各成本核算对象"人工费"项目。其计算和分配方法同工资性津贴。

5）建筑安装工人的职工福利费。按照规定的计提比例，随同工资总额一并分配，计入各工程成本核算对象的"人工费"项目。

6）建筑安装工人的劳动保护费。劳动保护费包括发放给职工个人的劳动保护用品以及对职工提供的保健用的解毒剂、营养品、防暑饮料、洗涤用肥皂等的购置费或补助费，应按各成本核算对象的实际（或定额）用工数（计件、计时工日合计数）进行分配，计入各成本核算对象的"人工费"项目。其计算与分配方法同工资性津贴。

在人工费成本核算中，应严格区分人工费的范围，一切非工程施工所发生的人工费，如施工生产工人从事施工现场临时设施搭设、现场材料整理、运输和加工等发生的人工费，不得计入"工程施工"的"人工费"项目。

7）建筑安装工人的工会经费和职工教育经费。

8）给予解除合同职工的补偿等。

3. 人工费分配表的编制

在实际工作中，施工单位应根据"工资结算汇总表"和"工时利用月报"等资料，编制"人工费分配表"进行人工费的分配。某施工单位根据施工用工记录、日平均工资或分配率等资料编制的"人工费分配表"示例见表6-3。

表6-3 "人工费分配表"示例   2011年12月

项目	工日数	日平均工资或分配率	405 合同项目		302 合同项目		201 合同项目		合计
			工日	金额(元)	工日	金额(元)	工日	金额(元)	
一、工资				98400		9568		7732	115700
1.计件工资	6000		5000	52000	600	4000	400	2100	58100
2.计时工资	5000	8.00	4000	32000	480	3840	520	4160	40000
3.津贴	11000	0.50	9000	4500	1080	540	920	460	5500
4.奖金	11000	0.50	9000	4500	1080	540	920	460	5500
5.其他工资	11000	0.60	9000	5400	1080	648	920	552	6600
二、职工福利费				13776		1340		1082	16198
三、劳动保护费	11000	2.00	9000	18000	1080	2160	920	1840	22000
⋮	⋮	⋮	⋮	⋮	⋮	⋮	⋮	⋮	⋮
合计					153898				153898

根据表 6-3，即可在"建筑安装工程成本明细账"和"建筑安装工程成本卡"的"人工费"项目栏中登记其人工费。

6.2.2 材料费的核算

（1）工程成本中材料费的内容　工程成本中的"材料费"是指在施工过程中耗用的构成工程实体或有助于形成工程实体的各种主要材料、辅助材料、结构件、零件、半成品的成本以及周转材料的摊销费和租赁费用等。

材料费在工程全部成本中占有较大的比例，因此，认真做好材料费的核算，加强材料使用管理，监督材料费用的支出，对于控制材料消耗，不断降低工程成本，具有非常重要的作用。

（2）材料费计入成本核算对象的方法　建筑安装工程施工耗用的材料品种较多，数量较大，领用也比较频繁，因此，施工单位在核算工程成本中的材料费时，应区别不同材料，根据不同情况，采取不同的方法进行归集和分配。

（3）材料费分配表的编制　月末时，施工单位应根据领料单、定额领料单、大堆材料耗用计算单、集中配料耗用计算单、周转材料使用费汇总分配表、退料单等原始单据，编制"材料费分配表"，用于确定当月各成本核算对象所发生的材料费，作为工程成本计算和成本账卡登记的依据。

按计划成本进行材料日常核算的企业，还应按月根据当月的材料成本差异率分配材料成本差异，将耗用材料的计划成本调整为实际成本。为了加快月结工作，材料成本差异的分配也可以按上月的材料成本差异率计算。"材料费分配表"示例见表 6-4。

表 6-4　"材料费分配表"示例　　　　　　　　　　2011 年 12 月

材料名称	计量单位	受益对象						合　计
		405 合同项目		302 合同项目		201 合同项目		
		数量	金额（元）	数量	金额（元）	数量	金额（元）	金额（元）
一、主要材料								
1. 钢材	t	90	270000	3	9000			279000
2. 水泥	t	720	144000	60	12000	35	7000	163000
3. 石灰	t			17	1700	21	2100	3800
⋮		⋮		⋮		⋮		⋮
10. 小计			920900		86400		92700	1100000
11. 成本差异			12500		1100		1260	14860
二、结构件								
1. 混凝土结构件	m³					51	28560	28560
2. 成本差异							0	0
三、其他材料								
1. 金额			13000		1500		1300	15800
2. 成本差异			390		45		39	474

（续）

材料名称	计量单位	受益对象						合 计
		405合同项目		302合同项目		201合同项目		
		数量	金额（元）	数量	金额（元）	数量	金额（元）	金额（元）
四、（一~三合计）								
1.金额			933900		87900		122560	1144360
2.成本差异			12890		1145		1299	15334
五、周转材料			34000		1200		8000	43200
1.自有周转材料			30000		1200		4000	35200
架料					1200		4000	5200
模板			30000					30000
2.租入周转材料			4000				4000	8000
架料							4000	4000
模板			4000					4000
六、总计			980790		90245		131859	1202894

（4）已领未用材料的核算　已领未用材料是指已开领料单领出但未耗用的材料。为了正确反映工程实际成本的发生数，便于成本的分析和考核，月末时应对现场材料进行盘点，计算已领未用的材料，并按工程成本核算对象分别确定其未用材料价值，编制"已领未用材料盘点单"，据以办理"假退料"手续，冲减当期工程成本的"材料费"，并计入下期工程成本的"材料费"中作为已完工程实际成本计算的依据。"已领未用材料盘点单"示例见表6-5。

表6-5　"已领未用材料盘点单"示例

工程名称：405合同项目　　　　　　　　　　　　　　　　　　　　2011年12月

材料名称	规　格	计量单位	期末盘点数	单价（元）	金额（元）
钢材	12	t	2	1700	3400
水泥	400号	t	6	160	960
材料名称	规格	计量单位	期末盘点数	单价（元）	金额（元）
砖	标砖	匹	10000	0.12	1200
合计					5560

6.2.3　机械使用费的核算

（1）工程成本中机械使用费的内容　工程成本中的"机械使用费"是指在工程施工过程中使用自有施工机械所发生的机械使用费和租用外单位施工机械所支付的租赁费，以及施工机械的安装、拆卸和进出场费等。随着工程机械化施工程度的不断提高，机械使用费在工程成本中的比重也日益增长。因此,加强施工机械的管理和核算,对于提高施工机械的利用率,加速施工进度,节约劳动力和降低工程成本都有着重要的意义。

(2)机械使用费计入工程成本的方法

1)租用外单位(包括内部独立核算机械作业单位)的施工机械。施工单位从外单位或本企业其他内部独立核算的机械站租入施工机械所支付的租赁费,一般可以根据"机械租赁结算账单"所列金额,直接计入有关工程成本核算对象的"机械使用费"项目。如果发生的施工机械租赁费应由两个或两个以上工程成本核算对象共同负担,应以定额使用量或实际使用的台班数等为标准,分配计入各成本核算对象的机械使用费中。租赁机械使用费一般通过编制"租赁机械使用费汇总分配表"进行计算和分配。

【例 6-2】 某施工单位根据某机械设备租赁公司转来的有关结算凭证编制的"租赁机械使用费汇总分配表",见表 6-6。

表 6-6 租赁机械使用费汇总分配表 　　　　　　　2011 年 12 月

受益对象	机械名称						合计金额(元)
	履带式起重机		汽　车		汽车式起重机		
	单价	600 元	单价	440 元	单价	400 元	
	台班	金额(元)	台班	金额(元)	台班	金额(元)	
405 合同项目	10	6000					6000
201 合同项目			5	2200	8	3200	5400
合计	10	6000	5	2200	8	3200	11400

【解】 根据机械租赁费结算凭证和表 6-6,即可作如下会计分录,并据以在工程成本明细账中机械使用费项目进行登记:

借:工程施工——405 合同成本　　　　　6000
　　　　　　——201 合同成本　　　　　5400
　　贷:银行存款　机械设备租赁公司　　11400

2)使用自有施工机械和运输设备。使用自有施工机械和运输设备时,其作业成本先通过"机械作业"账户归集,月终再按一定的方法分配计入受益成本核算对象的"机械使用费"项目中。其中:大、中型机械设备,可按单机或机组归集,计算台班实际成本,然后根据机械运转记录及机械使用月报所示的工程名称、使用台班和台班实际成本分配计入各受益成本核算对象,也可采用产量分配法或计划成本分配法进行分配;现场使用的小型机械设备(机械台班定额不包括的),其作业成本可在"机械作业"账户设置一个明细账户综合核算,月终以机械设备具体使用情况或工程机械费预算成本或工程工料实际成本等为分配标准,分配计入各受益成本核算对象的机械使用费项目中。在实际工作中,自有机械使用费的分配是通过编制"自有机械使用费分配表"进行的,其格式见表 6-7。

表 6-7　自有机械使用费分配表　　　　　　　　　2011 年 12 月

受益对象	机械								合计金额
	翻斗车		搅拌机		卷扬机		小型机械		
	单价台班	50元金额（元）	单价台班	30元金额（元）	单价台班	40元金额（元）	分配率标准	10%金额（元）	
405 合同项目	50	2500	150	4500			9500	950	7950
302 合同项目	5	250	10	300	15	600	1200	120	1270
201 合同项目	4	200	5	150	10	400	900	90	840
合计	59	2950	165	4950	25	1000	11600	1160	10060

3）按照规定支付的施工机械安装、拆卸和进出场费。施工机械安装、拆卸和进出场费应先通过"待摊费用"账户归集，然后根据实际情况，摊销计入或一次计入受益成本核算对象的"机械使用费"项目。为了使实际成本与预算成本对应，在摊销时应注意以下几点：

① 凡预算定额内包括该项费用，可从"待摊费用"账户分次摊入受益成本核算对象。

② 凡预算定额内未包括该项费用，按定额规定单独计算的，应于收到该项费用时，从"待摊费用"账户转入受益成本核算对象。

【例 6-3】 某施工单位承包的工程项目施工机械进出场费等已包括在预算定额之中，按受益期限本月应摊销的金额：施工机械安装及拆卸费 594 元，进出场费 990 元。根据各工程机械使用费预算成本的比例分配结果见表 6-8。

表 6-8　施工机械进出场费分配表　　　　　　　　　2011 年 12 月

受益对象	安装及拆卸费（元）			进出场费（元）			合计金额（元）
	分配基础	分配率	分配额	分配基础	分配率	分配额	
405 合同项目	8000		480	8000		800	1280
302 合同项目	1000	6%	60	1000	10%	100	160
201 合同项目	900		54	900		90	144
合计	9900		594	9900		990	1584

【解】 根据上述分配结果，可编制如下会计分录：

借：工程施工——405 合同成本　　　　　1280
　　　　　　——302 合同成本　　　　　160
　　　　　　——201 合同成本　　　　　144
　　贷：待摊费用——施工机械安装及拆卸费　　594
　　　　　　　　——施工机械进出场费　　　　990

6.2.4　其他直接费的核算

1. 工程成本中其他直接费的内容

工程成本中其他直接费是指在施工现场直接发生的，但不能计入人工费、材料费和机械使用费的其他直接施工耗费。主要包括：

1）冬雨季施工增加费。
2）夜间施工增加费。
3）材料、成品、半成品的二次或多次搬运费。
4）检验试验费。
5）生产工具用具使用费。
6）特殊工种培训费。
7）工程定位复测、工程点交和场地清理费。
8）工程预算包干费。
9）技术援助费。

2. 其他直接费计入工程成本的方法

施工单位在工程施工过程中所发生的各项其他直接费，凡是能够分清受益工程成本核算对象的，应直接计入各受益工程成本核算对象的成本。

其他直接费发生时不能直接确定受益工程成本核算对象的，应先通过"工程施工——其他直接费"明细账户核算，期末时根据具体情况，采用以下方法进行分配：

（1）生产工日分配法 生产工日分配法是指以生产工日为基础分配其他直接费的一种方法。计算公式为

$$其他直接费分配率 = \frac{其他直接费发生额}{各成本核算对象生产工日数之和} \times 100\% \quad (6\text{-}6)$$

$$某成本核算对象应分配的其他直接费 = 该成本核算对象生产工日数 \times 其他直接费分配率 \quad (6\text{-}7)$$

这种方法一般适用于其他直接费发生的大小与生产工日的多少成正比例的项目的分配，如生产工具使用费、特殊工种培训费等。

（2）工料成本分配法 工料成本分配法是指以各成本核算对象已发生并登记在工程成本明细账中的人工费、材料费合计金额为基础分配其他直接费的一种方法。计算公式为

$$其他直接费分配率 = \frac{其他直接费发生额}{各成本核算对象工料成本之和} \times 100\% \quad (6\text{-}8)$$

$$某成本核算对象应分配的其他直接费 = 该成本核算对象工料费 \times 其他直接费分配率 \quad (6\text{-}9)$$

这种方法适用于与各成本核算对象生产的工日关系不大的其他直接费的分配，如材料等二次搬运费，检验试验费，工程定位复测、工程交点和场地清理费等。

（3）预算成本分配法 预算成本分配法是指以其他直接费的预算成本或其他直接费的单项预算成本为基础分配其他直接费的一种方法。计算公式为

$$其他直接费分配率 = \frac{其他直接费发生额}{各成本核算对象其他直接费预算成本之和} \times 100\% \quad (6\text{-}10)$$

$$某成本核算对象应分配的其他直接费 = 该成本核算对象其他直接费预算成本 \times 其他直接费分配率 \quad (6\text{-}11)$$

这种方法适用于与生产工日和工料成本关系不大的其他直接费项目的分配，如冬雨季施工增加费、夜间施工增加费等。

其他直接费的分配应通过编制"其他直接费分配表"进行。

【例6-4】 假设某施工单位本月发生的冬雨季施工增加费为4000元,按其他直接费预算成本分配;生产工具用具使用费为11000元,按生产工人工日分配;检验试验费为3200元、二次搬运费为1000元、场地清理费为1600元,按工料成本分配。根据上述资料编制的"其他直接费分配表"见表6-9。

表6-9 其他直接费分配表 2011年12月

费用项目	分配率（%）	受益对象							
		405合同项目		302合同项目		201合同项目		合计	
		分配基础（元）	分配金额（元）	分配基础（元）	分配金额（元）	分配基础（元）	分配金额（元）	分配基础（元）	分配金额（元）
1. 冬雨季增加费	3.7	75219	2783	14978	554	17895	663	108092	4000
2. 工具用具费	100	9000	9000	1080	1080	920	920	11000	11000
3. 检验试验费	0.2	1110966	2222	103313	207	142513	285	1356792	2714
4. 二次搬运费	0.07	1111428	778	102857	72	214286	150	1428570	1000
5. 场地清理费	0.1	1111000	1111	103000	103	386000	386	1600000	1600
合计	—	3417613	15894	325228	2016	761614	2890	4504454	20800

6.2.5 施工间接费分配的核算

施工单位各月发生的施工间接费,通过"施工间接费"账户归集后,月终时应在各成本核算对象之间进行分配。为了便于实际成本与预算成本相比较,施工间接费在成本核算对象之间进行分配的方法,一般应与工程预算取费标准相一致。如建筑工程、市政工程、机械施工的大型土石方工程,以直接成本为基础进行分配;一般机械及电气设备安装工程、装饰工程、人工施工的大型土石方工程,以人工费成本为基础进行分配。

现以工程直接成本比例分配法为例,说明施工间接费的分配方法。

【例6-5】 设某施工单位本月发生的施工间接费为8405元,各工程实际发生的直接费见有关分配表,据以编制"施工间接费分配表"见表6-10。

表6-10 施工间接费分配表 2011年12月

受益对象	分配基础（元）	分配率	分配额（元）
405合同项目	1142090	8.15%	93080.34
302合同项目	106759	7.62%	8135.04
201合同项目	151787	10.84%	16453.71
合计	1400636	8.4%	117669.09

通过以上各成本项目的计算和分配，即可根据各成本项目的费用分配表，将施工单位在一定会计期间所发生的全部施工费用及各成本核算对象的实际成本，在建筑安装工程成本明细账和建筑安装工程成本卡的有关成本项目栏进行登记。

6.3 工程成本的明细分类核算

为了便于组织建筑安装工程成本的核算，会计部门在接到施工单位的"开工报告"后，就要为各单项工程、单位工程或同类工程设置建筑安装工程成本明细账。工程成本明细账一般分设"建筑安装工程成本明细账"（二级账）和"建筑安装工程成本卡"（三级账），用以完整、准确、及时地记录全部或某项建筑安装工程在施工过程中发生的各项施工费用，全面反映承包工程施工过程中物化劳动和活劳动的消耗。同时，不论各工程施工期限的长短，都需等到工程竣工，将各项发生或应摊费用全部记入后，工程成本明细分类账的记录方为完整。

6.3.1 工程成本明细账

"建筑安装工程成本明细账"按建筑安装工程和设备安装工程分别设置二级账，用来登记施工单位全部建筑工程及设备安装工程，自年初起的施工工程成本数和按期计算确认的已完工程实际成本数，为考核和分析各期及全年全部工程成本的节超提供依据。该明细账应按成本项目设置专栏，其格式见表 6-11。

表 6-11　建筑安装工程成本明细账

明细账户：建筑工程　　　　　　　　　　　　　　　　　　　　　　　　（单位：元）

| 2011年 | | 凭证号 | 摘要 | 直接费用 | | | | 间接费 | 工程成本合计 | 工程结算收入 | 其中：预算成本 |
月	日			人工费	材料费	机械使用费	其他直接费				
11	30		期初未完工程成本								
11	30		期初已领未用材料								
12	31		人工费分配	153898					153898		
12	31		材料费分配		1202894				1202894		
12	31		租赁机械费分配			11400			11400		
12	31		自有机械费分配			10600			10600		
12	31		机械进出场费分配			1684			1684		
12	31		其他直接费分配				20800		20800		
12	31		间接费分配					8405	8405		
12	31		本期工程成本合计	153898	1202894	23684	20800	8405	1409681		
12	31		减：期末未完工程成本	5803	12430	100	382				

（续）

2011年		凭证号	摘要	直接费用				间接费	工程成本合计	工程结算收入	其中：预算成本
月	日			人工费	材料费	机械使用费	其他直接费				
12	31		期末已领未用材料		5560				5560		
12	31		本期已完工程成本	148095	1184904	23584	20418	8405		2028751.15	1579895.23
12	31		自年初累计已完工程成本	1325087	12286120	102000	32116	85463		20325412.3	14658329.2

6.3.2 工程成本卡及附页

"建筑安装工程成本卡"按成本核算对象分成本项目开设，用来归集每一成本核算对象自开工到竣工所发生的全部施工费用。为了满足竣工成本决算的要求，以及工程竣工后成本分析的需要，"建筑安装工程成本卡"还应设置附页，其内容是人工、机械和材料消耗数量的计算和汇总。"建筑安装工程成本卡"及附页的格式见表6-12和表6-13。

表6-12 建筑安装工程成本卡

核算对象编号：405 合同项目　　　　　　　　　　　　　本核算对象包括工程：
核算对象名称：办公楼　　合同预算造价：　　　建筑面积或实物工程量：　　　（单位：元）

记账凭证			摘要	工程实际成本						工程价款收入	其中：预算成本
年	月	日	号数		人工费	材料费	机械使用费	其他直接费	间接费	合计		
				自开工累计								
				人工费分配	130176					130176		
				材料费分配		980790				980790		
				租赁机械费分配			6000			6000		
				自有机械费分配			7950			7950		
				机械进出场费分配			1280			1280		
				其他直接费分配				15894		15894		
				直接成本小计	130176	980790	15230	15894		1142090		
				间接费分配					6853	6853		
				本月合计	130176	980790	15230	15894	6853	1148943	1666899.28	1298092.77
				自开工累计	130176	980790	15230	15894	6853	1148943	1666899.28	1298092.77

表 6-13 建筑安装工程成本卡（附页）

项目	年												合计
	12月	月	月	月	月	月	月	月	月	月	月	月	
一、人工（工日）	9000												9000
二、机械（台班）													
1. 汽车	50												50
2. 翻斗车	150												150
3. 混凝土搅拌机	10												10
4. 起重机													
⋮													
三、材料													
1. 钢材 /t	90												90
2. 水泥 /t	720												720
3. 石灰 /t													
4. 砖（块）													
5. 砂 /t													
6. 碎石 /t													
7. 块石 /m³													
8. 混凝土构件 /m³													
⋮													

工程成本明细账（二级账）和工程成本卡（三级账）中各成本项目的实际成本栏，登记全部承包工程及各工程每月发生和分配的各项施工费用，根据各成本项目的费用分配表所列示的数据登记。工程成本卡附页中人工、机械和材料用量，根据有关的费用分配表中列示的人工用工数、工程使用主要机械台班数和重点核算的主要材料用量填列。

"建筑安装工程成本明细账"与"建筑安装工程成本卡"的登记，原则上应根据有关记账凭证同时平行登记，即在登记"建筑安装工程成本明细账"的同时，也要登记"建筑安装工程成本卡"。属于调账性质的经济业务，如月终办理假退料的已领未用材料，可只登记"建筑安装工程成本明细账"而不登记"建筑安装工程成本卡"。

6.4 工程成本结算与决算方法

施工企业对建筑安装工程成本应按期进行结算，以反映各期工程成本的节超情况，便于考核各个时期施工生产的经济效益。承包工程竣工以后，还应及时办理竣工成本决算，以反映承包工程在整个施工过程中的经济效果，借以总结工程施工管理经验，促使企业经营管理水平的不断提高。为此，工程成本结算与决算应完成以下任务：正确计算各会计期已完工程预算成本与实际成本，以反映成本的节超情况；承包工程竣工以后，及时办理工程竣工成本决算，以反映该工程的施工管理情况。

6.4.1 工程成本结算

1. 工程成本结算及其意义

工程成本结算是计算和确认各个会计期间的已完工程预算成本和实际成本,以及成本的节超情况,从而为考核工程成本管理水平提供依据。

施工企业之所以要办理工程成本结算,主要是由于建筑安装工程的施工具有长期性的特点,如果等到承包工程竣工后再办理成本结算,就不能及时反映各个时期工程成本的节超情况和降低成本情况。所以,必须定期办理工程成本的结算,计算各个时期的已完工程预算成本、实际成本与成本降低额,以反映各个时期成本计划的完成情况,并查明人工费、材料费、机械使用费、其他直接费和施工间接费的节超情况和节超的原因,促使施工单位不断改进管理工作,保证工程成本的降低。

2. 工程成本结算的程序

(1) 计算已完工程预算成本　已完工程预算成本是指按照已完工程量与预算单价计算的工程成本,它是考核已完工程成本节超的依据。

(2) 计算已完工程实际成本　为了便于与已完工程预算成本对比,还应计算已完工程实际成本。

由于通过前述各成本项目的归集和分配,登记在工程成本明细账借方的发生额并非为本月已完工程的成本,而是本月发生的施工费用,所以要计算本月已完工程成本,应将本月发生的施工费用加期初未完工程成本,然后在本期施工的全部工程(已完工程和未完工程)之间进行分配,以求得本月已完工程的实际成本。其关系可用下式表示:

$$\text{月初未完工程成本} + \text{本月发生工程费用} = \text{本月已完工程实际成本} + \text{月末未完工程成本} \quad (6\text{-}12)$$

在式(6-12)中,月初未完工程成本和本月发生工程费用都可以从工程成本明细账(卡)中查得,所以只要计算出月末未完工程成本,就可据以计算本月已完工程实际成本。

(3) 计算工程成本的节超额　通过上述计算,将已完工程预算成本与实际成本相对比,就可以计算和确认各个时期工程成本的节超额,从而为工程成本的分析和考核提供依据。

3. 已完工程实际成本的计算方法

已完工程实际成本的计算方法一般应根据工程价款的结算方式来进行确定。

(1) 实行竣工后一次结算工程价款办法的工程实际成本的计算　实行竣工后一次结算工程价款办法的工程,施工企业所属各施工单位平时应按月将该工程实际发生的各项施工费用,及时登记到"工程成本卡"的有关栏内。在工程竣工以前,"工程成本卡"中所归集的自开工起至本月末止施工费用累计额,即为该项工程的未完工程(或在建工程)的实际成本。工程完工后,"工程成本卡"中所归集的自开工起至竣工止施工费用累计总额,就是竣工(或已完工)工程的实际成本。

(2) 实行按月结算工程价款办法的已完工程成本的计算　前已述及,要计算已完工程成本,应先计算出未完工程成本。施工企业可根据实际情况合理选择未完工程成本的计算方法。一般情况下,月末未完施工在当月完成的全部工作量中所占的比重较小,而且在正常施工条件下,月初月末未完施工的数量变化也不大。因此,为了简化核算手续,通常将月末未完工程的预算成本视同其实际成本。未完工程的预算成本计算方法一般有如下三种:

1）估量法。估量法又称约当产量法，是指对未完工程工程量，估计其完成程度，折合为已完工程数量（约当产量），然后乘以分部分项工程的预算单价即可求出未完工程成本。其计算公式为

$$未完工程成本 = 未完工程数量 \times 估计完成程度 \times 分部分项工程预算单价 \qquad (6-13)$$

【例 6-6】 某施工单位担负某工程木门窗油漆工程施工任务，预算定额规定应抹 3 遍，本月已抹 2 遍，已完工序数量为 600m²，预算单价为 10.2 元。试计算未完工程成本。

【解】 未完工程成本 $=600 \times \dfrac{2}{3} \times 10.2 = 4080$（元）

2）估价法。估价法是指先确定分部分项工程内各个工序耗用的直接费占整个预算单价的百分比，用以计算出每个工序的单价，然后乘以未完工程各工序的完成量，以确定未完工程的预算成本。其计算公式为

$$未完工程成本 = \Sigma\ 未完工序工程量 \times 工序单价 \qquad (6-14)$$

式中

$$工序单价 = 分部分项工程预算单价 \times 某工序耗用直接费占预算单价的百分比 \qquad (6-15)$$

【例 6-7】 某施工单位承包某项工程，该工程某分部分项工程由甲、乙两道工序组成，各工序占该分部分项工程的比重分别为 60%、40%，该分部分项工程的预算单价为 12 元；本月月末经盘点，完成甲工序 400m²、乙工序 600m²。试计算未完工程成本。

【解】 甲工序单价 $=12 \times 60\% = 7.2$（元/m²）
乙工序单价 $=12 \times 40\% = 4.8$（元/m²）
未完工程成本 $=400 \times 7.2 + 600 \times 4.8 = 5760$（元）

3）直接法。直接法是指直接根据未完工程已经投入的人工、材料和机械设备台班数量分别乘以预算单价，来计算未完工程成本。其计算公式为

$$未完工程成本 = 投入人工数量 \times 人工预算单价 + 投入材料数量 \times 材料预算单价 + 投入机械台班 \times 机械台班预算单价 \qquad (6-16)$$

应注意：如果未完工程在当月工作量中所占比重较大，而且期初期末数相差较大，若把月末未完工程的预算成本视同实际成本，就会影响成本核算结果的准确性。为了合理确定已完工程实际成本，未完工程成本还是应当采用实际成本进行计算。其计算方法有以下两种：

1）约当产量法。凡能合理估计分部分项工程的完工百分比的采用此种方法。其计算公式为

$$未完工程成本 = \dfrac{初期未完工程成本 + 本期实际发生施工费用}{本期已完工程数量 + 期末未完工程折合量} \times 期末未完工程约当产量 \qquad (6-17)$$

【例 6-8】 某分部分项工程由甲、乙、丙三道工序组成，各道工序占该分部分项工程的比例分别为 60%、10%、30%；月末经过盘点，已完工程数量 400m²，未完工程数量为：

甲工序 500m²，乙工序 200m²、丙工序 100m²。本月该分部分项工程实际发生的施工成本为 10000 元，月初无未完工程。试计算未完工程成本。

【解】 根据上述资料，计算如下：

$$未完工程成本 = \frac{10000}{400+500 \times 60\%+200 \times 10\%+100 \times 30\%} \times 350$$

$$= 4667（元）$$

2）预算成本比例法。如果不能合理估计分部分项工程的完工百分比，则应采用预算成本比例法计算未完工程成本。计算公式如下：

$$本月未完工程实际成本 = \frac{月初未完工程成本 + 本月发生的施工费用}{本月已完工程预算成本 + 月末未完工程预算成本} \times$$

$$本月未完工程预算成本 \qquad (6-18)$$

（3）实行按工程形象进度结算办法的已完工程实际成本的计算 实行按工程形象进度分段结算工程价款办法的工程，其已完工程实际成本的计算方法，与实行按月结算工程价款办法的工程实际成本的计算方法基本相同。所不同的是，其已完工程是指按合同规定已完成的工程阶段或部位，未完工程是指期末尚未完成合同规定的工程阶段或部位，尚不能办理结算的未完工阶段或部位的工程（其中包括已完工的分部分项工程和未完工的分部分项工程）。

未完工程成本的计算方法一经确定，就不能随意变动，以保证各期成本计算口径的统一，便于进行成本的分析。

期末未完工程的盘点和估价，一般应由基层施工单位于期末时进行实地盘点，并编制"未完工程盘点表"，然后移交给会计人员，作为未完工程成本计算的依据。其盘点表示例见表 6-14。

表 6-14 "未完工程盘点表"示例

2011 年 12 月

单位工程名称	分部分项工程		到期末已做工序				其中：分项成本			
	名称	预算单价（元）	名称或内容	占分项工程（%）	已完成数量/m²	折合已完工程数量/m²	应计价值（元）	人工费（元）	材料费（元）	机械使用费（元）	其他直接费（元）
201 合同项目	砖墙抹灰砂浆	0.97	抹灰一遍	50	37800	18900	18333	5803	12430	100	
小计（元）							18333	5803	12430	100	
其他直接费（元）							382				382
合计（元）							18715	5803	12430	100	382

根据"未完工程盘点表"可以登记"建筑安装工程成本明细账"（二级账）。

（4）已完工程实际成本的计算 期末未完工程成本确定以后，即可根据下式计算确定本期已完工程实际成本：

$$\text{已完工程实际成本} = \text{期初未完工程成本} + \text{本期实际发生工程成本} - \text{期末未完工程成本} \tag{6-19}$$

从式（6-19）可以看出，本期已完工程成本包括期初未完工程成本，但不包括期末未完工程成本；本期工程成本包括期末未完工程成本，但不包括期初未完工程成本。它们之间的关系如图 6-1 所示。

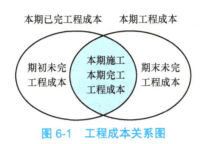

图 6-1　工程成本关系图

如果存在着已领未用材料的情况，已完工程实际成本应按下式计算：

$$\text{已完工程实际成本} = \text{期初未完工程成本} + \text{期初已领未用材料} + \text{本期实际发生工程成本} - \text{期末未完工程成本} - \text{期末已领未用材料} \tag{6-20}$$

通过上述期末未完工程成本和已领未用材料成本的计算，就可以计算已完工程的实际成本。

已完工程实际成本的计算，一般应编制"已完工程成本计算表"，其示例见表 6-15。

表 6-15　"已完工程成本计算表"示例　　　　　　　2011 年 12 月

工程名称	期初未完工程成本	期初已领未用材料	本期工程实际成本	期末未完工程成本	期末已领未用材料	本期已完工程成本
甲	1	2	3	4	5	6=1+2+3-4-5
405 合同项目			1148943 元			1143383 元
302 合同项目			107400 元	18715 元	5560 元	107400 元
201 合同项目			152698 元			133983 元
合计			1409041 元	18715 元	5560 元	1384766 元

根据上述"已完工程成本计算表"，即可登记"建筑安装工程成本明细账"。

6.4.2　工程成本决算

1. 工程成本决算的意义

工程成本决算是指施工企业承包建设的合同项目竣工以后，本着"工完账清"的原则，在取得竣工工程的验收签证后，及时编制合同项目成本决算表，为分析考核竣工工程成本节超提供依据，从而结束该工程成本的核算工作。

通过办理工程成本决算，可以了解各个合同项目在整个施工活动过程中的状况和结果，及时总结工程的施工管理经验，找出存在的问题，从而促使施工单位改进施工和管理工作，努力降低工程成本,不断提高企业的经济效益。

2. 办理工程成本决算应做好的几项工作

为了正确反映竣工的合同项目施工活动的情况,在办理工程成本决算时,应做好以下几项工作:

(1)检查工程预算造价是否正确完整 根据竣工的合同项目实际完成的工程量和有关记录,检查工程预算有无漏项和计算上的错误;检查工程设计变更、材料代用、材料价差等施工变化情况,是否与发包单位按照施工合同的规定办理签证手续和追加预算手续,以落实预算成本和工程造价。

(2)检查工程实际成本是否正确完整 在计算竣工的合同项目成本时,必须保证其正确完整。为此,要检查工程完工后现场剩余材料是否已办理清点退库或在工号之间的转移手续;检查发包单位的供料、供水和供电等是否已全部入账;检查有无将不应计入成本的开支也计入工程成本的情况等。

3. 工程成本决算的方法和程序

工程成本决算的方法和程序如下:

1)合同项目竣工后,应根据施工图预算和工程设计变更、材料代用等有关签证资料,及时编制工程结算书,据以确定竣工的合同项目预算成本,作为向发包单位办理工程价款结算的依据。

2)结算建筑安装工程成本卡,归集竣工的合同项目自开工至竣工的累计实际成本,与预算成本相比较,计算成本降低额,并编制"合同项目竣工成本决算"表。

3)竣工的合同项目成本卡应于竣工当月抽出,连同工程结算书、竣工成本决算和有关的分析资料合并归档保管,建立工程技术档案,以便日后查考。

4. 竣工成本决算表的编制

假设某施工单位承包的某建设单位办公楼工程竣工,根据有关资料编制的"竣工成本决算"示例见表6-16,"人工、材料、机械的用量比较表"示例见表6-17。

表6-16 "竣工成本决算"示例

发包单位:某建设单位　　　　　　　　建筑面积:5000m²
工程名称:车间厂房　　　　　　　　　工程造价:1192500元
工程结构:混合　　　　　　　　　　　竣工日期:12月15日
开工日期:3月5号　　　　　　　　　　20××年12月　　　　　　　（单位:元）

成本项目	预算成本	实际成本	降低额	降低率(%)	简要分析及说明
人工费	435600	360000	75600	17.36	预算总造价:4105383
材料费	2368000	2196000	172000	7.26	单方造价:821.08
机械使用费	220400	228000	−7600	−3.45	单方预算成本:695.52
其他直接费	151200	156000	−4800	−3.17	单方实际成本:653.60
间接费	302400	328000	−25600	−8.47	
合计	3477600	3268000	209600	9.53	

表 6-17 "人工、材料、机械的用量比较表"示例

项目	单位	预算用量	定额用量	实际用量	节(+)超(-)	节超率(%)
一、人工合计	工日	15000		13500	1500	10
二、材料						
钢材	t	50		46.5	+3.5	7
木材	m³	35		32	+3	8.57
水泥	t	520		500	+20	3.85
红机砖	千块	2650		2642	+8	0.3
黄砂	t	1820		1850	-30	-1.65
碎石	t	300		283.8	+16.2	5.4
三、机械						
大型	台班	300		288	+12	4
中小型	台班	800		920	-120	-15

上述"竣工成本决算""人工、材料、机械的用量比较表"的编制方法为:

1)"预算成本"栏内各项数字,根据工程结算书或调整后的施工图预算分别填列。
2)"实际成本"栏内各项数字,根据建筑安装工程成本卡的记录填列。
3)"人工、材料和机械用量比较表"中的用量,哪项用了就填哪项,以供分析参考。"实际用量"栏根据建筑安装工程成本卡(附页)的有关记录填列。节、超数 = 预算用量 - 实际用量。

6.5 合同费用与期间费用的核算

费用是建筑企业在工程承包、提供劳务等日常生产经营活动中所发生的各项耗费,包括物化劳动耗费和活劳动耗费。费用与收入相配比,即可确定企业经营活动中取得的盈利。

费用按其是否计入施工生产成本可以分为建造合同成本(合同费用)和期间费用两部分。其中,合同费用是建筑企业已结算工程或提供劳务的成本,期间费用包括管理费用、财务费用和营业费用。由于费用发生于建筑安装工程的始末,它一方面代表了建筑企业的整体耗费水平,另一方面也反映了建筑企业的经营管理水平,因此,做好费用的核算,对于正确核算建筑企业的经营活动成果有着十分重要的意义。

6.5.1 合同费用的核算

建造合同成本是与建造合同收入相配比的经济利益的流出。

由于建筑安装工程(建造合同)的生产经营特点与其他工业产品的生产不同,通常施工期较长,要跨越一个会计年度,有的甚至长达数年,为了及时反映各年度的经营成果和财务状况,一般情况下,不能等到合同工程完工时才确认收入与费用,而应按照权责发生制的要求,遵循配比原则,在建造合同实施过程中,按照一定的方法,合理确定各年的收入和费用。

建造合同收入与合同费用的确认与核算,应先判断建造合同的结果是否能够可靠地估

计，然后再根据具体情况进行处理。

1. 合同结果能够可靠估计时合同收入和合同费用的确认与核算

（1）合同收入与合同费用的确认条件　由于建筑合同划分为固定造价合同和成本加成合同两种类型，不同类型的建造合同，判断其结果能否可靠地估计的前提条件也不同。

1）固定造价合同的结果能够可靠地估计应具备的条件。固定造价合同是指按照固定的合同价或固定单价确定工程价款的建造合同。固定造价合同的结果能够可靠地估计应具备以下的条件：

① 合同的总收入能够可靠地计算。
② 与合同相关的经济利益能够流入企业。
③ 实际发生的合同成本能够清楚地区分和可靠地计量。
④ 合同完工进度和为完成合同发生的成本能够可靠地确定。

2）成本加成合同的结果能够可靠地估计应具备的条件。成本加成合同是指以合同允许或其他方式议定的成本为基础，加上该成本的一定比例或定额费用确定工程价款的建造合同。成本加成合同的结果能否可靠地估计，应具备以下两个条件：

① 与合同相关的经济利益能够流入企业。
② 实际发生的合同成本能够清楚区分并且能够可靠地计算。

（2）合同收入与合同费用的确认方法　如果建造合同的结果能够可靠地估计，企业应根据完工进度百分比法在资产负债表日确认合同收入和合同费用。

1）确定完工进度百分比。完工进度百分比法是根据合同完工进度的百分比确认合同收入和合同费用的方法。完工进度百分比法首先确定建造合同的完工进度的百分比，然后再根据完工进度百分比，计算和确认当期的合同收入和费用。

确定合同的完工进度百分比有以下三种方法：

① 根据累计实际发生的合同成本占合同预计总成本的比例确定完工进度百分比。其计算公式为

$$完工进度百分比 = \frac{累计实际发生的合同成本}{合同预计总成本} \times 100\% \quad (6-21)$$

【例6-9】 假设某建筑公司签订了一项合同总金额为2000万元的建造合同，合同的建设期为3年。第一年，实际发生合同成本680万元，年末预计为完成合同尚需发生成本1100万元；第二年，实际发生合同成本950万元，年末预计为完成合同尚需发生成本320万元。计算完工进度百分比。

【解】 完工进度百分比计算如下：

$$至第一年年末完工进度百分比 = \frac{680}{680+1100} \times 100\% = 38.20\%$$

$$至第二年年末完工进度百分比 = \frac{680+950}{680+950+320} \times 100\% = 83.59\%$$

② 根据已经完成的合同工作量占合同预计总工作量的比例确定完工进度百分比。该方法适用于合同工作量容易确定的建造合同，如道路工程、土石方挖掘、砌筑工程等。其计算公式为

$$完工进度百分比 = \frac{已经完成的合同工程量}{合同预计总工程量} \times 100\% \qquad (6-22)$$

【例 6-10】 某路桥公司签订了修建一条 200km 公路的建造合同，合同规定的总金额为 18000 万元，工期为 3 年。该公司第一年修建了 70km，第二年修建了 85km。计算完工进度百分比。

【解】 完工进度百分比计算如下：

$$至第一年年末完工进度百分比 = \frac{70}{200} \times 100\% = 35\%$$

$$至第二年年末完工进度百分比 = \frac{70+85}{200} \times 100\% = 77.50\%$$

③ 根据已完合同工程的测量确定完工进度百分比。这种方法是在无法根据上述两种方法确定完工进度百分比时的一种特殊的技术方法，适用于一些特殊的建造合同，如水下施工工程等。

【例 6-11】 某建筑公司承建一项水下工程，在资产负债表日，经专业人员现场测定，已完工程量达合同总工程量的 75%。则该合同的完工进度百分比为 75%。

2）根据完工进度百分比确认和计算当期的合同收入和合同费用。根据完工进度百分比计算和确认当期的合同收入和合同费用的公式如下：

$$\begin{matrix} 当期确定的 \\ 合同收入 \end{matrix} = \begin{matrix} 合同总 \\ 收入 \end{matrix} \times \begin{matrix} 完工 \\ 进度百分比 \end{matrix} - \begin{matrix} 以前会计年度累 \\ 计已确认的收入 \end{matrix} \qquad (6-23)$$

$$\begin{matrix} 当期确认的 \\ 合同毛利 \end{matrix} = \left(\begin{matrix} 合同总 \\ 收入 \end{matrix} - \begin{matrix} 合同预计 \\ 总成本 \end{matrix} \right) \times \begin{matrix} 累计完工进 \\ 度百分比 \end{matrix} - \begin{matrix} 以前会计年度累 \\ 计已确认的毛利 \end{matrix} \qquad (6-24)$$

$$\begin{matrix} 当期确认的 \\ 合同费用 \end{matrix} = \begin{matrix} 当期确认的 \\ 合同收入 \end{matrix} - \begin{matrix} 当期确认的 \\ 合同毛利 \end{matrix} \qquad (6-25)$$

下面举例说明完工进度百分比法的应用：

【例 6-12】 某建筑公司签订了一项总金额为 2000 万元的固定造价合同，合同规定的工期为 3 年。假定经计算第 1 年完工进度为 25%，第 2 年完工进度已达 80%；经测定前两年的合同预计总成本均为 1500 万元。第 3 年工程全部完工，累计实际发生合同成本 1350 万元。试计算各期确认的合同收入和合同费用。

【解】 各期确认的合同收入和合同费用计算如下：

第 1 年：

确认的合同收入 = 2000×25% = 500（万元）

确认的合同毛利 = (2000−1500)×25% = 125（万元）

确认的合同费用 = 500−125 = 375（万元）

第 2 年：

确认的合同收入 = 2000×80%−500 = 1100（万元）

确认的合同毛利 =（2000-1500）×80%-125=275（万元）
确认的合同费用 =1100-275=825（万元）
第 3 年：
确认的合同收入 =2000-（500+1100）=400（万元）
确认的合同毛利 =（2000-1350）-（125+275）=250（万元）
确认的合同费用 =400-250 =150（万元）

3）合同收入和合同费用的核算。根据上述方法计算确认合同收入和合同费用后，就可以组织合同收入和合同费用的核算。

合同收入通过"主营业务收入"账户核算。当期确认的合同收入记入该账户的贷方，期末，将本账户的余额全部转入"本年利润"账户，结转后本账户应无余额。

合同费用通过"主营业务成本"账户核算。当期确认的合同费用记入本账户的借方，期末，将本账户的余额全部转入"本年利润"账户，结转后本账户应无余额。

当期确认的合同毛利，通过"工程施工——合同毛利"明细账户核算。当期确认的合同毛利应记入该明细账户的借方。

根据例 6-12 的计算，各年账务处理如下：

第 1 年
  借：主营业务成本   3750000
    工程施工——合同毛利 1250000
   贷：主营业务收入   5000000

第 2 年
  借：主营业务成本   8250000
    工程施工——合同毛利 2750000
   贷：主营业务收入   11000000

第 3 年
  借：主营业务成本   1500000
    工程施工——合同毛利 2500000
   贷：主营业务收入   4000000

2. 合同结果不能可靠估计时合同收入和费用的确认与核算

如果建造合同的结果不能可靠地估计，建筑企业就不能采用完工进度百分比法确认合同收入和合同费用，而应按以下两种情况分别进行会计处理：

1）合同成本能够收回的，合同收入根据能够收回的实际合同成本加以确认，合同成本在其发生的当期确认为费用。

2）合同成本不能收回的，应在发生时立即确认为费用，不确认为收入。

【例 6-13】 某建筑公司与业主签订了一项总金额为 200 万元的建造合同，第一年实际发生工程成本 100 万元，双方均能履行合同规定的义务。但建筑公司在年末时对该项工程的完工进度无法可靠地估计。因此，公司可依当年发生的工程成本同时确认为当年的收入和费用，不确认利润。其会计分录如下：

```
借：主营业务成本                1000000
    贷：主营业务收入                  1000000
```

若该公司当年与业主只办理工程价款结算 40 万元，由于业主出现财务危机，其余款项可能收不回来。在这种情况下，公司只能将 40 万元确认为当年的收入，100 万元应确认为当年的费用。其会计分录如下：

```
借：主营业务成本                1000000
    贷：主营业务收入                  400000
        工程施工——合同毛利          600000
```

6.5.2 管理费用的核算

1. 管理费用的核算内容

管理费用是指建筑企业为组织和管理企业施工生产和经营活动所发生的各项支出。其具体包括以下十六项内容：

（1）公司经费　公司经费是指企业的董事会和行政管理部门在企业的经营管理中发生的，或由企业统一负担的费用，包括总部行政部门职工薪酬、差旅交通费、办公费、折旧费、修理费、物料消耗、低值易耗品摊销以及其他公司经费。

（2）工会经费　工会经费是指企业按企业管理人员等工资总额的 2% 计提并拨交给工会的经费。

（3）职工教育经费　职工教育经费是指企业按企业管理人员等工资总额的 1.5% 计提的为职工学习先进技术和提高文化水平的经费。

（4）劳动保险费　劳动保险费是指企业支付给离退休职工的离退休金（包括提取的离退休职工统筹基金）、价格补贴、医药费、易地安家补助费、职工退职金、6 个月以上的病假人员工资、职工死亡丧葬补助费、抚恤费，以及按规定支付给离退休干部的其他各项经费和为行政管理人员等支付的社会保险费。

（5）失业保险费　失业保险费是指按规定标准计提的职工失业保险基金，也是社会保险费的一种，按行政管理人员等计提的失业保险费计入管理费用。

（6）董事会费　董事会费是指企业最高权力机构（如董事会）及其成员为执行职能而发生的各项费用，包括董事会成员津贴、差旅费和会议费等。

（7）咨询费　咨询费是指企业向有关咨询机构进行科学技术、经营管理咨询时支付的费用，包括聘请经济技术顾问、法律顾问等支付的费用。

（8）聘请中介机构费　聘请中介机构费是指企业聘请注册会计师进行查账验资以及进行资产评估等发生的各项费用。

（9）诉讼费　诉讼费是指企业因起诉或者应诉而发生的各项费用。

（10）排污费　排污费是指企业按规定缴纳的排污费用。

（11）税金　税金是指企业按规定缴纳的房产税、车船使用税、印花税及土地使用税等。

（12）技术转让费　技术转让费是指企业使用他人（或单位）转让的非专利技术而发生的费用。

（13）研究与开发费　研究与开发费是指企业研究开发新产品、新技术、新工艺所发生的费用，包括新产品设计费、工艺规程制定费、设备调试费、原材料和半成品的试验费、技术图书资料费、未纳入国家计划的中间试验费、研究人员的工资、研究设备的折旧、与新产品试制和技术研究有关的其他经费、委托其他单位进行的科研试制的费用以及试制失败损失费。

（14）无形资产摊销费　无形资产摊销费是指专利权、商标权、著作权、土地使用权、非专利技术等无形资产摊销费。

（15）业务招待费　业务招待费是指企业为施工生产经营活动的合理需要而支付的招待费用。

（16）其他费用　其他费用是指除上述费用以外的其他管理费用。

2. 管理费用的核算

为了反映企业管理费用的发生情况，需设置"管理费用"账户进行总分类核算。发生各项管理费用时，记入本账户的借方；期末应将本账户的余额转入"本年利润"账户，结转后该账户无余额。本账户应按费用项目设置明细账，组织明细核算。

现举例说明管理费用的核算方法如下：

【例6-14】 某建筑企业2011年12月份发生下列有关的经济业务：

1）1日，总务处购买办公用品1200元，以现金支付。会计分录如下：

借：管理费用——公司经费（办公费）　　1200
　　贷：库存现金　　　　　　　　　　　　　1200

2）2日，报销职工王某上下班交通补贴费1600元，剩余现金600元交回财务部门。会计分录如下：

借：管理费用——公司经费（差旅交通费）　1000
　　库存现金　　　　　　　　　　　　　　　600
　　贷：其他应收款——王某　　　　　　　　1600

3）3日，计提公司管理部门固定资产折旧费20000元。会计分录如下：

借：管理费用——公司经费（折旧费）　　20000
　　贷：累计折旧　　　　　　　　　　　　　20000

4）5日，行政部门领用低值易耗品600元。会计分录如下：

借：管理费用——公司经费（低值易耗品摊销）　600
　　贷：低值易耗品　　　　　　　　　　　　　　600

5）6日，办公室李某报销业务招待费1500元，以现金支付。会计分录如下：

借：管理费用——业务招待费　　　　1500
　　贷：库存现金　　　　　　　　　　　1500

6）7日，以银行存款支付会计事务所审计费800元。会计分录如下：

借：管理费用——审计费　　　　　　800
　　贷：银行存款　　　　　　　　　　　800

7）8日，分配管理人员工资50000元，并按工资总额的14%计提职工福利费7000元。会计分录如下：

借：管理费用——管理人员工资　　　　　　　　57000
　　贷：应付职工薪酬——应付工资　　　　　　　　　50000
　　　　　　　　　　　——应付福利费　　　　　　　　7000

8）10日，计提本期离退休统筹金6000元。会计分录如下：
借：管理费用——劳动保险费　　　　　　　　6000
　　贷：应付职工薪酬——离退休统筹金　　　　　　　6000

9）16日，以银行存款支付离退休人员医药费1000元。会计分录如下：
借：管理费用——劳动保险费　　　　　　　　1000
　　贷：银行存款　　　　　　　　　　　　　　　　　1000

10）30日，按规定标准计提工会经费5000元，职工教育经费2500元。会计分录如下：
借：管理费用——工会经费　　　　　　　　　5000
　　　　　　——职工教育经费　　　　　　　2500
　　贷：应付职工薪酬——工会经费　　　　　　　　　5000
　　　　　　　　　　　——教育部门经费　　　　　　　2500

11）30日，缴纳本月的房产税1500元、车船使用税800元、土地使用税700元。会计分录如下：
借：管理费用——税金　　　　　　　　　　　3000
　　贷：应交税费——房产税　　　　　　　　　　　　1500
　　　　　　　　——车船使用税　　　　　　　　　　800
　　　　　　　　——土地使用税　　　　　　　　　　700

12）30日，以现金购买印花税150元。会计分录如下：
借：管理费用——税金　　　　　　　　　　　150
　　贷：库存现金　　　　　　　　　　　　　　　　　150

13）31日，将本月发生的管理费用记入当月损益，转入"本年利润"账户。会计分录如下：
借：本年利润　　　　　　　　　　　　　　　98750
　　贷：管理费用　　　　　　　　　　　　　　　　　98750

根据上述业务的记账凭证登记的"管理费用明细账"见表6-18。

6.5.3　财务费用的核算

1. 财务费用的内容

财务费用是指建筑企业为筹集施工生产经营所需资金而发生的各项费用，包括企业经营期间发生的短期借款利息支出、汇兑损失、金融机构手续费以及企业为筹集资金发生的其他财务费用。

2. 财务费用的核算

为了总括地核算和监督企业财务费用的发生和结转情况，应设置"财务费用"账户进行总分类核算。企业发生各项财务费用时，记入本账户的借方；期末，将本账户的余额结转于"本年利润"账户，计入当期损益。结转后本账户期末无余额。本账户应按费用项目设置明

表 6-18 管理费用明细账

(单位：元)

| 2011年 | | 凭证号 | 摘要 | 公司经费 ||||| 业务招待费 | 管理人员工资 | 劳动保险费 | 工会经费 | 职工教育经费 | 审计费 | 税金 | 合计 |
月	日			办公费	差旅交通费	折旧费	低值易耗品摊销								
12	1	1	购办公用品	1200											1200
12	2	2	报差旅交通费		1000										1000
12	3	3	计提折旧费			20000									20000
12	5	4	领低值易耗品				600								600
12	6	5	报业务招待费					1500							1500
12	7	6	付审计费										800		800
12	8	7	发放工资						57000						57000
12	10	8	提退休统筹金							6000					6000
12	16	9	提工会经费等								5000	2500			7500
12	30	11	缴纳税金											3150	3150
12	31		本月合计	1200	1000	20000	600	1500	57000	6000	5000	2500	800	3150	98750

细账,进行明细核算。

现举例说明财务费用的核算方法:

【例6-15】 某建筑企业20××年12月份发生下列有关的经济业务:

1) 25日,收到银行存款利息收入通知单,通知存款利息收入1400元。其会计分录如下:

借:银行存款　　　　　　　　　　　　　　　1400
　　贷:财务费用——利息收入　　　　　　　　　1400

2) 26日,接银行通知,支付借款利息2650元。其会计分录如下:

借:财务费用——利息支出　　　　　　　　　2650
　　贷:银行存款　　　　　　　　　　　　　　　2650

3) 27日,委托银行办理银行汇票一份,支付手续费20元。其会计分录如下:

借:财务费用——银行手续费　　　　　　　　20
　　贷:库存现金　　　　　　　　　　　　　　　20

4) 31日,企业持未到期的商业承兑汇票一张,向开户行申请贴现,汇票面值是100000元,贴现利息为1200元,实收贴现额为98800元。其会计分录如下:

借:银行存款　　　　　　　　　　　　　　　98800
　　财务费用——利息支出　　　　　　　　　　1200
　　贷:应收票据——商业承兑汇票　　　　　　　100000

5) 31日,将本月发生的财务费用计入当期损益,转入"本年利润"账户。其会计分录如下:

借:本年利润　　　　　　　　　　　　　　　2470
　　贷:财务费用　　　　　　　　　　　　　　　2470

根据上述有关记账凭证登记的"财务费用明细账"见表6-19。

表6-19 财务费用明细账　　　　　　　　　　　　　　　　（单位:元）

| 2011年 | | 凭证字号 | 摘　要 | 利息支出 | 银行手续费 | 合　计 |
月	日					
12	25	1	取得利息收入	-1400		-1400
12	26	2	支付利息支出	2650		2650
12	27	3	支付手续费		20	20
12	31	4	支付贴现利息	1200		1200
12	31		本月合计	2450	20	2470
12	31		结转	-2450	-20	-2470

建筑企业主要从事建筑安装工程的生产经营活动,通常是先有卖主(发包单位),后有产品(房屋、建筑物),企业不单独设置销售机构,发生的营业费用相对较少,因此,建筑企业一般不单独设置"营业费用"账户。在实际工作中,建筑企业发生的营业费用可并入"管理费用"账户进行核算。建筑企业附属的工业企业,如果发生的营业费用数额较大,可

增设"营业费用"账户单独进行核算。其具体核算方法与管理费用基本相同。

6.6 降低工程成本的途径及成本控制的方法

6.6.1 降低工程成本的途径

为了达到降低成本目标，保证企业成本降低总目标的实现，仅在纸上计算、预测是不行的，必须通过一些降低成本的途径来实现。由于各施工项目的工程特点不同，一般可选择以下途径来实现降低成本的目标。

1. 进行可行性研究，正确选择施工方案

可行性研究是在投资决策前，对于拟定项目从社会、经济和技术等方面进行分析、比较、论证，从中选择技术先进和经济合理的最优方案。

施工方案包括施工方法和施工机具的选择、施工顺序的安排和流水施工的组织等。正确选择施工方案是降低成本的关键。为此，企业应以合同为依据，结合项目的规模、性质、复杂程度、现场条件、装备情况、人员素质等因素综合考虑，制订几个可行的施工方案，进行可行性研究，从中优选一个最合理、最经济的施工方案。

2. 降低材料消耗

材料消耗在成本项目中所占比例较大，因此，降低材料消耗是降低成本的重要途径。为了降低成本，企业应在保证工程质量的前提下，采取以下措施节约和降低材料消耗：

1）经济批量采购，降低材料购储成本。
2）加强对运输、储存的管理，减少损耗。
3）合理用料，提高材料利用率。
4）改善技术操作方法，推广节约材料的先进经验，广泛采用现代科学技术新成果。
5）制定材料消耗定额，并实行限额领料制度，保证材料消耗定额的执行。

3. 提高劳动生产率

提高劳动生产率不仅使单位时间完成的工程量增加，而且会使固定耗费相对下降，从而达到降低成本的目的。提高劳动生产率主要有以下途径：

1）提高职工的技术水平和劳动熟练程度。
2）改进劳动组织和经营组织，改革和完善劳动用工制度。
3）推行经济责任制，将物资利益和职工贡献挂钩。

4. 提高设备利用率

提高设备利用率就是合理利用机械设备，充分发挥机械设备的效能。提高机械设备利用率，不仅可以加快工程项目的进度，同时也可以降低单位工程成本中的折旧费的比例。提高设备利用率主要有以下途径：

1）认真做好工程施工中的组织和调配，合理使用机械设备，尽量减少设备的非生产时间，增加其有效作业时间。
2）积极进行设备的革新和改造，借以提高设备的效能。
3）严格执行设备的技术操作规程，加强机械设备的保养和维修，使设备处于良好的运转状态。

4）提高工人的技术水平和劳动熟练程度，以提高机械设备的使用效率。

5. 强化监督管理和现场管理

在项目施工过程中，负责某一项目的项目经理要安排有关专业人员对施工现场进行监督，定期检查成本计划的执行情况，并且定期召开项目管理会议，检查成本计划的执行情况，分析导致成本下降或上升的因素，加强施工阶段的监督，寻求降低成本的途径。

6. 发挥激励机制，激发职工增产节约的积极性

应从项目的实际出发，选择适合项目和企业特点的激励机制，真正起到促进增产节约的作用。如对关键工序施工的关键班组实行重奖重罚，对材料损耗特别大的工序由生产班组直接承包，实行钢模零件和脚手架的有偿回收等。

7. 落实技术组织措施

从项目的技术和组织方面进行全面设计，确定降低成本的途径。技术措施要以技术优势取得经济效益，从施工作业所涉及的生产要素方面进行设计，以降低消耗为宗旨；组织措施主要从施工管理方面进行筹划，以降低固定成本，减少非生产性损失，提高劳动效率和组织管理效果为宗旨。

6.6.2 工程成本控制的方法

成本控制的方法主要解决怎样控制成本的问题，根据成本控制的对象不同、目的不同和要求不同，应采用不同的成本控制方法。成本控制方法有目标成本控制法、定额成本控制法、标准成本控制法、价值工程成本控制法、责任成本控制法等。本节主要介绍目标成本控制法和定额成本控制法。

1. 目标成本控制法

目标成本控制法是以目标成本作为成本控制的依据，目标成本是根据工程的性能、质量、价格和目标利润确定的企业在一定时期内应达到的成本水平。目标成本是由企业根据业主所能接受的价格和企业经营目标规定的目标利润来确定的，一般采用倒算的方法匡算出目标单位成本，计算如下：

$$目标成本 = 预计合同收入 - 税金 - 目标利润 \quad (6-26)$$

$$目标单位成本 = 预计单价 \times (1 - 税率) - 预计单位合同收入的目标利润 \quad (6-27)$$

目标成本控制是根据目标成本来控制成本的活动，企业将目标成本指标作为奋斗目标，提出降低成本的措施，寻求降低成本的方向和途径，使实际成本符合目标成本的要求，并不断地降低成本。

2. 定额成本控制法

定额成本控制法是以定额作为控制成本的依据，它是为了及时地反映和控制生产费用和工程成本脱离定额标准而采取的一种方法。它是在生产费用发生的当时，就将符合定额的耗费和发生的差异分别核算，是以工程的定额成本为基础，加减定额差异，来计算工程的实际成本。通过事前制定定额成本，事中按定额成本进行控制，事后计算定额差异和分析差异责任的过程，来达到成本核算与成本控制相结合、不断降低成本的目的。

工程的定额成本是以现行消耗定额为依据计算出来的工程成本，是企业在现有生产条件和技术条件下所应达到的成本水平。定额成本控制首先要根据工程项目制定工程的材料消

耗、工时消耗定额，并根据材料费的计划单价和各项消耗定额、计划工资率或计件工资单价，计算出该工程项目的材料费和人工费用。其次，将间接费用预算数按一定标准分摊到各工程中而计算出工程的间接成本。最后，将直接成本和间接成本相加，从而得出该工程项目的定额成本。

工程项目定额成本制订以后，要按定额进行施工，定额成本在执行中如果发现差异就应及时地揭示差异，并追查产生差异的原因和责任，采取有效措施，消除不利差异的影响。

本章小结

工程成本核算是施工企业成本管理的一个极其重要的环节。认真做好成本核算工作，对加强成本管理，促进增产节约，发展企业生产都有着重要的意义。

为了完整、准确、及时地记录在施工过程中发生的各项施工费用，应设置工程成本明细账（二级）和工程成本卡（三级）。

工程预算成本是根据已完（或已结算）工程的工程数量和预算单价计算的成本，它的计算依据是已完工程结算表，建筑安装工程计价定额（基价表）和人工、材料、机械台班市场价，计算方法有两种：① 实算法是按已完工程实物工程量、分部分项工程预算单价和其他直接费与间接费标准计算；② 固定比例法是按各类工程预算成本的分项比例进行计算。

工程实际成本的核算包括人工费、材料费、机械使用费、其他直接费和施工间接费的核算，分别采用不同的方法进行归集和分配。

工程成本结算通过计算各会计期已完工程的预算成本、实际成本及它们之间的差额，来反映成本的节超情况。工程成本决算是在工程竣工以后通过计算竣工工程的预算成本、实际成本及它们之间的差额，来反映竣工工程的节超情况。

费用是建筑企业在工程承包、提供劳务等日常生产经营活动中所发生的经济利益流出，包括生产成本（合同费用）和期间费用。

合同费用是建筑企业已结算工程或提供劳务的成本，是与合同收入相配比的支出。由于建造合同施工的长期性，合同费用的确认方法为：当建造合同的结果能够可靠地估计时，按完工进度百分比法计算与确认合同费用；当建造合同的结果不能够可靠地估计时，合同成本能够收回的则合同成本在其发生的当期确认为费用，合同成本不能收回的则在发生时立即确认为费用。合同费用通过"主营业务成本"账户核算，按上述方法确认的合同费用，记入该账户的借方，年末时将该账户的余额转入"本年利润"账户，结转后该账户无余额。

建筑企业的期间费用一般包括管理费用和财务费用。管理费用是企业为组织和管理企业施工生产和经营活动所发生的各项支出。财务费用是企业为筹集施工生产经营所需资金而发生的各项开支。管理费用和财务费用分别通过"管理费用"和"财务费用"账户核算，实际发生的各项管理费用和财务费用分别记入上述账户的借方，期末时将各账户的余额转入"本年利润"账户，结转后该账户无余额。"管理费用"和"财务费用"账户应按费用项目设置明细账，进行明细核算。

习 题

一、简答题

1. 核算工程成本需要设置哪些账、卡？账、卡之间的关系如何？
2. 什么是已完工程和未完工程？如何计算已完工程的预算成本？
3. 试说明人工费、材料费、机械使用费、其他直接费和施工间接费分配计入成本核算对象的方法。
4. 工程成本结算和决算的意义是什么？
5. 什么叫作费用？建筑企业的费用是由哪些内容构成的？
6. 什么叫作合同费用？合同费用是如何确认的？
7. 什么是期间费用？期间费用与工程施工成本的联系与区别在哪里？
8. 什么是管理费用？它包括哪些内容？
9. 什么是财务费用？它包括哪些内容？

二、计算题

1. 练习人工费的核算。资料：某施工单位 20×× 年 8 月份人工费核算资料如下：

（1）根据"工资分配表"应付工资如下：

1）计件工资 80000 元，其中：201 合同项目 36000 元、203 合同项目 30000 元、403 合同项目 14000 元。

2）计时工资 32000 元。

3）工资性津贴 15600 元。

4）奖金 24960 元。

5）按规定标准计提职工福利费。

6）支付劳动保护费 10920 元。

（2）施工用工资料见表 6-20。

表 6-20 施工用工资料表

工程项目	计件工日	计时工日
201 合同项目	2200	1600
203 合同项目	1400	900
403 合同项目	1000	700

要求：根据上述资料编制"人工费分配表"。

2. 练习材料费的核算。

（1）某施工单位 2011 年 8 月份材料费核算资料如下：

1）各工程领用钢材见表 6-21。材料成本差异率为 1.2%。

表 6-21 各工程领用钢材表

工程项目	计量单位	数 量	计划单价（元）
201 合同项目	t	10	2100
203 合同项目	t	100	2100
403 合同项目	t	20	2100

2）本月油漆的配置情况见表 6-22。油漆耗用情况：201 合同项目 100kg，203 合同项目 220kg，403 合同项目 80kg。

表 6-22　油漆的配置情况表

名 称 规 格	调 和 漆		松 香 水		清 漆		配置后综合料	
单价	14.00 元 /kg		6.00 元 /kg		16.00 元 /kg			
	数量 /kg	金额（元）	数量 /kg	金额（元）	数量 /kg	金额（元）	数量 /kg	金额（元）
上月结存	100		20					
本月新领或配成	200		50		100		520	
月末盘存	30		10		20		120	
本月耗用	270	3780	60	360	80	1280	400	

3）月末材料盘点结果见表 6-23。

表 6-23　月末材料盘点结果

名 称 规 格	碎 石	细 砂	砖
单价	20.00 元 /t	16.00 元 /t	180.00 元 /t
上月盘存	2000t	3000t	
本月新进	1000t	1200t	500t
月末盘存	500t	2400t	
本月耗用	2500t	1800t	500t

材料定额耗用量见表 6-24。

表 6-24　材料定额耗用量表

材料名称	计量单位	201 合同项目	203 合同项目	403 合同项目
碎石	t	1000	800	220
细砂	t	1200	200	250
砖	t	240	160	

4）周转材料使用情况见表 6-25。

表 6-25　周转材料使用情况表

工 程 项 目	架料 /m³	木模 /m³	钢模（原价）（元）
201 合同项目	100	160	8000
203 合同项目		40	120000
403 合同项目	50		

架料可使用 12 个月，残值率为 2%，单价为 500 元；木模可使用 10 次，残值率为 4%，本月使用 2 次，单价 1000 元；钢模月折旧率为 6%。

（2）要求：根据上述资料，编制有关的材料耗用计算单，并根据计算单编制"材料费分配表"。

3. 练习未完工程预算成本的计算。

某施工单位 2011 年 8 月份有关未完工程成本计算资料如下：

① 承包的 201 合同项目，月末有 8600m² 的砖内墙抹水泥砂浆工程，按预算定额的规定应该抹两遍，预算单价为 8.10 元 /m²。月末盘点时只抹了一遍。

② 承包的 203 合同项目某分部分项工程的分项单价是 3.86 元 /m²，分三道工序完成，工序价格比例为 2：4：4。月末盘点时，该分项工程已完成第一道工序为 600m²，第二道工序为 400m²，第三道工序为 200m²。

③ 承包的 403 合同项目某分部分项工程材料成本占用的比例较大，月末盘点时确定的材料数量为：水泥 50t、砂 40t、碎石 700t、钢筋 10t；材料预算单价为：水泥 320 元 /t、砂 260 元 /t、碎石 30 元 /t、钢筋 3000 元 /t。

要求：

（1）根据资料① 采用估量法计算未完工程预算成本。
（2）根据资料② 采用估价法计算未完工程预算成本。
（3）根据资料③ 采用直接法计算未完工程预算成本。

4. 练习合同费用的核算。

（1）资料：

某建筑公司签订了一项总金额为 1520 万元的建造合同，承建一幢房屋。工程于 2010 年 10 月开工，预计到 2012 年 10 月完工。2010 年末预计的工程总成本为 1200 万元，到 2011 年底预计工程总成本已为 1280 万元。建造该项工程的其他有关资料见表 6-26。

表 6-26　工程资料信息表

时间	2010 年	2011 年	2012 年
至本期末实际发生的成本（万元）	240	960	1280
完成合同尚需投入的成本（万元）	1000	320	

（2）要求：

1）确定各年的合同的完工进度百分比。
2）确认各年的合同收入、合同费用和毛利。
3）编制各年的会计分录。

5. 练习期间费用的核算。

（1）资料：

某建筑企业 2011 年 12 月份发生下列经济业务：

1）以银行存款支付管理人员差旅费 9200 元。
2）支付银行借款利息 8600 元。
3）支付房产税 2760 元，劳动保险费 1600 元。
4）支付业务招待费 6400 元。
5）支付投标费 4130 元。
6）支付供电局电费 8630 元，自来水公司水费 800 元。
7）分配管理人员工资 16000 元，应计提的职工福利费为 2240 元。
8）计提管理及试验用固定资产折旧费及发生的修理费分别为 4500 元和 1600 元。

9）支付银行手续费 60 元。
10）按企业职工工资总额计提工会经费 7000 元、职工教育经费 5000 元。
（2）要求：
1）根据上述经济业务做出会计分录。
2）设置并登记"管理费用明细账"和"财务费用明细账"。

第 7 章
工程成本会计报表的编制与成本分析

工程成本会计报表是依据日常成本核算资料定期编制的，用以反映建筑企业成本水平，分析和考核建筑企业在一定时期内的工程成本和费用计划执行情况及其结果的会计报表。在企业会计报表体系中，依据现代会计制度，成本报表不作为企业向外报送的会计报表，主要是为了满足企业内部管理需要的内部会计报表。因此，工程成本会计报表的种类、格式和内容可根据建筑企业生产经营特点和管理要求自行确定。

7.1 工程成本会计报表的作用和种类

7.1.1 工程成本会计报表的作用

编制工程成本会计报表是工程成本会计的一项重要内容。工程成本会计报表的作用主要表现在以下几个方面：

1. 全面反映企业的成本和费用状况

工程成本会计报表是反映企业工程施工各方面工作质量的一项综合性报表。企业工程施工中资源耗费的多少、技术水平的高低、劳动效率的高低、设备利用率的高低、产品质量的优劣、资金周转的快慢及外部环境的变化等都会直接或间接地影响工程成本的升降。

2. 为制订工程成本计划与企业经营决策提供依据

工程成本计划是在上年度工程成本费用实际水平的基础上，结合上年度工程成本费用计划或预算的执行情况，考虑计划年度有可能出现的各种有利和不利因素制订的。所以上年度工程成本会计报表所提供的信息资料，是制订下年度工程成本费用计划的参考依据。此外，管理部门还可以根据工程成本会计报表对未来时期的成本费用进行预测，为工程施工制定正确的经营决策和加强成本控制提供依据。

3. 工程成本会计报表是评价和考核成本管理业绩的依据

工程成本会计报表提供的信息，及时反映了工程成本的升降情况和变动趋势，从而为工程成本的分析和考核提供依据，明确各责任单位的执行计划和费用预算的成绩和责任，有利于及时总结工程施工过程中的经验教训，以便采取措施改进施工与管理工作。

4. 利用工程成本会计报表资料进行成本分析

对工程成本会计报表进行分析，可以揭示成本差异对产品成本升降的影响程度，及时发现产生差异的原因和责任，以便有针对性地采取措施，进一步挖掘降低成本的潜力。

7.1.2 工程成本会计报表的种类

成本报表按不同行业分，可分为施工企业的成本报表（包括工程成本表、竣工工程成本表和施工间接费明细表等）、工业企业的成本报表（包括产品成本表、主要产品单位成本表、制造费用明细表、管理费用明细表、财务费用明细表、营业费用明细表等）、房地产企业的成本报表（包括在建开发产品成本表、完工产品成本表）等。下面重点介绍施工企业的成本报表。

1. 按反映的经济内容的不同分类

工程成本会计报表按反映的经济内容的不同可分为成本报表和费用报表。

（1）成本报表　它是反映工程成本的构成及升降情况的报表，如工程成本表、竣工工程成本表和施工间接费明细表等。

（2）费用报表　它是反映期间费用的构成及升降情况的报表，如管理费用明细表、财务费用明细表等。

2. 按编制的时间不同分类

工程成本会计报表按编制的时间不同可分为月报、季报和年报。

（1）月报　它是按月编制的，反映企业一个月的成本和费用情况的报表。

（2）季报　它是按季编制的，反映企业一个季度的成本和费用情况的报表。

（3）年报　它是年终决算报表，反映建筑企业全年度的成本和费用情况的报表。

3. 按编制的范围分类

工程成本会计报表按编制的范围不同可分为公司成本报表、项目部成本报表和班组成本报表。

（1）公司成本报表　它是反映建筑企业会计期间的成本和费用情况的报表。

（2）项目部成本报表（施工队成本报表）　它是反映项目部（施工队）会计期间的成本和费用情况的报表。

（3）班组成本报表　它是反映班组会计期间的成本和费用情况的报表。

4. 财务状况说明书

为了分析建筑企业财务成本计划的执行情况，提出今后加强施工生产管理的具体措施和意见，建筑企业在编制季度、年度工程成本会计报表的同时，还应编制"财务状况说明书"。该说明书应主要说明：建筑企业的施工生产经营状况、成本计划的完成情况、成本的构成和节约超支情况，以及提高资金使用效果、降低成本的主要措施和意见。

工程成本会计报表的种类、格式、编制方法和报送日期等，应由企业内部的会计制度做统一规定。

7.1.3 工程成本会计报表的编制要求

为了提高工程成本会计报表的质量，充分发挥工程成本会计报表的作用，应遵循以下编制要求：

1. 真实性

工程成本会计报表的指标数字必须真实可靠，能如实地集中反映企业实际发生的成本费用。为此，成本报表必须根据审核无误的账簿资料编制，不得随意使用推算或估算的数据，更不得弄虚作假，篡改数字，也不能为赶编工程成本会计报表而提前结账。

2. 完整性

应按照企业内部会计制度规定的报表种类、格式和内容填报，不得漏编或漏报。各种报表中的项目和补充资料，也应填写齐全，同时还应按规定编制"财务状况说明书"。

3. 准确性

准确性是指报表中的数据必须真实、准确、可靠。为此，在编制报表前应做好以下各项准备工作：做好资产清查；认真核对账目，结清账项；做到账实、账证、账卡相符。编制报表后还应检查账表是否相符，表表是否相符，只有这样，才能保证报表中的数据和各项指标准确可靠。

4. 及时性

及时性是指按规定日期报送成本报表。报表的时效性很强，必须在规定的期限内迅速编制，及时报送，才能满足使用者的要求，才能充分发挥成本报表应有的作用。

7.2 工程成本会计报表的编制

7.2.1 工程成本表

工程成本表是反映施工单位在一定时期（月份、季度、年度）内，已完工程成本情况的会计报表。通过该表提供的资料，可以了解施工单位已完工程的成本构成及升降情况，有利于考核成本计划的执行情况和结果。

工程成本表应按工程成本项目分别列示，分别反映本期及本年各成本项目及总成本的预算数、实际数、降低额和降低率。其示例见表 7-1。

表 7-1 工程成本表

编制单位：××施工单位　　　　20××年12月　　　　（单位：元）

成本项目	本期数				本年累计数			
	预算成本	实际成本	降低额	降低率（%）	预算成本	实际成本	降低额	降低率（%）
人工费	179240	190900	−11660	−6.5	2008769	1626045	382724	19.1
材料费	1323593	1204323	119270	9.0	13430677	14288240	−857563	−6.4
机械使用费	64540	32500	32040	49.6	468940	115020	353920	75.5
其他直接费	65080	40820	24260	37.3	464250	654220	−189970	−40.9
施工间接费	165231	231501	−66270	−40.1	921000	943690	−22690	−2.5
工程总成本	1797684	1700044	97640	5.4	17293636	17627215	−333579	−1.9

工程成本表中的各栏目的填列方法如下：

（1）预算成本　预算成本指已完工程的预算成本，根据实际完成的工程量，并按照施工图预算所列单价、其他直接费和施工间接费取费标准等计算填列，也可直接根据预算成本计算表中有关数据填列。

（2）实际成本　实际成本指已完工程的实际成本，根据建筑安装工程成本明细账中有关数据填列。

（3）降低额　降低额是指预算成本减去实际成本的差额，如为负数，则反映工程成本超支。

（4）降低率　降低率可按下式计算：

$$某项目成本降低率 = \frac{本项目成本降低额}{本项目预算成本} \times 100\% \tag{7-1}$$

7.2.2　竣工工程成本表

企业或其所属内部独立核算的施工单位应定期编制竣工工程成本表，用以反映每一季度和年度内已经完成工程设计文件所规定的全部工程内容，以及已与发包单位办理移交和竣工结算手续的工程的全部成本情况。

设置本表是为了反映施工单位竣工工程自开工时起至竣工时止的全部成本及其节约或超支情况。通过竣工工程成本的计算，可以积累工程成本资料，研究同类工程的成本水平。同时通过竣工工程当年预算成本同工程成本表中当年结算的工程预算成本相比较，可以分析施工单位的竣工率和反映施工单位的工程建造速度。

竣工工程成本表包括"工程名称""竣工工程量""预算成本""实际成本""成本降低额"和"成本降低率"等栏目，其格式见表7-2。其中各栏的填列要求如下：

表 7-2　竣工工程成本表

编制单位：××施工单位　　　　　20××年第4季度　　　　　　　　（单位：元）

工程名称	行次	竣工工程量/m²	预算成本 总成本	预算成本 其中：上年结转	实际成本	成本降低额	成本降低率（%）
		1	2	3	4	5	6
一、自年初至上季末止的竣工工程累计			8650000	4700000	8458000	92000	2.22
二、本季竣工工程合计			4588000	910000	4236000	352000	7.67
其中：（按主要工程分项填列）							
1. 104合同项目（厂房）		3000	4588000	910000	4236000	352000	7.67
2. 204合同项目（办公楼）							
三、自年初起至本季末止的竣工工程累计			24126500	5230000	14781600	9344900	38.73

1）竣工工程量：填列竣工工程的实物工程量，其计量单位以统计制度规定为准。如房屋建筑工程则填列竣工房屋建筑面积。

2）预算成本：填列各项竣工工程自开工起至竣工止的全部预算成本，根据调整后的工程决算书填列。"其中：上年结转"一栏是填列跨年度施工工程在以前年度已办理过工程价款结算，在本季度内竣工的工程预算成本。

3)实际成本:填列各项竣工工程自开工起至竣工止的全部实际成本,根据"建筑安装工程成本卡"的成本资料填列。

4)本季竣工工程合计:根据本季竣工的各项工程汇总填列,其中主要工程应按成本计算对象分项填列。

5)自年初起至上季末止的竣工工程累计:"工程名称"栏内的第一项,即为上季度本表的第3项"自年初起至本季末止的竣工工程累计"。第一季度编制本表时,此项不填。

7.2.3 施工间接费明细表

施工间接费明细表是反映施工单位在一定时期内为组织和管理工程施工所发生的费用总额和各明细项目数额的报表。该表按费用项目分列"本年计划"和"本年累计实际"栏目。该表可以反映施工间接费的开支情况,以及为分析施工间接费计划完成情况和节超原因提供依据。

为了反映施工单位各期施工间接费计划的执行情况,施工间接费明细表应按月进行编制,其示例见表7-3。表中"本年计划"一栏应按当期计划数填列,12月份的施工间接费明细表按当年计划数填列。"本年累计实际"栏可根据"施工间接费明细账"中资料填列。

表7-3 施工间接费明细表

编制单位:××施工单位　　　　　20××年12月　　　　　(单位:元)

费用项目	行次	本年计划	本年累计实际
一、临时设施费		276000	253000
二、现场管理费		1253600	1329400
1. 管理人员工资及福利费		408000	407000
2. 固定资产使用费		105800	115000
3. 物料消耗		2300	2400
4. 低值易耗品使用费		136000	160000
5. 办公费		205500	200000
6. 水电费		36000	25000
7. 差旅交通费		150400	162000
8. 财产保险费		20500	18000
9. 劳动保护费		160600	140000
10. 工程保修费		20000	18000
11. 其他费用		8500	82000
合计		1529600	1582400

财务费用明细表和管理费用明细表的编制方法及格式与施工间接费明细表的基本相同,此处不再赘述。

7.3 工程成本分析

7.3.1 工程成本分析的作用

工程成本分析是按照一定的原则，采用一定的方法，利用工程成本计划、工程成本核算所提供的成本指标和其他一些资料，全面地分析成本计划完成情况，从而揭示实际与计划（或预算）的差异，查明成本升降原因，寻求降低成本的途径和方法。工程成本分析是工程成本核算与工程成本会计报表编制工作的继续和发展。

工程成本分析的作用是：可以掌握工程成本计划的完成程度及其影响工程成本的因素，评价工程成本计划的优劣，为未来时期成本计划的编制提供依据；以便总结经验教训，进一步改善工程施工管理；可以正确认识和掌握成本变动的规律性，为工程施工管理决策人做出正确的决策提供依据；可以揭示有关单位和部门在成本管理中的经验，有利于促进增产节约工作的深入开展。

7.3.2 影响工程成本的因素

影响工程成本的因素很多，归结起来可分为企业内部和企业外部两个方面的因素。

1. 企业内部的因素

企业内部的因素主要有：职工的素质，包括职工的身体、思想、文化、技术等方面的水平，职工素质的高低对劳动生产率有直接的影响；物资消耗和利用水平，包括材料配比、材料使用和综合利用等是否合理等，物资消耗和利用水平直接影响材料费成本；机械设备利用程度，包括机械设备的时间利用情况和在单位时间内生产效率的高低，都会影响机械使用费成本；机构设置是否符合精简、高效的原则，生产人员和非生产人员的比例是否合适，以及费用的支出是否符合节约的要求等，都会影响施工间接费成本；工程质量的高低，也会直接影响工程成本的高低。

2. 企业外部的因素

外部的因素主要有：施工所处的地理位置，外购材料的价格升降，施工任务和物资供应情况等，都会影响着工程成本的高低。

7.3.3 工程成本分析的方法

1. 工程成本分析的技术方法

工程成本分析应借助于一定的技术方法。技术方法主要有比较分析法和因素分析法两种。

（1）比较分析法　比较分析法又称对比分析法，它是通过将分析期的实际数同某些选定的基准数（比较常用的基准数有计划数、定额数、预算数、前期或以往年度同期数等）进行对比，来揭示实际数与基准数之间的差异，借以了解成本管理中的成绩和问题的一种分析方法。其主要形式有以下几种：

1) 将实际数与定额数或计划数进行对比，可以揭示定额或计划的执行情况。

2) 将实际数与预算数进行对比，可以揭示成本的节约超支情况。

3）将本期实际数与前期实际数或以往年度实际数进行对比，可以揭示成本的发展变化趋势。

（2）因素分析法　因素分析法是把成本综合性指标分解为若干个因素，研究各因素变动对成本指标变动影响程度的一种分析方法。因素分析法主要有连环替代法和差额计算法两种，在此重点讲述连环替代法。

运用连环替代法的基本步骤如下：
1）确定分析对象。
2）确定某项指标的构成因素。
3）确定各个因素与该指标的关系。
4）计算确定各个因素对该指标的影响程度。

假如经济指标 M 受 X、Y、Z 三个因素影响，则关系式为 $M=XYZ$。设计划指标 $M_0=X_0Y_0Z_0$，实际指标 $M_1=X_1Y_1Z_1$，该指标计划与实际的差异为 $N=M_1-M_0$。现以 $N=M_1-M_0$ 为分析对象，各因素变动对 N 的影响程度可按以下方法计算：

X 因素变动对 N 的影响程度：

$$X_1Y_0Z_0 - X_0Y_0Z_0 = (X_1-X_0)Y_0Z_0 \tag{7-2}$$

Y 因素变动对 N 的影响程度：

$$X_1Y_1Z_0 - X_1Y_0Z_0 = (Y_1-Y_0)X_1Z_0 \tag{7-3}$$

Z 因素变动对 N 的影响程度：

$$X_1Y_1Z_1 - X_1Y_1Z_0 = (Z_1-Z_0)X_1Y_1 \tag{7-4}$$

2. 工程成本分析的具体方法

工程成本分析的具体方法为：从总体上对工程成本进行综合分析，初步评价成本计划的执行情况；以单位工程为对象，分析单位工程成本计划的执行情况；分析各成本项目的数量差异与价格差异因素，查明成本节约或超支的原因。

（1）工程成本的综合分析　工程成本的综合分析是对成本计划的完成情况进行总的评价，初步揭示成本计划的完成情况和原因，为进一步查明成本升降原因指明方向。工程成本的综合分析一般采用比较分析法，主要形式有：实际成本与预算成本比较，用以检查成本的超支和节约情况；实际成本与计划成本比较，用以检查是否完成成本计划规定的降低成本指标，以及技术组织措施计划和间接成本计划的执行情况及其产生的经济效果；本期成本与前期或某一基期成本比较，用以检查工程施工管理的改进情况等。

（2）按工程成本项目进行分析　为了进一步查明工程成本节约超支的具体原因，在综合分析的基础上，还应按成本项目进行具体的分析。

1）材料费项目分析。材料费项目分析的主要依据是工程预算、材料计划价格和材料实际成本等，通过实际与预算的对比，找出材料费节约或超支的原因。引起材料费节超的主要因素有数量差和价格差。数量差（耗用量差）即实际耗用数量与定额用量的差异；价格差即材料实际价格与材料计划价格的差异。

某施工单位 20×× 年度主要材料耗用量差异分析、价格差异分析与材料费分析分别见表 7-4、表 7-5、表 7-6 所示。

表7-4 主要材料耗用量差异分析表

材料名称	规格	单位	材料用量		数量差异		
			定额	实际	节超数量	单价（元）	节超额（元）
钢筋	（略）	t	3000	2550	−50	4000	−200000
水泥		t	6000	5400	−600	180	−108000
红砖		千块	12000	11750	250	176	−44000
合计							−352000

表7-5 主要材料价格差异分析表

材料名称	规格	单位	计划单价（元）	实际单价（元）	价格差异（元）	实际耗用量	由于价差影响材料成本（元）
钢筋	（略）	t	4000	3980	−20	2550	−51000
水泥		t	180	178	−2	5400	−10800
红砖		千块	176	179	3	11750	35250
合计							26550

表7-6 材料费分析表

预算成本（元）	实际成本（元）	成本降低额（元）	降低率（%）	其中			
				量差		价差	
				金额（元）	量差率（%）	金额（元）	价差率（%）
13192000	12813450	−378550	−2.86	−352000	−2.66	−26550	−0.20

由以上资料可知，该施工单位材料成本降低额为378550元，降低率为2.86%，其中属于材料数量差异的因素发生的降低额为352000元，属于价格差异的因素发生的降低额为26550元。说明该单位材料成本降低的主要因素是材料数量的节约。

影响材料费节超的原因很多，应从以下几个方面进行重点分析：是否做好材料验收、保管和发放工作，防止材料短缺、损坏和丢失；是否充分利用和代用材料，做到修旧利废、物尽其用；是否认真执行材料消耗定额，节约材料消耗；是否认真采取各项技术组织措施，并收到预期的效果等。

2）人工费项目分析。人工费项目分析的主要依据是人工费预算成本和实际成本，通过实际成本与预算成本的对比，来分析人工费节超的原因。影响人工费节超的因素主要有：工日差，即实际耗用工日数同定额工日数的差异；日工资标准差，即建筑安装工人日平均工资与定额规定的日平均工资的差异。

某施工单位20××年度人工费分析见表7-7。

表 7-7 人工费分析表

项　目	单　位	定　额	实　际	差　异
建筑安装工人平均工资等级	级	3.7	3.5	−0.2
建筑安装工人日平均工资	元	18.8	18.36	−0.44
工程用工数	工日	346682	366803	20121
人工费成本	元	6517622	6734503	216881

上述资料表明，人工费超支216881元，其中：由于平均技术等级低，工程用工数超支20121工日，因而超支人工费378275元（20121工日×18.8元/工日）；由于日人工费标准低于定额0.44元，因而节约人工费161393元（366803工日×0.44元/工日）。

影响人工费节超的原因除按上述分析外，还应从工资构成的变化、平均工资和技术等级的升降、技普工比例和工种之间的平衡、技术工人用工和辅助用工数量的增减、工时利用的水平和工效高低等方面，深入分析主客观原因。

3）机械使用费分析。企业施工机械分自有和租赁两种，故机械使用费也要采取不同的方法进行分析。自有机械由于类别、数量比较多，为减少分析工作量，对于大型和重点核算机械可按前述方法进行分析。租赁机械在使用时要支付台班费，停用时要支付停置费，因此应着重分析台班利用率和机械实际效能，即要分析台班产量定额的工效差和台班费用的成本差等。一般机械可综合进行分析。在机械使用费分析中，在上述分析的基础上，还应重点分析：机械化程度的变化、机械利用效率的高低、油料消耗定额的执行情况、机械设备完好率和利用率情况，以及因管理不善所造成的各种损失等。

4）其他直接费分析。主要分析其他直接费中各项费用节超的情况及原因，分析的方法是以预算收入（包括预算用量）与实际成本（包括实际用量）进行比较，从而找出原因，改进管理。

5）施工间接费分析。间接费的节约或超支，主要受两个因素的影响：一是完成施工产值的大小对预算收入的影响；二是施工管理水平及费用支出的控制力度对费用支出的影响。其分析方法为：实际开支数与预算收入数比较，确定间接费的节约额或超支额；实际开支数与计划开支数比较，检查是否完成成本计划规定的降线指标。由于间接费中大部分项目的开支数是相对固定的，如管理人员工资、办公费、差旅费、折旧费及修理费等，一般不随施工产量的增减而变动，所以按预算收入数考核实际支出的水平，往往不能真实反映间接费节超的真实水平，因此在分析时除将实际开支与预算收入比较外，还应将实际发生数与计划开支数进行对比，才可以全面地反映其超支节约的真实情况。

某施工单位20××年度间接费分析见表7-8。

表 7-8 施工间接费分析表　　　　　　　（单位：元）

项目费用	计　划　数	实　际　数	差　额
1. 管理人员工资及福利费	300000	303000	3000
2. 办公费	106500	100000	−6500
3. 差旅费	240800	234000	−6800

(续)

项目费用	计划数	实际数	差额
4. 固定资产使用费	104500	105000	500
5. 低值易耗品使用费	156000	153000	−3000
6. 劳动保险费	140800	140200	−600
7. 保险费	20200	17200	−3000
8. 水电费	25000	18000	−7000
9. 工程保修费	20000	18000	−2000
10. 其他费用	71000	72000	1000
合计	1184800	1160400	−24400

从表 7-8 可以看出，实际数比计划数节约 24400 元，计划执行情况较好。但从费用明细来看，工资与福利费、固定资产使用费、其他费用等均有超支现象，应进一步深入分析这几项费用超支的原因，从而采取措施，加强管理，节约今后的费用开支。

施工间接费应重点分析以下内容：非生产人员的数量是否超过上级下达的定员指标，非生产用工现象是否得到改善；是否严格执行国家财政制度和费用开支标准，切实加强费用计划管理；是否按规定标准发放和有效使用低值易耗品，做到修旧利废、物尽其用。

工程成本的分析，除了上述内容外，还应从以下几个方面对工程成本进行全面的分析：分析技术组织措施计划的完成情况，找出完成或未完成计划的原因，进一步挖掘节约潜力；分析合理化建议、技术革新对降低成本的作用和影响，检查有无片面追求节约而不顾质量的现象；分析开展样板工程对降低成本的作用和影响；分析实行奖励制度对降低成本的作用和影响，检查有无因奖金计发不当而影响成本的现象；分析预算成本的高低，检查有无高估多算等不合理的降低成本现象。

本章小结

工程成本会计报表是通过表格的形式对建筑企业发生的成本费用进行归纳和总结，为企业的内部管理提供所需的会计信息。工程成本会计报表可为企业的经营决策提供依据，为工程成本的分析提供资料。为了充分发挥成本报表的作用，保证成本报表的质量，编制成本报表应做到报送及时、内容完整、数字准确。

建筑企业应编制的成本报表主要有：工程成本表、竣工工程成本表、施工间接费明细表等。这些报表通常是根据企业工程成本的实际发生资料、预算或计划资料进行编制，并做出对比分析，揭示成本水平和成本差异，为企业的经营决策提供依据。

工程成本分析是工程成本核算与工程成本会计报表编制工作的继续。通过工程成本分析，可以揭示成本差异，分析成本升降的原因，挖掘降低成本的潜力。工程成本分析的技术方法主要有比较分析法、因素分析法等。比较分析法可揭示成本的差异，因素分析法可查明成本升降的原因。

工程成本分析主要包括工程成本的综合分析和按工程成本项目所进行的分析。工程成本的综合分析就是初步揭示成本计划的完成情况，并对成本计划的完成情况进行总的评价，为进一步深入分析成本指明方向，一般采用比较法。为了查明工程成本节超的具体原因，在综合分析的基础上，还应按成本项目进行具体分析。对于人工费、材料费和机械使用费项目，应从数量差、价格差两个因素分析节超的原因；其他直接费项目应将实际开支数与预算收入数进行比较，分析各项费用节超的情况和原因；施工间接费项目应从两个方面进行分析，即先将实际开支数与预算收入数进行比较，确定各项费用的节超情况，然后将实际开支数与计划开支数进行比较，才可以全面地反映其节超的真实情况。各成本项目除采用上述方法分析外，还应进行重点分析，以查明成本节超的具体原因，指明挖掘成本潜力的方向。工程成本在上述分析的基础上，还应进行全面的分析。

习 题

一、简答题

1. 什么叫作工程成本会计报表？工程成本会计报表具有什么作用？
2. 简述编制工程成本会计报表的一般要求。
3. 工程成本会计报表主要说明什么问题？它与竣工工程成本表有何不同？
4. 什么叫作工程成本分析？进行工程成本分析的主要目的是什么？
5. 影响工程成本的因素有哪些？
6. 如何进行工程成本的综合分析？
7. 如何按工程成本项目进行工程成本分析？
8. 工程成本全面分析的主要内容有哪些？

二、案例分析

1. 某企业生产甲产品，有关资料见表 7-9、表 7-10。

表 7-9 主要产品单位成本表 （单位：元）

成本项目	上年实际平均	本年计划	本年实际
原材料	1862	1890	2047
工资及福利费	150	168	164
制造费用	248	212	209
合计	2260	2270	2420

表 7-10 单位甲产品耗用原材料资料表

成本项目	上年实际平均	本年计划	本期实际
原材料消耗量 /kg	950	900	890
原材料单价（元）	1.96	2.10	2.30

1）根据上述资料，分析甲产品单位生产成本的计划完成情况。
2）分析影响原材料费变动的因素和各因素对材料费变动的影响程度。

2. 甲企业 2009 年度利润总额为 430000 元，成本、费用总额为 5000000 元。乙企业 2009 年度利润总额为 320000 元，成本、费用总额为 4000000 元。试分析哪一个企业的经营状况好一些。

3. 某企业利用 A 材料加工成甲产品，单位产品 A 材料计划消耗量为 10kg，实际为 9.5kg；A 材料计划单价为 20 元，实际为 22 元；单位产品 A 材料消耗计划成本为 200 元（10×20），实际成本为 209 元（9.5×22）。运用连环替代法分析单位产品材料消耗量和材料单价两个因素对甲产品材料成本的影响，并编制成本分析表。

第 8 章
财务报告分析与评价

8.1 财务报告分析

8.1.1 财务报告分析概述

财务分析是指以会计核算和报表资料及其他相关资料为依据，采用一系列专门的分析技术和方法，对企业的财务状况和经营成果进行评价和剖析，为企业利益相关者了解企业过去、评价企业现状、预测企业未来、做出决策提供帮助。

一般认为，财务分析产生于 19 世纪末 20 世纪初期。早期财务分析的目的是为银行信贷提供服务。这是由于当时企业的融资渠道主要为银行信贷。这一时期的财务分析主要侧重于偿债能力分析。随着企业组织形式的变化、公司制的产生，投资者对公司产生了更高的获利要求，为提高公司的盈利能力和偿债能力，满足公司筹资需求，公司的管理层需要利用内部信息，获取分析数据为管理服务。因此，财务分析成为企业加强内部管理的重要依据，并使财务分析由外部分析发展到内部分析。在现代公司制度下，财产的所有权和使用权实现了分离。两权分离不可避免地带来了信息的不对称问题。为了消除股东和经营者的信息不对称，便产生了现代公司财务报告制度，即公司管理者定期向股东提交反映公司财务状况、经营成果、现金流量状况的财务报告及其文字说明。

8.1.2 财务报告分析的方法

财务分析要借助一定的方法来进行，主要包括定性分析和定量分析两个方面。定性分析主要是根据主观判断对财务状况及经营成果进行分析。定量分析主要是从量的角度，对财务数据进行的客观分析。在财务分析中，最主要的分析方法是定量分析法。定量分析法主要有比较分析法、比率分析法和因素分析法等。

1. 比较分析法

比较分析法又称对比分析法。它是通过两个或两个以上可比的财务数据进行对比，揭示差异和矛盾，是财务分析中最基本的分析方法。比较分析法包括趋势分析法和横向比较法。

（1）趋势分析法　企业各个时期的财务状况及经营成果都处于不断变化之中，这种变化的结果表现为同一指标在不同时期具有不同的结果。通过对同一指标不同时期资料的对比分析，就可以分析评价该项指标的变化趋势和发展前景。趋势分析法主要用于分析经济指标的执行结果是否达到预算的要求，或者与历史同期相比的增减变化情况，即分析本期实际数与预算数、与历史数据相比的增减额、增减变动百分比，主要用于时间序列分析。例如，从企业各年利润总额的变动趋势，分析企业盈利能力的增长潜力。在实际工作中，这种分析方法往往要收集若干年度的财务资料，然后将某个年度的该项经济指标数据作为基数，其他各年度的数据与基数进行比较，分析该项经济指标的发展变化趋势。趋势分析法可以通过编制不同时期的对比分析表来进行。

（2）横向比较法　横向比较法即与同行业的平均数或竞争对手的可比财务数据进行对比。例如，通过与行业工程结算收入总额的对比，分析企业在建筑市场所占的建筑安装工程份额和竞争实力等。

在采用比较分析法时，必须选择合适的比较基础，作为分析评价企业当期实际财务数据的对比标准。在采用趋势分析法将历史财务数据作为对比标准时，必须注意各个年度财务数据的可比性。因为随着企业经营的多元化，企业经营规模的扩大，以及企业施工经营环境特别是建筑市场景气度的变化等，都会使当年与历史的财务数据不可比。同样，在采用横向比较法将同行业财务数据作为对比标准时，也要注意与对比企业财务数据的可比性。同时，同行业财务数据的平均数，只能代表行业的一般情况，不一定有代表性或可比性。因而不如选择与本企业施工经营规模相似的企业，或行业中竞争对手作为对比标准。

2. 比率分析法

比率分析法是企业财务报表分析中应用最多的一种方法。财务报表中某些财务数据之间存在着某种联系。比率分析法就是通过计算各种比率来确定经济活动变动程度的分析方法。常用的比率主要有构成比率、效率比率和相关比率。

（1）构成比率分析法　构成比率反映部分与总体的关系。在财务分析中，可以通过个别指标占总体指标比例的大小，了解个体对总体的影响程度，并根据影响程度采取不同的对策。以对收入的分析为例，企业的收入来源较多，通过对各项收入占全部收入比例的分析就可以了解收入管理的侧重点。同理，企业的成本费用也是由多个项目组成的，通过对各个成本费用项目占总成本费用比例的分析，也可以找出成本费用控制的重点。将不同时期各项指标占总体指标的比例进行对比分析，可以了解工作重点的转向及变化情况，及时分析原因，如流动资产占资产总额的比率，可以用来分析企业资产配置状况。

（2）效率比率分析法　效率比率是某项财务活动中所得与所费的比例，反映投入与产出的关系，是反映投资效果的指标，如净资产收益率、营业净利率等。利用效率比率指标，可以进行得失比较，考查经营成果，评价经济效益。

（3）相关比率分析法　相关比率反映有关经济活动的相互关系。如流动比率，即资产负债表中的流动资产与流动负债的比率，可以用来分析企业的短期偿债能力。

比率分析法的优点是计算简便，计算结果比较容易判断，而且可以使某些指标在不同规模的企业之间进行比较，能消除企业规模等因素的影响，使不同的比较对象具有可比性。

3. 因素分析法

在企业的财务管理中，影响财务状况和经营成果的因素是多方面的。当某种经济指标的实际数与预算数或历史数据产生差异时，需要分析造成这种差异的原因。分析各因素对指标影响程度的方法，主要有连环替代法、差额计算法和指标分解法。

（1）连环替代法　连环替代法是分析某一指标的完成情况受哪些因素的影响及其影响

程度的方法。企业各项指标的完成情况，通常是受许多因素综合影响的结果。在这些因素中，有的因素起着积极的促进作用，有的因素起着消极的阻碍作用，而各个因素所起的促进和阻碍作用，也有主次之分。通过因素分析，就可以了解各个因素对指标完成情况的影响及其影响的程度，从而进一步查明具体原因，以便采取改进措施。

（2）差额计算法　凡指标金额变动是由各个因素增减额形成的，则可通过计算各个因素的增减额来确定各个因素对指标的影响程度。例如，固定资产净值的增减是固定资产原值和累计折旧额增减的结果。在分析固定资产净值的增减原因时，只要计算固定资产原值和累计折旧的增减额，就可分析出固定资产原值和累计折旧额因素对固定资产净值增减的影响程度。

（3）指标分解法　指标分解法是通过财务指标的内在联系，对指标逐一分解，从彼此间的依存关系，揭示指标形成的前因后果的一种分析方法。施工企业的财务指标，要受多方面因素的影响，并且施工、经营、管理等方面的因素是相互联系、相互制约的。例如，利润总额的增加，与已完工程数量、工程预算造价、工程成本、其他业务经营、管理费用、财务费用、对外投资经济效益等因素，都是彼此相关、相互依存的，并且是在这些因素影响下形成的。企业经营者在进行分析时，必须将相互关联的各项因素加以分类、排列，指出哪些是主要的因素，哪些是从属的因素，它们之间的因果关系怎样，从而找出矛盾所在，提出切实措施。

8.2 基本财务比率的计算和分析

财务比率分析是比率分析法在财务分析中的具体应用，一般分为外部比较和内部比较。外部比较是企业之间的比较。它以同行业企业或同类型企业的平均值为基础进行比较。内部比较是将企业近几年的财务比率进行比较，分析和考察本企业的财务状况和变化趋势。

8.2.1 偿债能力比率

偿债能力主要反映企业偿还到期债务的能力。债务一般按到期时间分为短期债务和长期债务，偿债能力也由此分为短期偿债能力和长期偿债能力。

（1）短期偿债能力比率　常用的短期偿债能力比率包括流动比率、速动比率等。

1）流动比率。流动比率是企业流动资产与流动负债的比率，其计算公式为

$$流动比率 = \frac{流动资产}{流动负债} \tag{8-1}$$

流动比率假设全部流动资产都可用于偿还流动负债，表明每 1 元流动负债有多少流动资产作为偿债保障，是对短期偿债能力的粗略估计。流动比率适合用于同行业比较以及本企业不同历史时期的比较。而不同行业的流动比率通常有明显差别，过去认为生产性行业合理的最低流动比率为 2 比较合理。但这只是一个参考值，随着企业经营方式和金融环境的变化，流动比率有下降的趋势。

如果流动比率过高，则要检查其原因，是否是由资产结构不合理造成的，或者是募集的长期资金没有尽快投入使用，或者是由其他原因造成的；如果流动比率过低，企业近期可能会有财务方面的困难。偿债困难会使企业的风险加大。

2)速动比率。速动比率是指企业的速动资产与流动负债之间的比率关系。其中,速动资产是指能够迅速变现为货币资金的各类流动资产,通常有两种计算方法:一种方法是将流动资产中扣除存货后的资产统称为速动资产,即速动资产=流动资产-存货;另一种方法是将变现能力较强的货币资金、交易性金融资产、应收票据、应收账款和其他应收款等加总作为速动资产,即速动资产=货币资金+交易性金融资产+应收票据+应收账款+其他应收款。在企业不存在其他流动资产项目时,这两种方法的计算结果应一致。否则,用第二种方法要比第一种方法准确,但比第一种方法复杂。其计算公式为

$$速动比率 = \frac{速动资产}{流动负债} \tag{8-2}$$

速动比率是假设速动资产是可偿债资产,表明每1元流动负债有多少速动资产作为偿债保障,是对短期偿债能力的粗略估计。由于速动资产的变现能力较强,因此,经验认为,速动比率为1就说明企业有偿债能力,低于1则说明企业偿债能力不强,该指标越低,企业的偿债能力越差。

在企业的流动资产中,存货的流动性最小。在发生清偿事件时,存货蒙受的损失将大于其他流动资产。因此一个企业不依靠出售库存资产来清偿债务的能力是非常重要的。但是一些应收账款较多的企业,速动比率可能要大于1,因此,影响速动比率可信性的重要因素就是应收账款的变现能力。

(2)长期偿债能力比率 常用的长期偿债能力比率包括资产负债率、产权比率、权益乘数等。

1)资产负债率。资产负债率是企业总负债与总资产之比,它既能反映企业利用债权人提供资金进行经营活动的能力,也能反映企业经营风险的程度,是综合反映企业长期偿债能力的重要指标。其计算公式为

$$资产负债率 = \frac{负债总额}{资产总额} \times 100\% \tag{8-3}$$

从企业债权人角度看,资产负债率越低,说明企业偿债能力越强,债权人的权益就越有保障。从企业所有者和经营者角度看,通常希望该指标高些,这有利于利用财务杠杆增加所有者获利能力。但资产负债率过高,企业财务风险也会增大。因此,一般地说,该指标为50%比较合适,有利于风险与收益的平衡。

2)产权比率和权益乘数。产权比率和权益乘数是资产负债率的另外两种表现形式,它和资产负债率的性质是一样的。其计算公式为

$$产权比率 = \frac{股东总额}{股东权益} \tag{8-4}$$

$$权益乘数 = \frac{资产总额}{股东权益} \tag{8-5}$$

产权比率表明每1元股东权益相对于负债的金额。权益乘数表明每1元股东权益相对于资产的金额。

8.2.2 运营能力比率

运营能力比率是用于衡量公司资产管理效率的指标。常用的指标有总资产周转率、流动

资产周转率、存货周转率、应收账款周转率等。

(1) 总资产周转率　总资产周转率是指企业在一定时期内主营业务收入与总资产的比率。总资产周转率的计算公式为

$$总资产周转率 = \frac{主营业务收入}{资产总额} \tag{8-6}$$

在式 (8-6) 中，资产总额一般取期初资产总额和期末资产总额的平均值计算。

总资产周转率表明一年中总资产周转的次数，或者说明每 1 元总资产支持的主营业务收入。总资产周转率越高，反映企业销售能力越强。

(2) 流动资产周转率　流动资产周转率是指企业在一定时期内企业主营业务收入与平均流动资产总额之间的比率，通常用周转次数和周转天数来表示。两个指标的计算分别为

$$流动资产周转次数 = \frac{主营业务收入}{流动资产平均值} \tag{8-7}$$

$$流动资产周转天数 = \frac{计算期天数}{流动资产周转次数} \tag{8-8}$$

在式 (8-7) 中，流动资产平均值一般取期初流动资产和期末流动资产的平均值。

流动资产周转次数表明一年中流动资产周转的次数，或说明 1 元流动资产支持的营业收入。流动资产周转天数表明流动资产周转 1 次需要的时间，也是将流动资产转换成现金平均需要的时间。

(3) 存货周转率　存货周转率是指企业在一定时期内存货占用资金可周转的次数，或存货每周转一次所需要的天数，因此，存货周转率指标有存货周转次数和存货周转天数两种形式。其计算公式分别为

$$存货周转次数 = \frac{主营业务收入}{存货} \tag{8-9}$$

$$存货周转天数 = \frac{计算期天数}{存货周转天数} \tag{8-10}$$

在式 (8-9) 中，存货一般取期初存货和期末存货的平均值。

存货周转率是衡量和评价企业购入存货、投入生产、销售收回等各环节管理状况的综合性指标。该指标在不同行业之间也存在着较大的差别，一般情况下，存货周转率越高、周转天数越短，说明该指标越好，它表明企业存货周转速度快，经营效率高，库存存货适度；周转率低或者下降，周转天数长，则可能意味着企业存货中残次品的增加，这样就会增大企业在存货方面的投资，同时也增大了企业的经营风险。提高存货周转率可提高企业的变现能力，而存货周转速度越慢则企业的变现能力越差。

存货周转分析的目的是从不同的角度和环节找出存货管理中的问题，使存货管理在保证生产经营连续性的同时，尽可能少占用经营资金，提高资金的使用效率，增强企业短期偿债能力，促进企业管理水平的提高。为了了解存货周转率变动的原因，企业内部在考核周转速度时，可以增加一些周转率，如材料周转率、施工产品周转率、在建施工产品周转率等。

(4) 应收账款周转率　应收账款周转率是指企业在某一时期赊销收入和同期应收账款

之间的比率,通常用应收账款周转次数和应收账款周转天数两种形式来表示。其计算公式分别为

$$应收款周转率 = \frac{主营业务收入}{应收账款} \tag{8-11}$$

$$应收账款周转次数 = \frac{365}{应收账款周转次数} \tag{8-12}$$

在式(8-11)中,应收账款一般取期初应收账款和期末应收账款的平均值。

应收账款周转率通常用来测定企业在某一特定时期内收回赊销账款的能力,它既可以反映企业应收账款的变现速度,又可以反映企业的管理效率。在实际工作中,由于企业赊销资料属于商业秘密不宜对外公开披露,因此,该指标一般是用赊销和现销总数即销售收入净额来反映。一般认为应收账款周转率越高、周转天数越短越好,它表明企业应收账款收回速度快,这样可以节约资金,同时也说明企业信用状况好,不易发生坏账损失。

8.2.3　盈利能力比率

盈利能力是指企业赚取利润的能力。一般来说,企业的盈利能力只涉及正常的营业状况。因此,在分析企业盈利能力时,应当排除以下项目:证券买卖等非正常经营项目;已经或将要停止的营业项目;重大事故或法律更改等特别项目;会计准则或财务制度变更带来的累积影响等因素。

反映企业盈利能力的指标很多,常用的主要有营业净利率、净资产收益率(也称为权益净利率)和总资产净利率。

(1) 营业净利率　营业净利率是指净利润与营业收入的比率。该比率越大,企业的盈利能力越强。

(2) 净资产收益率　净资产收益率是指企业本期净利润和净资产的比率,是反映企业盈利能力的核心指标。该指标越高,净利润越多,说明企业盈利能力越好。净资产收益率的计算公式为

$$净资产收益率 = \frac{净利润}{净资产} \times 100\% \tag{8-13}$$

式中,净利润是指企业当期税后利润;净资产是指企业期末资产减负债后的余额,通常取期初净资产和期末净资产的平均值。

净资产收益率把企业一定期间的净利润与企业的净资产相比较,可以反映企业资产利用的综合效果。指标越高,表明资产的利用效率越高,说明企业在增加收入和节约资金使用等方面取得了良好的效果。

(3) 总资产净利率　总资产净利率是指企业运用全部资产的净收益率,它反映企业全部资产运用的总成果。总资产净利率的计算公式为

$$总资产净利率 = \frac{净利润}{资产总额} \times 100\% \tag{8-14}$$

式中,资产总额可以取期初资产总额和期末资产总额的平均值。

总资产净利率反映公司资产的利用效率,是综合性很强的指标。该指标越高,表明企业资产的利用效率越高,同时也意味着企业资产的盈利能力越强,该指标越高越好。

8.2.4 发展能力比率

企业发展能力的指标主要有营业增长率和资本积累率等。

（1）营业增长率　营业增长率是指企业本期营业收入增长额同上期营业收入总额的比率。其计算公式为

$$营业增长率 = \frac{本期营业收入增长额}{上期营业收入总额} \times 100\% \tag{8-15}$$

营业增长率表示与上期相比，营业收入的增减变化情况，是评价企业成长状况和发展能力的重要指标。该指标是衡量企业经营状况和市场占有能力、预测企业经营业务拓展趋势的重要标志，也是企业扩张资本的重要前提。该指标若大于零，表明企业本期的营业收入有所增长，指标值越高，表明增长速度越快，企业市场前景越好；反之则说明企业市场份额萎缩。

（2）资本积累率　资本积累率是指企业本年所有者权益增长额同年初所有者权益的比率。资本积累率的计算公式为

$$资本积累率 = \frac{本年所有者权益增长额}{年初所有者权益} \times 100\% \tag{8-16}$$

资本积累率是企业当年所有者权益总的增长率，反映了企业所有者权益在当年的变动水平。该指标体现了企业资本的积累能力，是评价企业发展潜力的重要指标，也是企业扩大再生产的源泉。资本积累率反映了投资者投入企业资本的保全性和增长性，该指标越高，表明企业的资本积累越多，企业资本保全性越强，应付风险、持续发展的能力越大；该指标如为负值，表明企业资本受到侵蚀，所有者权益受到损害，应予以充分重视。

8.3 财务综合分析与评价

8.3.1 财务综合分析与评价概述

财务分析的最终目的在于全方位地了解企业经营理财的状况，并借以对企业经营效益和效率的优劣做出系统、合理的评价。单一财务指标的分析是很难全面评价企业的财务状况、经营成果和现金流量情况的。要想对企业有一个总体评价，就必须进行综合性分析与评价。财务综合分析是将运营能力、偿债能力和盈利能力等诸方面纳入一个有机整体之中，全面分析企业的经营成果、财务状况和现金流量，从而寻找制约企业发展的"瓶颈"所在，并对企业的经营业绩做出综合评价与判断。

财务管理的目标是企业价值最大化。企业价值最大化与企业的可持续增长密切相关。而企业的持续增长要以盈利能力为基础，盈利能力又受到运营能力和财务杠杆的影响，因此，将企业的盈利能力、运营能力和偿债能力进行综合分析是十分必要的。财务综合分析的意义或作用主要在于：一是可以帮助企业经营者全面、系统地驾驭企业财务活动、寻找制约企业发展"瓶颈"所在，为企业管理和控制指明方向或途径；二是有助于企业的利益相关人全面了解与评估企业综合财务状况，为其决策提供有用信息；三是为企业绩效考核与奖励奠定了基础数据等。

8.3.2 财务指标综合分析——杜邦财务分析体系

1. 杜邦财务分析的理解

杜邦分析法（DuPont Analysis）是利用几种主要的财务比率之间的关系来综合地分析企业的财务状况。具体来说，它是一种用来评价公司盈利能力和股东权益回报水平，从财务角度评价企业绩效的一种经典方法。其基本思想是将企业净资产收益率逐级分解为多项财务比率乘积，这样有助于深入分析比较企业经营业绩。由于这种分析方法最早由美国杜邦公司使用，故名杜邦分析法。

杜邦模型最显著的特点是将若干个用以评价企业经营效率和财务状况的比率按其内在联系有机地结合起来，形成一个完整的指标体系，并最终通过权益收益率来综合反映。

采用这一方法，可使财务比率分析的层次更清晰、条理更突出，为报表分析者全面仔细地了解企业的经营和盈利状况提供方便。

杜邦分析法有助于企业管理层更加清晰地看到权益基本收益率的决定因素，以及销售净利润与总资产周转率、债务比率之间的相互关联关系，给管理层提供了一张明晰的考察公司资产管理效率和是否最大化股东投资回报的路线图。

2. 杜邦分析法的财务体系及指标关系（图 8-1）

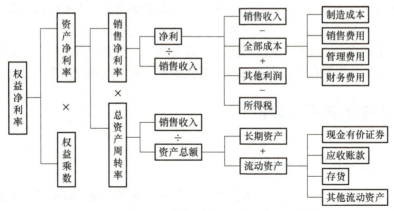

图 8-1 杜邦财务分析体系

其中：

权益净利率 = 权益乘数 × 资产净利率，权益乘数 = 1/（1 - 资产负债率）

资产负债率 = 负债总额 / 资产总额

资产净利率 = 销售净利率 × 总资产周转率，销售净利率 = 净利 / 销售收入

总资产周转率 = 销售收入 / 资产总额

净利 = 销售收入 - 全部成本 + 其他利润 - 所得税

全部成本 = 制造成本 + 管理费用 + 销售费用 + 财务费用

资产总额 = 长期资产 + 流动资产

流动资产 = 现金有价证券 + 应收账款 + 存货 + 其他流动资产

权益净利率 = 权益乘数 × 销售净利率 × 总资产周转率

权益净利率反映公司所有者权益的投资报酬率，具有很强的综合性。由公式可以看出：决定权益净利率高低的因素有三个方面——权益乘数、销售净利率和总资产周转率。权益乘数、销售净利率和总资产周转率三个比率分别反映了企业的负债比率、盈利能力比率和资产管理比率。这样分解之后，可以把权益净利率这样一项综合性指标发生升降的原因具体化，定量地说明企业经营管理中存在的问题，比一项指标能提供更明确、更有价值的信息。

权益乘数主要受资产负债率影响。负债比率越大，权益乘数越高，说明企业有较高的负债程度，给企业带来较多的杠杆利益，同时也给企业带来了较多的风险。资产净利率是一个综合性的指标，同时受到销售净利率和总资产周转率的影响。

销售净利率高低的分析，需要从销售额和销售成本两个方面进行。这方面的分析是有关盈利能力的分析。这个指标可以分解为销售成本率、销售其他利润率和销售税金率。销售成本率还可进一步分解为毛利率和销售期间费用率。深入的指标分解可以将销售利润率变动的原因定量地揭示出来，如售价太低，成本过高，还是费用过大。当然经理人员还可以根据企业的一系列内部报表和资料进行更详尽的分析。总资产周转率是反映运用资产以产生销售收入能力的指标。对总资产周转率的分析，则需对影响资产周转的各因素进行分析。除了对资产的各构成部分从占用量上是否合理进行分析外，还可以通过对流动资产周转率、存货周转率、应收账款周转率等有关资产组成部分使用效率的分析，判明影响资产周转的问题出在哪里。

杜邦财务分析体系的作用是解释指标变动的原因和变动趋势，为采取措施指明方向。

3. 杜邦分析法的评价

（1）杜邦分析法的局限性　从企业绩效评价的角度来看，杜邦分析法只包括财务方面的信息，不能全面反映企业的实力，有很大的局限性，在实际运用中需要加以注意，必须结合企业的其他信息加以分析。主要表现在：

1）对短期财务结果过分重视，有可能助长公司管理层的短期行为，忽略企业长期的价值创造。

2）财务指标反映企业过去的经营业绩，衡量工业时代的企业能够满足要求。但在信息时代，顾客、供应商、雇员、技术创新等因素对企业经营业绩的影响越来越大，而杜邦分析法在这些方面是无能为力的。

3）在市场环境中，企业的无形知识资产对提高企业长期竞争力至关重要，杜邦分析法却不能解决无形资产的估值问题。

（2）杜邦财务分析体系应用

1）理财目标。关于公司的理财目标，欧美国家的主流观点是股东财富最大化，日本等亚洲国家的主流观点是公司各个利益群体的利益有效兼顾。公司的理财目标经历了几个发展时期，每一个时期都有它的主流观点：计划经济时期产值最大化是公司的理财目标，改革开放初期利润最大化是公司的理财目标；由计划经济向市场经济转轨时期，有人坚持认为利润最大化仍然是公司的理财目标，有人则提出所有者权益最大化是公司的理财目标，但也有人提出公司价值最大化才是公司的理财目标，至今还没有形成主流观点。作者认为公司的理财目标应该是投资人、债权人、经营者、政府和社会公众这五个利益群体的利益互相兼顾，在法律和道德的框架内使各方利益共同达到最大化，任何一方的利益遭到损害都不利于公司的可持续发展，也不利于最终实现股东财富的最大化。只有各方利益都能够得到有效兼顾，公司才能够持续稳定协调地发展，最终才能实现包括股东财富在内的各方利益最大化。这是一种很严密的逻辑关系，它反映了各方利益与公司发展之间相互促进、相互制约、相辅相成的内在联系。

从股东财富最大化这个理财目标不难看出，杜邦公司把股东权益收益率作为杜邦分析法核心指标的原因是在美国股东财富最大化是公司的理财目标，而股东权益收益率又是反映股东财富增值水平最为敏感的内部财务指标，所以杜邦公司在设计和运用这种分析方法时就把股东权益收益率作为分析的核心指标。

2）有利于委托代理关系。广义的委托代理关系是指财产拥有人包括投资人和债权人等将自己合法拥有的财产委托给经营者依法经营而形成的包含双方权责利关系在内的一种法律关系。狭义的委托代理关系仅指投资人与经营者之间的权责利关系。本文将从狭义的委托代理关系来解释经营者为什么也青睐杜邦分析法。首先，由于存在委托代理关系，无论是在法律上还是在道义上，经营者都应该优先考虑股东的利益这一点与股东的立场是一致的。其次，由于存在委托代理关系，委托人投资人股东和代理人经营者之间就必然会发生一定程度的委托代理冲突。为了尽量缓解这种委托代理冲突，委托人和代理人之间就会建立起一种有效的激励与约束的机制将经营者的收入与股东利益挂钩，在股东利益最大化的同时也能实现经营者的利益最大化。在这种机制的影响下经营者必然会主动地去关心股东权益收益率及其相关的财务指标。

股东投资者使用杜邦分析法其侧重点主要在于权益收益率多少。影响权益收益率升降的原因是什么？相关财务指标的变动对权益收益率将会造成什么影响？应该怎么样去激励和约束经营者的经营行为才能确保权益收益率达到要求？如果确信无论怎样激励和约束都无法使经营者的经营结果达到所要求的权益收益率，将如何控制等内容。而经营者使用杜邦分析法其侧重点主要在于经营结果是否达到了投资者对权益收益率的要求，如果经营结果达到了投资者对权益收益率的要求，经营者的薪金将会达到多少、职位是否会稳中有升；如果经营结果达不到投资者对权益收益率的要求，薪金将会降为多少、职位是否会被调整、应该重点关注哪些财务指标，采取哪些有力措施才能使经营结果达到投资者对权益收益率的要求，才能使经营者薪金和职位都能够做到稳中有升。

本章小结

财务分析是指以会计核算和报表资料及其他相关资料为依据，采用一系列专门的分析技术和方法，对企业的财务状况和经营成果进行评价和剖析，为企业利益相关者了解企业过去、评价企业现状、预测企业未来、做出决策提供帮助。

在财务分析中，最主要的分析方法是定量分析法。定量分析法主要有比较分析法、比率分析法和因素分析法等。

因素分析法是分析各因素对指标影响程度的方法，主要有连环替代法、差额计算法和指标分解法。

财务分析的最终目的在于全方位地了解企业经营理财的状况，并借以对企业经营效益和效率的优劣做出系统、合理的评价。

偿债能力比率是判断企业负债的安全性和短期负债的偿还能力的比率。偿债能力主要反映企业偿还到期债务的能力，分为短期偿债能力和长期偿债能力。

流动比率是企业流动资产与流动负债的比率，反映项目流动资产在短期债务到期前可以变现用于偿还流动负债的能力。

速动比率是指企业的速动资产与流动负债之间的比率关系，反映项目流动资产可以立即用于偿付负债的能力。

运营能力比率是用于衡量公司资产管理效率的指标。常用的指标有总资产周转率、流动资产周转率、存货周转率、应收账款周转率等。

杜邦财务分析体系是根据主要财务指标之间的内在联系，建立财务指标分析体系，以净资产收益率为核心，将其分解为若干个财务指标，综合分析和评价经营理财及经济效益的方法。

习　题

一、简答题

1. 财务分析的常用方法有哪些？
2. 什么是趋势分析法？采用趋势分析法时应注意哪些问题？
3. 什么是因素分析法？应当如何进行因素分析？
4. 如何进行偿债能力分析？
5. 什么是资产负债率？如何计算？
6. 什么是杜邦分析法？有什么优、缺点？

二、计算题

1. 假定某企业指标的计划和实际资料见表 8-1，其中材料费用总额 = 产品产量 × 单位产品材料消耗量 × 材料单价。要求：分析各因素变动对材料费用总额的影响。（有利、不利）

表 8-1　产品材料费用表

指　标	单　位	计　划　数	实　际　数	差　异
产品产量	件	200	220	20
单位产品材料消耗量	kg	40	42	2
材料单价	元	12	11	-1
材料费用总额	元	96000	101640	5640

2. 采用连环替代法计算由于产品产量、单位产品材料消耗量和材料单价三个因素变动，甲产品直接材料费用超支 267200 元的影响程度，见表 8-2。

表 8-2　甲产品直接材料费用表

项　目	产品产量（件）	单位产品消耗量 /kg	材料单价（元）	材料费用（元）
计划	1000	50	20	1000000
实际	1200	48	22	1267200
差异	200	-2	2	267200

3. 某公司向 C 银行申请一笔贷款,该公司财务报告中流动资产 2500000 元,其中现金 500000 元,流动负债 1495000 元。C 银行拒绝了这笔贷款,主要理由是流动比率小于 2∶1,该公司随后立即清偿了 495000 元应付账款,然后要求银行重新考虑贷款申请。

讨论:根据以上事实,你认为银行能否批准贷款申请。

第9章 财务预算

9.1 业务预算的编制

9.1.1 销售预算的编制

销售预算是在销售预测的基础上，根据企业年度目标利润确定的预计销售量、销售单价和销售收入等参数编制的，用于规划预算期销售活动的一种业务预算。在编制过程中，应根据年度内各季度市场预测的销售量和销售单价，确定预计销售收入，并根据各季现销收入与收回前期的应收账款反映现金收入额，以便为编制现金预算提供资料。根据销售预测确定的销售量和销售单价确定各期销售收入，并根据各期销售收入和企业信用政策确定每期的销售现金流量，是销售预算的两个核心问题。

由于企业其他预算的编制都必须以销售预算为基础，因此，销售预算是编制全面预算的起点。

【例 9-1】 某有限公司生产和销售 A 产品，根据 2017 年各季度的销售量及售价的有关资料编制销售预算，见表 9-1。

表 9-1 某有限公司销售预算　　　　　　　　　　　　2017 年度

项　目	第一季度	第二季度	第三季度	第四季度	合　计
预计销售量（件）	1000	1500	2000	1800	6300
单位售价（元）	4000	4000	4000	4000	4000
销售收入（元）	4000000	6000000	8000000	7200000	25200000

在实际工作中，产品销售往往不是现购现销的，即产生了很大数额的应收账款，所以，销售预算中通常还包括预计现金收入的计算，其目的是为编制现金预算提供必要的资料。

假设本例中，每季度销售收入在本季收到现金 60%，其余赊销在下季度收账。某有限公司 2017 年度预计现金收入见表 9-2。

表 9-2　某有限公司预计现金收入　　　　2017 年度（单位：元）

项　　目	本期应收账款	现　金　收　入			
		第 一 季 度	第 二 季 度	第 三 季 度	第 四 季 度
期初数	650000	650000			
第一季度	4000000	2400000	1600000		
第二季度	6000000		3600000	2400000	
第三季度	8000000			4800000	3200000
第四季度	7200000				4320000
期末数	2880000				
合计		3050000	5200000	7200000	7520000

注：期初数 650000 元为 2016 年第四季度赊销金额。

9.1.2　生产预算的编制

生产预算是规划预算期生产数量而编制的一种业务预算，它是在销售预算的基础上编制的，并可以作为编制材料采购预算和生产成本预算的依据。编制生产预算的主要依据是预算期各种产品的预计销售量及存货期初、期末资料。

生产预算的要点是确定预算期的产品生产量和期末结存产品数量，前者为编制材料预算、人工预算、制造费用预算等提供基础，后者是编制期末存货预算和预计资产负债表的基础。

通常，企业的生产和销售不能做到"同步量"，生产数量除了满足销售数量外，还需要设置一定的存货，以保证能在发生意外需求时按时供货，并可均衡生产，节省赶工的额外开支。预计生产量可用下式计算：

$$预计生产量 = 预计销售量 + 预计期末存货量 - 预计期初存货量 \qquad (9-1)$$

【例 9-2】　某有限公司希望能在每季末保持相当于下季度销售量 10% 的期末存货，上年年末产品的期末存货为 100 件，单位成本 2100 元，共计 210000 元。预计下年第一季度销售量为 2000 件，某有限公司 2017 年度生产预算见表 9-3。

表 9-3　某有限公司生产预算　　　　2017 年度（单位：件）

项　　目	第 一 季 度	第 二 季 度	第 三 季 度	第 四 季 度	全 年 合 计
预计销售量	1000	1500	2000	1800	6300
加：期末存货	150	200	180	200	
合计	1150	1700	2180	2000	7030
减：期初存货	100	150	200	180	
预计生产量	1050	1550	1980	1820	6400

9.1.3 直接材料预算的编制

直接材料预算是为了规划预算期材料消耗情况及采购活动而编制的,用于反映预算期各种材料消耗量、采购量、材料消耗成本和材料采购成本等计划信息的一种业务预算。依据预计产品生产量和材料单位耗用量,确定生产需要耗用量,再根据材料的期初、期末结存情况,确定材料采购量,最后根据采购材料的付款,确定现金支出情况。

在生产预算的基础上可以编制直接材料预算,但同时还要考虑期初、期末原材料存货的水平。直接材料生产上的需要量同预计采购量之间的关系可按下式计算:

$$预计采购量 = 生产需要量 + 期末库存量 - 期初库存量 \qquad (9-2)$$

期末库存量一般是按照下期生产需要量的一定百分比来计算的。

$$生产需要量 = 预计生产量 \times 单位产品材料耗用量 \qquad (9-3)$$

【例 9-3】 假设 A 产品只耗用一种材料,某有限公司期望每季季末材料库存量为下季度生产需要量的 20%,上年年末库存材料 15000kg,预计下年第一季度生产量 2000 件。某有限公司 2017 年度直接材料预算见表 9-4。

表 9-4 某有限公司直接材料预算　　　　　　　　　　2017 年度

项　　目	第一季度	第二季度	第三季度	第四季度	全年合计
预计生产量(件)	1050	1550	1980	1820	6400
材料用量/(kg/件)	50	50	50	50	
生产需用量/kg	52500	77500	99000	91000	320000
加:预计期末存量/kg	15500	19800	18200	20000	
合计/kg	68000	97300	117200	111000	393500
减:预计期初存量/kg	15000	15500	19800	18200	
预计采购量/kg	53000	81800	97400	92800	325000
单价(元)	30	30	30	30	
预计采购金额(元)	1590000	2454000	2922000	2784000	9750000

材料的采购与产品的销售相类似,即货款也不是马上用现金全部支付的,这样就可能存在一部分应付款项,所以,对于材料采购还须编制现金支出预算,目的是便于编制现金预算。

假设本例材料采购的货款有 50% 在本季度内付清,另外 50% 在下季度付清。某有限公司 2017 年度预计现金支出见表 9-5。

表 9-5　某有限公司预计现金支出　　　　2017 年度（单位：元）

项　目	本期应付账款	现　金　支　出			
		第一季度	第二季度	第三季度	第四季度
期初数	850000	850000			
第一季度	1590000	795000	795000		
第二季度	2454000		1227000	1227000	
第三季度	2922000			1461000	1461000
第四季度	2784000				1392000
期末数	1392000				
合计		1645000	2022000	2688000	2853000

注：期初数 850000 元为 2016 年第四季度赊购金额。

9.1.4　直接人工预算的编制

直接人工预算是一种既反映预算期内人工工时消耗水平，又规划人工成本开支的业务预算。这项预算是根据生产预算中的预计生产量以及单位产品所需的直接人工小时和单位小时工资率进行编制的。在通常情况下，企业往往要雇用不同工种的人工，必须按工种类别分别计算不同工种的直接人工小时总数；然后将算得的直接人工小时总数分别乘以各该工种的工资率，再予以合计，即可求得预计直接人工成本的总数。

【例 9-4】某有限公司 2017 年度直接人工预算见表 9-6。

表 9-6　某有限公司直接人工预算　　　　　　　　　　　　2017 年度

项目	第一季度	第二季度	第三季度	第四季度	全年合计
预计生产量（件）	1050	1550	1980	1820	6400
单位产品工时 /h	10	10	10	10	10
人工总工时 /h	10500	15500	19800	18200	64000
每小时人工成本（元）	20	20	20	20	20
人工总成本（元）	210000	310000	396000	364000	1280000

9.1.5　制造费用预算的编制

制造费用预算是指除了直接材料预算和直接人工预算以外的其他一切生产成本的预算。制造费用按其成本性态可分为变动制造费用和固定制造费用两部分。变动制造费用以生产预算为基础来编制，即根据预计生产量和预计的变动制造费用分配率来计算；固定制造费用是期间成本直接列入损益作为当期利润的一个扣减项目，与本期的生产量无关，一般可以按照零基预算的编制方法编制。

在编制制造费用预算时，为方便现金预算编制，还需要确定预算期的制造费用预算的现金支出部分。为方便起见，一般将制造费用中扣除折旧费后的余额，作为预算期内的制造费用现金支出。

制造费用预算的要点是确定各个变动制造费用和固定制造费用项目的预算金额，并确定预计制造费用的现金支出。

【例 9-5】 某有限公司 2017 年度制造费用预算见表 9-7。

表 9-7　某有限公司制造费用预算　　　　　2017 年度（单位：元）

项目	费用分配率（元/件）	第一季度	第二季度	第三季度	第四季度	全年合计
预计生产量（件）		1050	1550	1980	1820	6400
变动制造费用						
间接材料	120	126000	186000	237600	218400	768000
间接人工	40	42000	62000	79200	72800	256000
修理费	25	26250	38750	49500	45500	160000
水电费	15	15750	23250	29700	27300	96000
小计	200	210000	310000	396000	364000	1280000
固定制造费用						
修理费		25000	30000	25000	30000	110000
水电费		50000	50000	50000	50000	200000
管理人员工资		80000	80000	80000	80000	320000
折旧费		122500	122500	122500	122500	490000
保险费		8000	8000	8000	8000	32000
小计		285500	290500	285500	290500	1152000
合计		495500	600500	681500	654500	2432000
减：折旧费		122500	122500	122500	122500	490000
现金支出费用		373000	478000	559000	532000	1942000

9.1.6　单位生产成本预算的编制

单位生产成本预算是反映预算期内各种产品生产成本水平的一种业务预算。单位生产成本预算是在生产预算、直接材料预算、直接人工预算和制造费用预算的基础上编制的，通常应反映单位产品生产成本。

单位产品预计生产成本 = 单位产品直接材料成本 + 单位产品直接人工成本 +
单位产品制造费用　　　　　　　　　　　　　　　　　　　　　　（9-4）

上述资料分别来自直接材料预算、直接人工预算和制造费用预算。

以单位生产成本预算为基础,还可以确定期末结存产品成本,公式如下:

$$期末结存产品成本 = 期初结存产品成本 + 本期产品生产成本 - 本期销售产品成本 \quad (9-5)$$

式(9-5)中的期初结存产品成本和本期销售产品成本,应该根据具体的存货计价方法确定。确定期末结存产品成本后,可以与预计直接材料期末结存成本一起,一并在期末存货预算中予以反映。本章中期末存货预算略去不做介绍,期末结存产品的预计成本合并在单位产品生产成本中列示。

单位生产成本预算的要点是确定单位产品预计生产成本和期末结存产品预计成本。

【例 9-6】 某有限公司 2017 年度单位生产成本预算见表 9-8。

表 9-8 某有限公司单位生产成本预算　　2017 年度(单位:元)

成本项目	全年生产量 6400 件			
	单位产品消耗量	单 价	单 位 成 本	总 成 本
直接材料	50kg	30	1500	9600000
直接人工	10h	20	200	1280000
变动制造费用	10	20	200	1280000
固定制造费用	10	18	180	1152000
合计			2080	13312000

成本项目	全年生产量 6400 件		
产成品存货	数量(件)	单 位 成 本	总 成 本
年初存货	100	2100	210000
年末存货	200	2080	416000
本年销售	6300		13106000

9.1.7 销售与管理费用预算的编制

销售与管理费用预算是以价值形式反映整个预算期内为销售产品和维持一般行政管理工作而发生的各项目费用支出预算。该预算可与制造费用预算一样划分固定费用和变动费用列示,其编制方法与制造费用预算相同,也可全部按固定费用列示。在该预算表下也应附列计划期间预计销售及管理费用的现金支出计算表,以便编制现金预算。

销售与管理费用预算的要点是确定各个变动费用及固定费用项目的预算数,并确定预计的现金支出。

【例 9-7】 某有限公司 2017 年度销售与管理费用预算见表 9-9。

表 9-9　某有限公司销售与管理费用预算　　　2017 年度（单位：元）

项　目	第 一 季 度	第 二 季 度	第 三 季 度	第 四 季 度	全年合计
销售及管理人员薪金	200000	200000	200000	200000	800000
福利费	28000	28000	28000	28000	112000
广告费	150000	150000	150000	150000	600000
办公费	90000	90000	90000	90000	360000
保险费	20000	20000	20000	20000	80000
杂项	8000	8000	8000	8000	32000
合计	496000	496000	496000	496000	1984000

9.2　财务预算的编制

9.2.1　现金预算的编制

现金预算的编制是以各项日常业务预算和特种决策预算为基础来反映各预算的收入款项和支出款项。其目的在于资金不足时如何筹措资金，资金多余时怎样运用资金，并且提供现金收支的控制限额，以便发挥现金管理的作用。

【例 9-8】 根据例 9-1~ 例 9-7 所编制的各种预算提供的资料，并假设某有限公司每季度末应保持现金余额 500000 元。若资金有余，应优先偿还短期借款，然后用于短期投资；若现金短缺，应优先出售短期投资，然后借短期借款。短期投资以 100000 元为单位购入或出售；短期借款以 100000 元为单位借入或偿还，借款年利率为 10%，于季初借入下季末偿还，借款利息于每季度末支付。同时，每季度预交所得税 400000 元，在第二季度和第四季度分别发放现金股利 1000000 元和 2000000 元。某有限公司 2017 年度现金预算见表 9-10。

表 9-10　某有限公司现金预算　　　2017 年度（单位：元）

项　目	第 一 季 度	第 二 季 度	第 三 季 度	第 四 季 度
期初现金余额	525000	548500	540000	501000
加：经营现金收入	3050000	5200000	7200000	7520000
可供支配的现金合计	3575000	5748500	7740000	8021000
经营性现金支出				
直接材料费	1645000	2022000	2688000	2853000
直接人工费	210000	310000	396000	364000
制造费用	373000	478000	559000	532000

(续)

项 目	第一季度	第二季度	第三季度	第四季度
销售与管理费用	496000	496000	496000	496000
预交所得税	400000	400000	400000	400000
发放股利		1000000		2000000
资本性支出现金			2000000	
支出合计	3124000	4706000	6539000	6645000
现金余缺	451000	1042500	1201000	1376000
资金筹措与运用				
取得长期借款				
偿还长期借款				
取得短期借款	100000			
偿还短期借款		100000		
支付利息	2500	2500		
进行短期投资		400000	700000	800000
出售短期投资				
期末现金余额	548500	540000	501000	576000

9.2.2 预计利润表的编制

预计利润表用来综合反映企业在计划期的预计经营成果,是企业最主要的财务预算表之一。编制预计利润表的依据是各业务预算、专门决策预算和现金预算。

【例 9-9】 根据前述的各种预算,某有限公司 2017 年度的预计利润表见表 9-11。

表 9-11 某有限公司预计利润表　　　　　2017 年度(单位:元)

项 目	第一季度	第二季度	第三季度	第四季度	全年合计
营业收入	4000000	6000000	8000000	7200000	25200000
减:营业成本	2082000	3120000	4160000	3744000	13106000
销售与管理费用	496000	496000	496000	496000	1984000
财务费用	2500	2500	0	0	5000
利润总额	1419500	2381500	3344000	2960000	10105000
减:所得税费用(税率为 20%)	283900	476300	668800	592000	2021000
净利润	1135600	1905200	2675200	2368000	8084000

注:表中营业成本数据来源:
第一季度:年初存货成本 + 本季度营业成本 =100×2100+900×2080=2082000(元)
第二季度:本季度营业成本 =1500×2080=3120000(元)
第三季度:本季度营业成本 =2000×2080=4160000(元)
第四季度:本季度营业成本 =1800×2080=3744000(元)

本章小结

销售预算是在销售预测的基础上，根据企业年度目标利润确定的预计销售量、销售单价和销售收入等参数编制的，用于规划预算期销售活动的一种业务预算。销售预算一般是企业生产经营全面预算的编制起点，生产、材料采购、存货费用等方面的预算，都要以销售预算为基础。

生产预算是在销售预算的基础上为规划预算期生产数量而编制的一种业务预算。生产预算的要点是确定预算期的产品生产量和期末结存产品数量。

直接材料预算是在生产预算的基础上为了规划预算期材料消耗情况及采购活动而编制的，用于反映预算期各种材料消耗量、采购量、材料消耗成本和材料采购成本等计划信息的一种业务预算。

直接人工预算是在生产预算的基础上编制的一种既反映预算期内人工工时消耗水平，又规划人工成本开支的业务预算。

制造费用预算是指除了直接材料预算和直接人工预算以外的其他一切生产成本的预算。

单位生产成本预算是在生产预算、直接材料预算、直接人工预算和制造费用预算的基础上编制的，反映单位产品生产成本。

销售与管理费用预算是以价值形式反映整个预算期内为销售产品和维持一般行政管理工作而发生的各项目费用支出预算。

现金预算是以各项日常业务预算和特种决策预算为基础来反映各预算的收入款项和支出款项，反映预期内企业现金流转状况。

预计利润表用来综合反映企业在计划期的预计经营成果，是企业最主要的财务预算表之一。

习 题

一、简答题

1. 什么是销售预算？
2. 什么是生产预算？
3. 直接人工预算怎么编制？
4. 现金预算编制的目的是什么？

二、案例分析

预计 20×× 年四个季度甲产品销售量及售价资料见表 9-12。预计各季的销售情况为现销 85%，赊销的 15% 在下季度收讫。20×1 年第四季度的销售额为 2000 万元。现编制某公司销售预算，见表 9-12。

1）公司 20×× 年因经营需要要求在第一季度、第四季度的期初保存 100 万件甲产品，第二季度和第三季度的期初保存 500 万件甲产品。根据有关资料编制该公司的生产预算，第四季度末的存货数量应保持 100 万件。

表 9-12　某公司销售预算　　　　20××年度（单位：万元）

季　　度	1	2	3	4	全　　年	资料来源及计算依据
预计销量（万件）	2000	6000	6000	2000	16000	
销售单价（元/件）	0.7	0.7	0.8	0.8	0.75	加权平均计算所得
①预计销售收入	1400	4200	4800	1600	12000	
②现销收入	1190	3570	4080	1360	10200	②＝本季①×85%
③回收前期应收账款	300	210	630	720	1860	③＝上季①×15%
④现金收入小计	1490	3780	4710	2080	12060	④＝②＋③

2）公司生产甲产品只需A种原材料。甲产品单位耗用量为2.6kg A材料，A材料单位成本0.1元。公司因经营需要要求在第三、第四季度末的原材料保持在500万kg，第一、第二季度末原材料保持在800万kg，第一季度初的原材料为500万kg。购料款中，80%以现金结算，20%的赊购款在下季度支付，20×1年第四季度的购料款为500万元。编制该公司的直接材料预算。

3）公司生产每件甲产品需要0.015h，每小时直接人工成本为10元。编制该公司直接人工预算。

附录

相关系数表

年限 n/年	复利终值系数 ($F/P, i, n$)	复利现值系数 ($P/F, i, n$)	普通年金终值系数 ($F/A, i, n$)	偿债基金系数 ($A/F, i, n$)	资金回收系数 ($A/P, i, n$)	普通年金现值系数 ($P/A, i, n$)
			$i=1\%$			
1	1.0100	0.9901	1.0000	1.0000	1.0100	0.9901
2	1.0201	0.9803	2.0100	0.4975	0.5075	1.9704
3	1.0303	0.9706	3.0301	0.3300	0.3400	2.9410
4	1.0406	0.9610	4.0604	0.2463	0.2563	3.9020
5	1.0510	0.9515	5.1010	0.1960	0.2060	4.8534
6	1.0615	0.9420	6.1520	0.1625	0.1725	5.7955
7	1.0712	0.9327	7.2135	0.1386	0.1486	6.7282
8	1.0829	0.9235	8.2857	0.1207	0.1307	7.6517
9	1.0937	0.9143	9.3685	0.1067	0.1167	8.5660
10	1.1046	0.9053	10.4622	0.0956	0.1056	9.4713
11	1.1157	0.8963	11.5668	0.0865	0.0965	10.3676
12	1.1268	0.8874	12.6825	0.0788	0.0888	11.2551
13	1.1381	0.8787	13.8093	0.0724	0.0824	12.1337
14	1.1495	0.8700	14.9474	0.0669	0.0769	13.0037
15	1.1610	0.8613	16.0969	0.0621	0.0721	13.8651
16	1.1726	0.8528	17.2579	0.0579	0.0679	14.7179
17	1.1843	0.8444	18.4304	0.0543	0.0643	15.5623
18	1.1961	0.8360	19.6147	0.0510	0.0610	16.3983
19	1.2081	0.8277	20.8109	0.0481	0.0581	17.2260
20	1.2202	0.8195	22.0190	0.0454	0.0554	18.0456
21	1.2324	0.8114	23.2392	0.0430	0.0530	18.8570
22	1.2447	0.8034	24.4716	0.0409	0.0509	19.6604
23	1.2572	0.7954	25.7163	0.0389	0.0489	20.4558
24	1.2697	0.7876	26.9735	0.0371	0.0471	21.2434
25	1.2824	0.7798	28.2432	0.0354	0.0454	22.0232
26	1.2953	0.7720	29.5256	0.0339	0.0439	22.7952
27	1.3082	0.7644	30.8209	0.0324	0.0424	23.5596
28	1.3213	0.7568	32.1291	0.0311	0.0411	24.3164
29	1.3345	0.7493	33.4504	0.0299	0.0399	25.0658
30	1.3478	0.7419	34.7849	0.0287	0.0387	25.8077

（续）

年限 n/年	复利终值系数 (F/P, i, n)	复利现值系数 (P/F, i, n)	普通年金终值系数 (F/A, i, n)	偿债基金系数 (A/F, i, n)	资金回收系数 (A/P, i, n)	普通年金现值系数 (P/A, i, n)
			$i=2\%$			
1	1.0200	0.9804	1.0000	1.0000	1.0200	0.9804
2	1.0404	0.9612	2.0200	0.4950	0.5150	1.9416
3	1.0612	0.9423	3.0604	0.3268	0.3468	2.8839
4	1.0824	0.9238	4.1216	0.2426	0.2626	3.8077
5	1.1041	0.9057	5.2040	0.1922	0.2122	4.7135
6	1.1262	0.8880	6.3081	0.1585	0.1785	5.6014
7	1.1487	0.8706	7.4343	0.1345	0.1545	6.4720
8	1.1717	0.8535	8.5830	0.1165	0.1365	7.3255
9	1.1951	0.8368	9.7546	0.1025	0.1225	8.1622
10	1.2190	0.8203	10.9497	0.0913	0.1113	8.9826
11	1.2434	0.8043	12.1687	0.0822	0.1022	9.7868
12	1.2682	0.7885	13.4121	0.0746	0.0946	10.5753
13	1.2936	0.7730	14.6803	0.0681	0.0881	11.3484
14	1.3195	0.7579	15.9739	0.0626	0.0826	12.1062
15	1.3459	0.7430	17.2934	0.0587	0.0778	12.8493
16	1.3728	0.7284	18.6393	0.0537	0.0737	13.5777
17	1.4002	0.7142	20.0121	0.0500	0.0700	14.2919
18	1.4282	0.7002	21.4123	0.0467	0.0667	14.9920
19	1.4568	0.6864	22.8406	0.0438	0.0638	15.6785
20	1.4859	0.6730	24.2974	0.0412	0.0612	16.3514
21	1.5157	0.6598	25.7833	0.0388	0.0588	17.0112
22	1.5460	0.6468	27.2990	0.0366	0.0566	17.6580
23	1.5769	0.6342	28.8450	0.0347	0.0547	18.2922
24	1.6084	0.6217	30.4219	0.0329	0.0529	18.9139
25	1.6406	0.6095	32.0303	0.0312	0.0512	19.5235
26	1.6734	0.5976	33.6709	0.0297	0.0497	20.1210
27	1.7069	0.5859	35.3443	0.0283	0.0483	20.7069
28	1.7410	0.5744	37.0512	0.0270	0.0470	21.2813
29	1.7758	0.5631	38.7922	0.0258	0.0458	21.8444
30	1.8114	0.5521	40.5681	0.0246	0.0446	22.3965

(续)

年限 n/年	复利终值系数 (F/P, i, n)	复利现值系数 (P/F, i, n)	普通年金终值系数 (F/A, i, n)	偿债基金系数 (A/F, i, n)	资金回收系数 (A/P, i, n)	普通年金现值系数 (P/A, i, n)
			$i=3\%$			
1	1.0300	0.9709	1.0000	1.0000	1.0300	0.9709
2	1.0609	0.9426	2.0300	0.4926	0.5226	1.9135
3	1.0927	0.9151	3.0909	0.3235	0.3535	2.8286
4	1.1255	0.8885	4.1836	0.2390	0.2690	3.7171
5	1.1593	0.8626	5.3091	0.1884	0.2184	4.5797
6	1.1941	0.8375	6.4684	0.1546	0.1846	5.4172
7	1.2299	0.8131	7.6625	0.1305	0.1605	6.2303
8	1.2668	0.7894	8.8923	0.1125	0.1425	7.0197
9	1.3048	0.7664	10.1591	0.0984	0.1284	7.7861
10	1.3439	0.7441	11.4639	0.0872	0.1172	8.5302
11	1.3842	0.7224	12.8078	0.0781	0.1081	9.2526
12	1.4258	0.7014	14.1920	0.0705	0.1005	9.9540
13	1.4685	0.6810	15.6178	0.0640	0.0940	10.6350
14	1.5126	0.6611	17.0863	0.0585	0.0885	11.2961
15	1.5580	0.6419	18.5989	0.0538	0.0838	11.9379
16	1.6047	0.6232	20.1569	0.0496	0.0796	12.5611
17	1.6528	0.6050	21.7616	0.0460	0.0760	13.1661
18	1.7024	0.5874	23.4144	0.0427	0.0727	13.7535
19	1.7535	0.5703	25.1169	0.0398	0.0698	14.3238
20	1.8061	0.5537	26.8704	0.0372	0.0672	14.8775
21	1.8603	0.5375	28.6765	0.0349	0.0649	15.4150
22	1.9161	0.5219	30.5368	0.0327	0.0627	15.9369
23	1.9736	0.5067	32.4529	0.0308	0.0608	16.4436
24	2.0328	0.4919	34.4265	0.0290	0.0590	16.9355
25	2.0938	0.4776	36.4593	0.0274	0.0574	17.4131
26	2.1566	0.4637	38.5530	0.0259	0.0559	17.8768
27	2.2213	0.4502	40.7096	0.0246	0.0546	18.3270
28	2.2879	0.4371	42.9309	0.0233	0.0533	18.7641
29	2.3566	0.4243	45.2189	0.0221	0.0521	19.1885
30	2.4273	0.4120	47.5754	0.0210	0.0510	19.6004

（续）

年限 n/年	复利终值系数 $(F/P, i, n)$	复利现值系数 $(P/F, i, n)$	普通年金终值系数 $(F/A, i, n)$	偿债基金系数 $(A/F, i, n)$	资金回收系数 $(A/P, i, n)$	普通年金现值系数 $(P/A, i, n)$
			$i=4\%$			
1	1.0400	0.9615	1.0000	1.0000	1.0400	0.9615
2	1.0816	0.9246	2.0400	0.4902	0.5302	1.8861
3	1.1249	0.8890	3.1216	0.3203	0.3603	2.7751
4	1.1699	0.8548	4.2465	0.2355	0.2755	3.6299
5	1.2167	0.8219	5.4163	0.1846	0.2246	4.4518
6	1.2653	0.7903	6.6330	0.1508	0.1908	5.2421
7	1.3159	0.7599	7.8983	0.1266	0.1666	6.0021
8	1.3686	0.7307	9.2142	0.1085	0.1485	6.7327
9	1.4233	0.7026	10.5828	0.0945	0.1345	7.4353
10	1.4802	0.6756	12.0061	0.0833	0.1233	8.1109
11	1.5395	0.6496	13.4864	0.0741	0.1141	8.7605
12	1.6010	0.6246	15.0258	0.0666	0.1066	9.3851
13	1.6651	0.6006	16.6268	0.0601	0.1001	9.9856
14	1.7317	0.5775	18.2919	0.0547	0.0947	10.5631
15	1.8009	0.5553	20.0236	0.0499	0.0899	11.1184
16	1.8730	0.5339	21.8245	0.0458	0.0858	11.6523
17	1.9479	0.5134	23.6975	0.0422	0.0822	12.1657
18	2.0258	0.4936	25.6454	0.0390	0.0790	12.6593
19	2.1068	0.4746	27.6712	0.0361	0.0761	13.1339
20	2.1911	0.4564	29.7781	0.0336	0.0736	13.5903
21	2.2788	0.4388	31.9692	0.0313	0.0713	14.0292
22	2.3699	0.4220	34.2480	0.0292	0.0692	14.4511
23	2.4647	0.4057	36.6179	0.0273	0.0673	14.8568
24	2.5633	0.3901	39.0826	0.0256	0.0656	15.2470
25	2.6658	0.3751	41.6459	0.0240	0.0640	15.6221
26	2.7725	0.3607	44.3117	0.0226	0.0626	15.9828
27	2.8834	0.3468	47.0842	0.0212	0.0612	16.3296
28	2.9987	0.3335	49.9676	0.0200	0.0600	16.6631
29	3.1187	0.3207	52.9663	0.0189	0.0589	16.9837
30	3.2434	0.3083	56.0849	0.0178	0.0578	17.2920

（续）

年限 n/年	复利终值系数 $(F/P, i, n)$	复利现值系数 $(P/F, i, n)$	普通年金终值系数 $(F/A, i, n)$	偿债基金系数 $(A/F, i, n)$	资金回收系数 $(A/P, i, n)$	普通年金现值系数 $(P/A, i, n)$
			$i=5\%$			
1	1.0500	0.9524	1.0000	1.0000	1.0500	0.9524
2	1.1025	0.9070	2.0500	0.4878	0.5378	1.8594
3	1.1576	0.8638	3.1525	0.3172	0.3672	2.7232
4	1.2155	0.8227	4.3101	0.2320	0.2820	3.5460
5	1.2763	0.7835	5.5256	0.1810	0.2310	4.3295
6	1.3401	0.7462	6.8019	0.1470	0.1970	5.0757
7	1.4071	0.7107	8.1420	0.1228	0.1728	5.7864
8	1.4775	0.6768	9.5491	0.1047	0.1547	6.4632
9	1.5513	0.6446	11.0266	0.0907	0.1407	7.1078
10	1.6289	0.6139	12.5779	0.0795	0.1295	7.7217
11	1.7103	0.5847	14.2068	0.0704	0.1204	8.3064
12	1.7959	0.5568	15.9171	0.0628	0.1128	8.8633
13	1.8856	0.5303	17.7130	0.0565	0.1065	9.3936
14	1.9799	0.5051	19.5986	0.0510	0.1010	9.8986
15	2.0789	0.4810	21.5786	0.0463	0.0963	10.3797
16	2.1829	0.4581	23.6575	0.0423	0.0923	10.8378
17	2.2920	0.4363	25.8404	0.0387	0.0887	11.2741
18	2.4066	0.4155	28.1324	0.0355	0.0855	11.6896
19	2.5270	0.3957	30.5390	0.0327	0.0827	12.0853
20	2.6533	0.3769	33.0660	0.0302	0.0802	12.4622
21	2.7860	0.3589	35.7193	0.0280	0.0780	12.8212
22	2.9253	0.3418	38.5052	0.0260	0.0760	13.1630
23	3.0715	0.3256	41.4305	0.0241	0.0741	13.4886
24	3.2251	0.3101	44.5020	0.0225	0.0725	13.7986
25	3.3864	0.2953	47.7271	0.0210	0.0710	14.0939
26	3.5557	0.2812	51.1135	0.0196	0.0696	14.3752
27	3.7335	0.2678	54.6691	0.0183	0.0683	14.6430
28	3.9201	0.2551	58.4026	0.0171	0.0671	14.8981
29	4.1161	0.2429	62.3227	0.0160	0.0660	15.1411
30	4.3219	0.2314	66.4388	0.0151	0.0651	15.3725

（续）

年限 n/年	复利终值系数 ($F/P, i, n$)	复利现值系数 ($P/F, i, n$)	普通年金终值系数 ($F/A, i, n$)	偿债基金系数 ($A/F, i, n$)	资金回收系数 ($A/P, i, n$)	普通年金现值系数 ($P/A, i, n$)
			$i=6\%$			
1	1.0600	0.9434	1.0000	1.0000	1.0600	0.9434
2	1.1236	0.8900	2.0600	0.4854	0.5454	1.8334
3	1.1910	0.8396	3.1836	0.3141	0.3741	2.6730
4	1.2625	0.7921	4.3746	0.2286	0.2886	3.4651
5	1.3382	0.7473	5.6371	0.1774	0.2374	4.2124
6	1.4185	0.7050	6.9753	0.1434	0.2034	4.9173
7	1.5036	0.6651	8.3938	0.1191	0.1791	5.5824
8	1.5938	0.6274	9.8975	0.1010	0.1610	6.2098
9	1.6895	0.5919	11.4913	0.0870	0.1470	6.8017
10	1.7908	0.5584	13.1808	0.0759	0.1359	7.3601
11	1.8983	0.5268	14.9716	0.0668	0.1268	7.8869
12	2.0122	0.4970	16.8699	0.0593	0.1193	8.3838
13	2.1329	0.4688	18.8821	0.0530	0.1130	8.8527
14	2.2609	0.4423	21.0151	0.0476	0.1076	9.2950
15	2.3966	0.4173	23.2760	0.0430	0.1030	9.7122
16	2.5404	0.3936	25.6725	0.0390	0.0990	10.1059
17	2.6928	0.3714	28.2129	0.0354	0.0954	10.4773
18	2.8543	0.3503	30.9057	0.0324	0.0924	10.8276
19	3.0256	0.3305	33.7600	0.0296	0.0896	11.1581
20	3.2071	0.3118	36.7856	0.0272	0.0872	11.4699
21	3.3996	0.2942	39.9927	0.0250	0.0850	11.7641
22	3.6035	0.2775	43.3923	0.0230	0.0830	12.0416
23	3.8197	0.2618	46.9958	0.0213	0.0813	12.3034
24	4.0489	0.2470	50.8156	0.0197	0.0797	12.5504
25	4.2919	0.2330	54.8645	0.0182	0.0782	12.7834
26	4.5494	0.2198	59.1564	0.0169	0.0769	13.0032
27	4.8223	0.2074	63.7058	0.0157	0.0757	13.2105
28	5.1117	0.1956	68.5281	0.0146	0.0746	13.4062
29	5.4184	0.1846	73.6398	0.0136	0.0736	13.5907
30	5.7435	0.1741	79.0582	0.0126	0.0726	13.7648

(续)

年限 n/年	复利终值系数 (F/P, i, n)	复利现值系数 (P/F, i, n)	普通年金终值系数 (F/A, i, n)	偿债基金系数 (A/F, i, n)	资金回收系数 (A/P, i, n)	普通年金现值系数 (P/A, i, n)
			$i=7\%$			
1	1.0700	0.9346	1.0000	1.0000	1.0700	0.9346
2	1.1449	0.8734	2.0700	0.4831	0.5531	1.8080
3	1.2250	0.8163	3.2149	0.3111	0.3811	2.6243
4	1.3108	0.7629	4.4399	0.2252	0.2952	3.3872
5	1.4026	0.7130	5.7507	0.1739	0.2439	4.1002
6	1.5007	0.6663	7.1533	0.1398	0.2098	4.7665
7	1.6058	0.6227	8.6540	0.1156	0.1856	5.3893
8	1.7182	0.5820	10.2598	0.0975	0.1675	5.9713
9	1.8385	0.5439	11.9780	0.0835	0.1535	6.5152
10	1.9672	0.5083	13.8164	0.0724	0.1424	7.0236
11	2.1049	0.4751	15.7836	0.0634	0.1334	7.4987
12	2.2522	0.4440	17.8885	0.0559	0.1259	7.9427
13	2.4098	0.4150	20.1406	0.0497	0.1197	8.3577
14	2.5785	0.3878	22.5505	0.0443	0.1143	8.7455
15	2.7590	0.3624	25.1290	0.0398	0.1098	9.1079
16	2.9522	0.3387	27.8881	0.0359	0.1059	9.4466
17	3.1588	0.3166	30.8402	0.0324	0.1024	9.7632
18	3.3799	0.2959	33.9990	0.0294	0.0994	10.0591
19	3.6165	0.2765	37.3790	0.0268	0.0968	10.3356
20	3.8697	0.2584	40.9955	0.0244	0.0944	10.5940
21	4.1406	0.2415	44.8652	0.0223	0.0923	10.8355
22	4.4304	0.2257	49.0057	0.0204	0.0904	11.0612
23	4.7405	0.2109	53.4361	0.0187	0.0887	11.2722
24	5.0724	0.1971	58.1767	0.0172	0.0872	11.4693
25	5.4274	0.1842	63.2490	0.0158	0.0858	11.6536
26	5.8074	0.1722	68.6765	0.0146	0.0846	11.8258
27	6.2139	0.1609	74.4838	0.0134	0.0834	11.9867
28	6.6488	0.1504	80.6977	0.0124	0.0824	12.1371
29	7.1143	0.1406	87.3465	0.0114	0.0814	12.2777
30	7.6123	0.1314	94.4608	0.0106	0.0806	12.4090

（续）

年限 n/年	复利终值系数 (F/P, i, n)	复利现值系数 (P/F, i, n)	普通年金终值系数 (F/A, i, n)	偿债基金系数 (A/F, i, n)	资金回收系数 (A/P, i, n)	普通年金现值系数 (P/A, i, n)
i =8%						
1	1.0800	0.9259	1.0000	1.0000	1.0800	0.9259
2	1.1664	0.8573	2.0800	0.4808	0.5608	1.7833
3	1.2597	0.7938	3.2464	0.3080	0.3880	2.5771
4	1.3605	0.7350	4.5061	0.2219	0.3019	3.3121
5	1.4693	0.6806	5.8666	0.1705	0.2505	3.9927
6	1.5869	0.6302	7.3359	0.1363	0.2163	4.6229
7	1.7138	0.5835	8.9228	0.1121	0.1921	5.2064
8	1.8509	0.5403	10.6366	0.0940	0.1740	5.7466
9	1.9990	0.5002	12.4876	0.0801	0.1601	6.2469
10	2.1589	0.4632	14.4866	0.0690	0.1490	6.7101
11	2.3316	0.4289	16.6455	0.0601	0.1401	7.1390
12	2.5182	0.3971	18.9771	0.0527	0.1327	7.5361
13	2.7196	0.3677	21.4953	0.0465	0.1265	7.9038
14	2.9372	0.3405	24.2149	0.0413	0.1213	8.2442
15	3.1722	0.3152	27.1521	0.0368	0.1168	8.5595
16	3.4259	0.2919	30.3243	0.0330	0.1130	8.8514
17	3.7000	0.2703	33.7502	0.0296	0.1096	9.1216
18	3.9960	0.2502	37.4502	0.0267	0.1067	9.3719
19	4.3157	0.2317	41.4463	0.0241	0.1041	9.6036
20	4.6610	0.2145	45.7620	0.0219	0.1019	9.8181
21	5.0338	0.1987	50.4229	0.0198	0.0998	10.0168
22	5.4365	0.1839	55.4568	0.0180	0.0980	10.2007
23	5.8715	0.1703	60.8933	0.0164	0.0964	10.3711
24	6.3412	0.1577	66.7648	0.0150	0.0950	10.5288
25	6.8485	0.1460	73.1059	0.0137	0.0937	10.6748
26	7.3964	0.1352	79.9544	0.0125	0.0925	10.8100
27	7.9881	0.1252	87.3508	0.0114	0.0914	10.9352
28	8.6271	0.1159	95.3388	0.0105	0.0905	11.0511
29	9.3173	0.1073	103.9659	0.0096	0.0896	11.1584
30	10.0627	0.0994	113.2832	0.0088	0.0888	11.2578

(续)

年限 n/年	复利终值系数 (F/P, i, n)	复利现值系数 (P/F, i, n)	普通年金终值系数 (F/A, i, n)	偿债基金系数 (A/F, i, n)	资金回收系数 (A/P, i, n)	普通年金现值系数 (P/A, i, n)
			$i=9\%$			
1	1.0900	0.9174	1.0000	1.0000	1.0900	0.9174
2	1.1881	0.8417	2.0900	0.4785	0.5685	1.7591
3	1.2950	0.7722	3.2781	0.3051	0.3951	2.5313
4	1.4116	0.7084	4.5731	0.2187	0.3087	3.2397
5	1.5386	0.6499	5.9847	0.1671	0.2571	3.8897
6	1.6771	0.5963	7.5233	0.1329	0.2229	4.4859
7	1.8280	0.5470	9.2004	0.1087	0.1987	5.0330
8	1.9926	0.5019	11.0285	0.0907	0.1807	5.5348
9	2.1719	0.4604	13.0210	0.0768	0.1668	5.9952
10	2.3674	0.4224	15.1929	0.0658	0.1558	6.4177
11	2.5804	0.3875	17.5603	0.0569	0.1469	6.8052
12	2.8127	0.3555	20.1407	0.0497	0.1397	7.1607
13	3.0658	0.3262	22.9534	0.0436	0.1336	7.4869
14	3.3417	0.2992	26.0192	0.0384	0.1284	7.7862
15	3.6425	0.2745	29.3609	0.0341	0.1241	8.0607
16	3.9703	0.2519	33.0034	0.0303	0.1203	8.3126
17	4.3276	0.2311	36.9737	0.0270	0.1170	8.5436
18	4.7171	0.2120	41.3013	0.0242	0.1142	8.7556
19	5.1417	0.1945	46.0185	0.0217	0.1117	8.9501
20	5.6044	0.1784	51.1610	0.0195	0.1095	9.1285
21	6.1088	0.1637	56.7645	0.0176	0.1076	9.2922
22	6.6586	0.1502	62.8733	0.0159	0.1059	9.4424
23	7.2579	0.1378	69.5319	0.0144	0.1044	9.5802
24	7.9111	0.1264	76.7898	0.0130	0.1030	9.7066
25	8.6231	0.1160	84.7009	0.0118	0.1018	9.8226
26	9.3992	0.1064	93.3240	0.0107	0.1007	9.9290
27	10.2451	0.0976	102.7231	0.0097	0.0997	10.0266
28	11.1671	0.0895	112.9682	0.0089	0.0989	10.1161
29	12.1722	0.0822	124.1354	0.0081	0.0981	10.1983
30	13.2677	0.0754	136.3075	0.0073	0.0973	10.2737

(续)

年限 n/年	复利终值系数 $(F/P, i, n)$	复利现值系数 $(P/F, i, n)$	普通年金终值系数 $(F/A, i, n)$	偿债基金系数 $(A/F, i, n)$	资金回收系数 $(A/P, i, n)$	普通年金现值系数 $(P/A, i, n)$
			$i=10\%$			
1	1.1000	0.9091	1.0000	1.0000	1.1000	0.9091
2	1.2100	0.8264	2.1000	0.4762	0.5762	1.7355
3	1.3310	0.7513	3.3100	0.3021	0.4021	2.4869
4	1.4641	0.6830	4.6410	0.2155	0.3155	3.1699
5	1.6105	0.6209	6.1051	0.1638	0.2638	3.7908
6	1.7716	0.5645	7.7156	0.1296	0.2296	4.3553
7	1.9487	0.5132	9.4872	0.1054	0.2054	4.8684
8	2.1436	0.4665	11.4359	0.0874	0.1874	5.3349
9	2.3579	0.4241	13.5795	0.0736	0.1736	5.7590
10	2.5937	0.3855	15.9374	0.0627	0.1627	6.1446
11	2.8531	0.3505	18.5312	0.0540	0.1540	6.4951
12	3.1384	0.3186	21.3843	0.0468	0.1468	6.8137
13	3.4523	0.2897	24.5227	0.0408	0.1408	7.1034
14	3.7975	0.2633	27.9750	0.0357	0.1357	7.3667
15	4.1772	0.2394	31.7725	0.0315	0.1315	7.6061
16	4.5950	0.2176	35.9497	0.0278	0.1278	7.8237
17	5.0545	0.1978	40.5447	0.0247	0.1247	8.0216
18	5.5599	0.1799	45.5992	0.0219	0.1219	8.2014
19	6.1159	0.1635	51.1591	0.0195	0.1195	8.3649
20	6.7275	0.1486	57.2750	0.0175	0.1175	8.5136
21	7.4002	0.1351	64.0025	0.0156	0.1156	8.6487
22	8.1403	0.1228	71.4027	0.0140	0.1140	8.7715
23	8.9543	0.1117	79.5430	0.0126	0.1126	8.8832
24	9.8497	0.1015	88.4973	0.0113	0.1113	8.9847
25	10.8347	0.0923	98.3471	0.0102	0.1102	9.0770
26	11.9182	0.0839	109.1818	0.0092	0.1092	9.1609
27	13.1100	0.0763	121.0999	0.0083	0.1083	9.2372
28	14.4210	0.0693	134.2099	0.0075	0.1075	9.3066
29	15.8631	0.0630	148.6309	0.0067	0.1067	9.3696
30	17.4494	0.0573	164.4940	0.0061	0.1061	9.4269

(续)

年限 n/年	复利终值系数 (F/P, i, n)	复利现值系数 (P/F, i, n)	普通年金终值系数 (F/A, i, n)	偿债基金系数 (A/F, i, n)	资金回收系数 (A/P, i, n)	普通年金现值系数 (P/A, i, n)
			$i=12\%$			
1	1.1200	0.8929	1.0000	1.0000	1.1200	0.8929
2	1.2544	0.7972	2.1200	0.4717	0.5917	1.6901
3	1.4049	0.7118	3.3744	0.2963	0.4163	2.4018
4	1.5735	0.6355	4.7793	0.2092	0.3292	3.0373
5	1.7623	0.5674	6.3528	0.1574	0.2774	3.6048
6	1.9738	0.5066	8.1152	0.1232	0.2432	4.1114
7	2.2107	0.4523	10.0890	0.0991	0.2191	4.5638
8	2.4760	0.4039	12.2997	0.0813	0.2013	4.9676
9	2.7731	0.3606	14.7757	0.0677	0.1877	5.3282
10	3.1058	0.3220	17.5487	0.0570	0.1770	5.6502
11	3.4785	0.2875	20.6546	0.0484	0.1684	5.9377
12	3.8960	0.2567	24.1331	0.0414	0.1614	6.1944
13	4.3635	0.2292	28.0291	0.0357	0.1557	6.4235
14	4.8871	0.2046	32.3926	0.0309	0.1509	6.6282
15	5.4736	0.1827	37.2797	0.0268	0.1468	6.8109
16	6.1304	0.1631	42.7533	0.0234	0.1434	6.9740
17	6.8660	0.1456	48.8837	0.0205	0.1405	7.1196
18	7.6900	0.1300	55.7497	0.0179	0.1379	7.2497
19	8.6128	0.1161	63.4397	0.0158	0.1358	7.3658
20	9.6463	0.1037	72.0524	0.0139	0.1339	7.4694
21	10.8038	0.0926	81.6987	0.0122	0.1322	7.5620
22	12.1003	0.0826	92.5026	0.0108	0.1308	7.6446
23	13.5523	0.0738	104.6029	0.0096	0.1296	7.7184
24	15.1786	0.0659	118.1552	0.0085	0.1285	7.7843
25	17.0001	0.0588	133.3339	0.0075	0.1275	7.8431
26	19.0401	0.0525	150.3339	0.0067	0.1267	7.8957
27	21.3249	0.0469	169.3740	0.0059	0.1259	7.9426
28	23.8839	0.0419	190.6989	0.0052	0.1252	7.9844
29	26.7499	0.0374	214.5828	0.0047	0.1247	8.0218
30	29.9599	0.0334	241.3327	0.0041	0.1241	8.0552

(续)

年限 n/年	复利终值系数 ($F/P, i, n$)	复利现值系数 ($P/F, i, n$)	普通年金终值系数 ($F/A, i, n$)	偿债基金系数 ($A/F, i, n$)	资金回收系数 ($A/P, i, n$)	普通年金现值系数 ($P/A, i, n$)
			$i=15\%$			
1	1.1500	0.8696	1.0000	1.0000	1.1500	0.8696
2	1.3225	0.7561	2.1500	0.4651	0.6151	1.6257
3	1.5209	0.6575	3.4725	0.2880	0.4380	2.2832
4	1.7490	0.5718	4.9934	0.2003	0.3503	2.8550
5	2.0114	0.4972	6.7424	0.1483	0.2983	3.3522
6	2.3131	0.4323	8.7537	0.1142	0.2642	3.7845
7	2.6600	0.3759	11.0668	0.0904	0.2404	4.1604
8	3.0590	0.3269	13.7268	0.0729	0.2229	4.4873
9	3.5179	0.2843	16.7858	0.0596	0.2096	4.7716
10	4.0456	0.2472	20.3037	0.0493	0.1993	5.0188
11	4.6524	0.2149	24.3493	0.0411	0.1911	5.2337
12	5.3503	0.1869	29.0017	0.0345	0.1845	5.4206
13	6.1528	0.1625	34.3519	0.0291	0.1791	5.5831
14	7.0757	0.1413	40.5047	0.0247	0.1747	5.7245
15	8.1371	0.1229	47.5804	0.0210	0.1710	5.8474
16	9.3576	0.1069	55.7175	0.0179	0.1679	5.9542
17	10.7613	0.0929	65.0751	0.0154	0.1654	6.0472
18	12.3755	0.0808	75.8364	0.0132	0.1632	6.1280
19	14.2318	0.0703	88.2118	0.0113	0.1613	6.1982
20	16.3665	0.0611	102.4436	0.0098	0.1598	6.2593
21	18.8215	0.0531	118.8101	0.0084	0.1584	6.3125
22	21.6447	0.0462	137.6316	0.0073	0.1573	6.3587
23	24.8915	0.0402	159.2764	0.0063	0.1563	6.3988
24	28.6252	0.0349	184.1678	0.0054	0.1554	6.4338
25	32.9190	0.0304	212.7930	0.0047	0.1547	6.4641
26	37.8568	0.0264	245.7120	0.0041	0.1541	6.4906
27	43.5353	0.0230	283.5688	0.0035	0.1535	6.5135
28	50.0656	0.0200	327.1041	0.0031	0.1531	6.5335
29	57.5755	0.0174	377.1697	0.0027	0.1527	6.5509
30	66.2118	0.0151	434.7451	0.0023	0.1523	6.5660

（续）

年限 n/年	复利终值系数 (F/P, i, n)	复利现值系数 (P/F, i, n)	普通年金终值系数 (F/A, i, n)	偿债基金系数 (A/F, i, n)	资金回收系数 (A/P, i, n)	普通年金现值系数 (P/A, i, n)
			i =18%			
1	1.1800	0.8475	1.0000	1.0000	1.1800	0.8475
2	1.3924	0.7182	2.1800	0.4587	0.6387	1.5656
3	1.6430	0.6086	3.5724	0.2799	0.4599	2.1743
4	1.9388	0.5158	5.2154	0.1917	0.3717	2.6901
5	2.2878	0.4371	7.1542	0.1398	0.3198	3.1272
6	2.6996	0.3704	9.4420	0.1059	0.2859	3.4976
7	3.1855	0.3139	12.1415	0.0824	0.2624	3.8115
8	3.7589	0.2660	15.3270	0.0652	0.2452	4.0776
9	4.4355	0.2255	19.0859	0.0524	0.2324	4.3030
10	5.2338	0.1911	23.5213	0.0425	0.2225	4.4941
11	6.1759	0.1619	28.7551	0.0348	0.2148	4.6560
12	7.2876	0.1372	34.9311	0.0286	0.2086	4.7932
13	8.5994	0.1163	42.2187	0.0237	0.2037	4.9095
14	10.1472	0.0985	50.8180	0.0197	0.1997	5.0081
15	11.9737	0.0835	60.9653	0.0164	0.1964	5.0916
16	14.1290	0.0708	72.9390	0.0137	0.1937	5.1624
17	16.6722	0.0600	87.0680	0.0115	0.1915	5.2223
18	19.6733	0.0508	103.7403	0.0096	0.1896	5.2732
19	23.2144	0.0431	123.4135	0.0081	0.1881	5.3162
20	27.3930	0.0365	146.6280	0.0068	0.1868	5.3527
21	32.3238	0.0309	174.0210	0.0057	0.1857	5.3837
22	38.1421	0.0262	206.3448	0.0048	0.1848	5.4099
23	45.0076	0.0222	244.4868	0.0041	0.1841	5.4321
24	53.1090	0.0188	289.4945	0.0035	0.1835	5.4509
25	62.6686	0.0160	342.6035	0.0029	0.1829	5.4669
26	73.9490	0.0135	405.2721	0.0025	0.1825	5.4804
27	87.2598	0.0115	479.2211	0.0021	0.1821	5.4919
28	102.9666	0.0097	566.4809	0.0018	0.1818	5.5016
29	121.5005	0.0082	669.4475	0.0015	0.1815	5.5098
30	143.3706	0.0070	790.9480	0.0013	0.1813	5.5168

(续)

年限 n/年	复利终值系数 $(F/P, i, n)$	复利现值系数 $(P/F, i, n)$	普通年金终值系数 $(F/A, i, n)$	偿债基金系数 $(A/F, i, n)$	资金回收系数 $(A/P, i, n)$	普通年金现值系数 $(P/A, i, n)$
$i=20\%$						
1	1.2000	0.8333	1.0000	1.0000	1.2000	0.8333
2	1.4400	0.6944	2.2000	0.4545	0.6545	1.5278
3	1.7280	0.5787	3.6400	0.2747	0.4747	2.1065
4	2.0736	0.4823	5.3680	0.1863	0.3863	2.5887
5	2.4883	0.4019	7.4416	0.1344	0.3344	2.9906
6	2.9860	0.3349	9.9299	0.1007	0.3007	3.3255
7	3.5832	0.2791	12.9159	0.0774	0.2774	3.6046
8	4.2998	0.2326	16.4991	0.0606	0.2606	3.8372
9	5.1598	0.1938	20.7989	0.0481	0.2481	4.0310
10	6.1917	0.1615	25.9587	0.0385	0.2385	4.1925
11	7.4301	0.1346	32.1504	0.0311	0.2311	4.3271
12	8.9161	0.1122	39.5805	0.0253	0.2253	4.4392
13	10.6993	0.0935	48.4966	0.0206	0.2206	4.5327
14	12.8392	0.0779	59.1959	0.0169	0.2169	4.6106
15	15.4070	0.0649	72.0351	0.0139	0.2139	4.6755
16	18.4884	0.0541	87.4421	0.0114	0.2114	4.7296
17	22.1861	0.0451	105.9306	0.0094	0.2094	4.7746
18	26.6233	0.0376	128.1167	0.0078	0.2078	4.8122
19	31.9480	0.0313	154.7400	0.0065	0.2065	4.8435
20	38.3376	0.0261	186.6880	0.0054	0.2054	4.8696
21	46.0051	0.0217	225.0256	0.0044	0.2044	4.8913
22	55.2061	0.0181	271.0307	0.0037	0.2037	4.9094
23	66.2474	0.0151	326.2369	0.0031	0.2031	4.9245
24	79.4968	0.0126	392.4842	0.0025	0.2025	4.9371
25	95.3962	0.0105	471.9811	0.0021	0.2021	4.9476
26	114.4755	0.0087	567.3773	0.0018	0.2018	4.9563
27	137.3706	0.0073	681.8528	0.0015	0.2015	4.9636
28	164.8447	0.0061	819.2233	0.0012	0.2012	4.9697
29	197.8136	0.0051	984.0680	0.0010	0.2010	4.9747
30	237.3763	0.0042	1181.8816	0.0008	0.2008	4.9789

(续)

年限 n/年	复利终值系数 (F/P, i, n)	复利现值系数 (P/F, i, n)	普通年金终值系数 (F/A, i, n)	偿债基金系数 (A/F, i, n)	资金回收系数 (A/P, i, n)	普通年金现值系数 (P/A, i, n)
			i =25%			
1	1.2500	0.8000	1.0000	1.0000	1.2500	0.8000
2	1.5625	0.6400	2.2500	0.4444	0.6944	1.4400
3	1.9531	0.5120	3.8125	0.2623	0.5123	1.9520
4	2.4414	0.4096	5.7656	0.1734	0.4234	2.3616
5	3.0518	0.3277	8.2070	0.1218	0.3718	2.6893
6	3.8147	0.2621	11.2588	0.0888	0.3388	2.9514
7	4.7684	0.2097	15.0735	0.0663	0.3163	3.1611
8	5.9605	0.1678	19.8419	0.0504	0.3004	3.3289
9	7.4506	0.1342	25.8023	0.0388	0.2888	3.4631
10	9.3132	0.1074	33.2529	0.0301	0.2801	3.5705
11	11.6415	0.0859	42.5661	0.0235	0.2735	3.6564
12	14.5519	0.0687	54.2077	0.0184	0.2684	3.7251
13	18.1899	0.0550	68.7596	0.0145	0.2645	3.7801
14	22.7374	0.0440	86.9495	0.0115	0.2615	3.8241
15	28.4217	0.0352	109.6868	0.0091	0.2591	3.8593
16	35.5271	0.0281	138.1085	0.0072	0.2572	3.8874
17	44.4089	0.0225	173.6357	0.0058	0.2558	3.9099
18	55.5112	0.0180	218.0446	0.0046	0.2546	3.9279
19	69.3889	0.0144	273.5558	0.0037	0.2537	3.9424
20	86.7362	0.0115	342.9447	0.0029	0.2529	3.9539
21	108.4202	0.0092	429.6809	0.0023	0.2523	3.9631
22	135.5253	0.0074	538.1011	0.0019	0.2519	3.9705
23	169.4066	0.0059	673.6264	0.0015	0.2515	3.9764
24	211.7582	0.0047	843.0329	0.0012	0.2512	3.9811
25	264.6978	0.0038	1054.7912	0.0009	0.2509	3.9849
26	330.8722	0.0030	1319.4890	0.0008	0.2508	3.9879
27	413.5903	0.0024	1650.3612	0.0006	0.2506	3.9903
28	516.9879	0.0019	2063.9515	0.0005	0.2505	3.9923
29	646.2349	0.0015	2580.9394	0.0004	0.2504	3.9938
30	807.7936	0.0012	3227.1743	0.0003	0.2503	3.9950

（续）

年限 n/年	复利终值系数 $(F/P, i, n)$	复利现值系数 $(P/F, i, n)$	普通年金终值系数 $(F/A, i, n)$	偿债基金系数 $(A/F, i, n)$	资金回收系数 $(A/P, i, n)$	普通年金现值系数 $(P/A, i, n)$
			$i=30\%$			
1	1.3000	0.7692	1.0000	1.0000	1.3000	0.7692
2	1.6900	0.5918	2.3000	0.4348	0.7348	1.3609
3	2.1970	0.4552	3.9900	0.2506	0.5506	1.8161
4	2.8561	0.3501	6.1870	0.1616	0.4616	2.1662
5	3.7129	0.2693	9.0431	0.1106	0.4106	2.4356
6	4.8268	0.2072	12.7560	0.0784	0.3784	2.6427
7	6.2749	0.1594	17.5828	0.0569	0.3569	2.8021
8	8.1573	0.1226	23.8577	0.0419	0.3419	2.9247
9	10.6045	0.0943	32.0150	0.0312	0.3312	3.0190
10	13.7858	0.0725	42.6195	0.0235	0.3235	3.0915
11	17.9216	0.0558	56.4053	0.0177	0.3177	3.1473
12	23.2981	0.0429	74.3270	0.0135	0.3135	3.1903
13	30.2875	0.0330	97.6250	0.0102	0.3102	3.2233
14	39.3738	0.0254	127.9125	0.0078	0.3078	3.2487
15	51.1859	0.0195	167.2863	0.0060	0.3060	3.2682
16	66.5417	0.0150	218.4722	0.0046	0.3046	3.2832
17	86.5042	0.0116	285.0139	0.0035	0.3035	3.2948
18	112.4554	0.0089	371.5180	0.0027	0.3027	3.3037
19	146.1920	0.0068	483.9734	0.0021	0.3021	3.3105
20	190.0496	0.0053	630.1655	0.0016	0.3016	3.3158
21	247.0645	0.0040	820.2151	0.0012	0.3012	3.3198
22	321.1839	0.0031	1067.2796	0.0009	0.3009	3.3230
23	417.5391	0.0024	1388.4635	0.0007	0.3007	3.3254
24	542.8008	0.0018	1806.0026	0.0006	0.3006	3.3272
25	705.6410	0.0014	2348.8033	0.0004	0.3004	3.3286
26	917.3333	0.0011	3054.4443	0.0003	0.3003	3.3297
27	1192.5333	0.0008	3971.7776	0.0003	0.3003	3.3305
28	1550.2933	0.0006	5164.3109	0.0002	0.3002	3.3312
29	2015.3813	0.0005	6714.6042	0.0001	0.3001	3.3317
30	2619.9956	0.0004	8729.9855	0.0001	0.3001	3.3321

(续)

年限 n/年	复利 终值系数 (F/P, i, n)	复利 现值系数 (P/F, i, n)	普通年金 终值系数 (F/A, i, n)	偿债基金 系数 (A/F, i, n)	资金回收 系数 (A/P, i, n)	普通年金 现值系数 (P/A, i, n)
			i =40%			
1	1.4000	0.7143	1.0000	1.0000	1.4000	0.7143
2	1.9600	0.5102	2.4000	0.4167	0.8167	1.2245
3	2.7440	0.3644	4.3600	0.2294	0.6294	1.5889
4	3.8416	0.2603	7.1040	0.1408	0.5408	1.8492
5	5.3782	0.1859	10.9456	0.0914	0.4914	2.0352
6	7.5295	0.1328	16.3238	0.0613	0.4613	2.1680
7	10.5414	0.0949	23.8534	0.0419	0.4419	2.2628
8	14.7579	0.0678	34.3947	0.0291	0.4291	2.3306
9	20.6610	0.0484	49.1526	0.0203	0.4203	2.3790
10	28.9255	0.0346	69.8137	0.0143	0.4143	2.4136
11	40.4957	0.0247	98.7391	0.0101	0.4101	2.4383
12	56.6939	0.0176	139.2348	0.0072	0.4072	2.4559
13	79.3715	0.0126	195.9287	0.0051	0.4051	2.4685
14	111.1201	0.0090	275.3002	0.0036	0.4036	2.4775
15	155.5681	0.0064	386.4202	0.0026	0.4026	2.4839
16	217.7953	0.0046	541.9883	0.0018	0.4018	2.4885
17	304.9135	0.0033	759.7837	0.0013	0.4013	2.4918
18	426.8789	0.0023	1064.6971	0.0009	0.4009	2.4941
19	597.6304	0.0017	1491.5760	0.0007	0.4007	2.4958
20	836.6826	0.0012	2089.2064	0.0005	0.4005	2.4970
21	1171.3556	0.0009	2925.8889	0.0003	0.4003	2.4979
22	1639.8978	0.0006	4097.2445	0.0002	0.4002	2.4985
23	2295.8569	0.0004	5737.1423	0.0002	0.4002	2.4989
24	3214.1997	0.0003	8032.9993	0.0001	0.4001	2.4992
25	4499.8796	0.0002	11247.1990	0.0001	0.4001	2.4994
26	6299.8314	0.0002	15747.0785	0.0001	0.4001	2.4996
27	8819.7640	0.0001	22046.9099	0.0000	0.4000	2.4997
28	12347.6696	0.0001	30866.6739	0.0000	0.4000	2.4998
29	17286.7374	0.0001	43214.3435	0.0000	0.4000	2.4999
30	24201.4324	0.0000	60501.0809	0.0000	0.4000	2.4999

参 考 文 献

[1] 全国造价工程师职业资格考试培训教材编审委员会. 建设工程造价管理基础知识[M]. 北京：中国计划出版社，2019.
[2] 郝攀，刘芳. 工程造价与管理[M]. 成都：电子科技大学出版社，2016.
[3] 李爱华，刘月龙. 建筑工程财务管理[M]. 3版. 北京：化学工业出版社，2020.
[4] 周星煜，邓燏. 财务管理实务[M]. 2版. 北京：人民邮电出版社，2017.
[5] 魏法杰，王玉灵，郑筠. 工程经济学[M]. 北京：电子工业出版社，2007.
[6] 鲍学英，王琳. 工程经济学[M]. 北京：化学工业出版社，2011.
[7] 刘颖春，刘立群. 技术经济学[M]. 北京：化学工业出版社，2010.
[8] 吴学伟，谭德精，郑文建. 工程造价确定与控制[M]. 7版. 重庆：重庆大学出版社，2015.
[9] 任凤辉，刘红宇. 施工企业财务管理[M]. 3版. 北京：机械工业出版社，2018.
[10] 张学英，涂申清. 工程成本与控制[M]. 2版. 重庆：重庆大学出版社，2012.
[11] 邹俊霞，王静. 财务管理实务[M]. 北京：电子工业出版社，2011.
[12] 杨嘉玲，张宇帆. 施工项目成本管理[M]. 北京：机械工业出版社，2020.
[13] 李刚，周雪梅，谷洪雁. 建筑工程成本管理[M]. 广州：华南理工大学出版社，2015.